紙别裁

李　瑾著

山東畫報出版社

目录

前　言
读书，是自己唯一能做得了主的事儿

某日，夤夜卧览《三国志·诸葛亮传》，至“亮在荆州，以建安初与颍川石广元、徐元直、汝南孟公威等俱游学，三人务于精熟，而亮独观其大略”句，喜。古贤人之境界，小子卑鄙，自不能至，但“观其大略”四字，却是心向往之。曩者我读书以《五柳先生传》“好读书，不求甚解”铭己，一直奉行“随便翻翻”，“暇日轩眉哦大句，冷摊负手对残书”，至于书“闲”与不“闲”，却不理会许多。

在我心目中，读书既不崇高，也不卑微，不过是一种生活状态或方式，一种兴趣，一种自以为是的快乐和远方。每周、每月、每年都有大量书榜、书单、书目粉墨登场，当不得真。话说有一天，我赴一泰斗级学人处小酌，其业余时间任某报好书榜评委，屋子里堆满了赠送的书籍。去时，他正在推荐“好书”，看也不看，在榜单上信手画几个勾，交差了事。人家以榜单果腹，咱拿来读了，算是什么？

某友说，你有一句非典型性名言：读书，是自己唯一能做得了主的事儿。

这话不虚。自由不论积极的还是消极的，首先是肉体的和精神的。肉体自由很难，精神自由也不可得，但借书“远俗尘，神游物外，契无相之妙理，化有结之迷途”，却是可以尝试下的。我辈无能，只能借纸遁去——遁是心遁。《庄子·人间世》载：“回曰：‘敢问心斋。’仲尼曰：‘若一志，无听之以耳而听之以心，无听之以心而听之以气！听止于耳，心止于符。气也者，虚而待物者也。唯道集虚。虚者，心斋也。’”苏轼说得更干脆：“苦热诚知处处皆，何当危坐学心斋。”心斋咋学？办法之一是靠读书。赵翼云：“身退敢谈天下事，心斋惟对古人书。”归结到一点，读不读是自由的，读什么是自由的，怎么读是自由的。觉得快乐就是自由，就是目的，就是超越。至于其他，且不管三七二十一。

当然，读书不见得是一件好事。说不好，有若干个意思。书读不过来，瞎翻，浪费了卿卿性命；最主要的，书籍会屏蔽知识以外的世界。特别最后一点，《孟子·尽心下》曰：“尽信书，则不如无书。吾于《武成》，取二三策而已矣。”陆九渊也说：“呜呼，尽信书不如无书。”这话精当。读成了偏执狂、牢骚鬼的不在少数，君不见，这些人还闭目晃首，自封上人和大师。当然，读书和实践关系不紧。否则，陆游就不会说：“纸上得来终觉浅，绝知此事要躬行。”

读书无定式、定法，快慢也是相对的概念。某人问：你是不是只看前言和目录？我虚妄地点点头。其实，我最喜欢看后记——后记有肉，喜欢读书的，不会不晓得其中关节。个人体会，快是因为没油水，慢是需要再三品尝，还有一条，熟了也就快了。读书没有秘诀，经年累月地读，就能一目三五十行，一日遍读孔孟老庄。《论语》有 11705 个字，只是据说，毕竟版本不一，我读了十几年，直到背诵了，才能说这部经典只有“经典”两个字而已。收录的一些经典作品，哪是一天看得尽的，几乎都是把玩了数载之久。想起 1996 年暑假备战年底的硕士考试，找爷爷开了后门，在村里的学校里复习，二十几本参考书，摞在一起，双眼一闭，一两个小时就能从头到尾复述一遍。这种读书法虽不可取，但至少可以说明怎么样才能读薄、读熟、读透。现在书越来越多了，可选择的范围却越来越小了，好在我只是玩玩而已，喜欢的，就多读几遍；不喜欢的，就扔一边，“乐在其中矣”。

这些年，我家离单位甚远，一天在地铁里往返三个小时，读书便成为期间的主业，总不能老捧着手机装科技达人吧。不过，地铁捧着书，人家独玩你独读，也令人厌。需要交代的是，读书不能耽误工作，那是饭碗——不能把书带进办公室，这是道；也不能耽误吃饭，那是生活——不能把书带到饭桌，这是德。读了这么多年，一直有一个愿望，就是想统计一下一年最多能读多少书。我就边读边做简单笔记，七八百字的，意思意思。一年下来，读书超过三百本，但做了笔记的，就是集子里这些。

列位看官，切莫误会。我做笔记——不是书评，都是兴之所至，随便摘录，自以为嬉笑怒骂痴怨愁，其实就想和书说说心里话。笔记不讲究格式、规格和格调，读得随心，记得率性，论得浅显，有时甚至是直接摹抄，且恕罪则个。我个人也无定见，都是一时之兴，自相矛盾之处多多。整理完笔记，我又从书架里凭记忆添了一部分书目，或相关，或不相关，只觉得好玩罢了，又不是科学，当不得真。书目自然挂一漏万，我不做《艺文志》，没那么讲究。以后，我决定不这么做了，在手机上码笔记，容易瞎眼——想一想多么不容易，在地铁读了，还得在地铁记，个中滋味，阿弥陀佛。

读了这么多年，没近视眼，大喜；没傻——傻了我也不知道，大喜；没长知识，更没长本事，大喜。不是客气，书读多了又如何？即使破了万卷，也行不了万里路。

如是而已。

2017 年 1 月 1 日于京西金顶北街

张光直 《美术、神话与祭祀》

早晨，趁孩子去台湾街贝乐园地上英语课，读完《美术、神话与祭祀》。此书虽不足150页，却是张光直先生最珍爱的作品。他的核心观点是，中国文明作为一个连续体，是不同于西式苏美尔文明的。在这个文明体中，金属是权力的象征，国家形成了分层体系和网络结构，文字与艺术是宗教的附属品，亦即沟通天人的工具。按照他的理路，中国首先是一个政治型而非经济型国家，推动或抑制社会发展的，是政治安排或权力分配。根据这个解释，几千年来，我们的社会特别是政治生活变动不居，一直受超社会的政治体系控制。

张光直活了80岁，也算高寿。其人曾在耶鲁大学、哈佛大学任教，擅长考古人类学。据说，他的贡献有二：一、开创聚落考古研究；二、将人类学移植到中国考古学中。某种意义上，正是因为张光直，中国考古学才被西方学界认可。因此，一些学者认为，几十年来，在西方世界，张光直这个名字几乎是中国考古学的同义词。

说一个与本书无关的概念。这位出生在北京的学者，自称“番薯人”——三联书店出版了一本他的同名册子《番薯人的故事》。概因台湾像一个白薯，其居民多以“番薯人”自指。

也就是说，在他看来，自己更像一个遗失了某种身份的人。这种身份性焦虑一定影响了张光直学术的价值和立场。以张光直的观点，在中国文明以及其他相似文明的产生过程中，意识形态是重新调整社会经济关系以产生文明所需的财富之集中的一个主要工具。而西方文明，则是用生产技术革命与以贸易形式输入新的资源这种方式积蓄起来的财富为基础而建造起来的。

本书标题凸显“美术”二字，是有原因的。通常认为，在古人看来，兽纹是帮助巫师通天的重要伙伴，也就是说，回到本书的主题，夏商周时期的美术与萨满密切勾连。读这部考古人类学作品时，我是从政治学的角度来把握的。个人认为，这是理解本书的一个密钥。诚如张光直所言：“在中国，资源（文明）的最初集聚是通过政治手段而不是技术突破来实现的。”“技术可以排除在我们的方程式之外，虽然它本身是文明或国家产生的原动力。”

◎**书架**　巫鸿：《时空中的美术》《黄泉下的美术》；冯尔康：《中国古代的宗族和祠堂》；林巳奈夫：《神与兽的纹样学》；冈部隆志：《神话与自然宗教：中国云南省少数民族的精神世界》。

张光直　《中国青铜时代》

上午和中午，读完张光直《中国青铜时代》。烦琐之处不多言，有几个观点可以分享下。一、夏商周三代圣俗分都，前者恒一，后者迁移若干，圣都是宗庙祭祀所在。二、三代文明是平行并进而非单线前进的，从地域上看，夏商周在地理上重叠甚少。特别从殷周关系看，周人自成一个政治体。三、殷商以十干与十二辰结合为纪日周期，张光直认为，其王制在十个天干群分成的两组中轮流执政。四、商人世界分为生人和神鬼两个世界，巫政密切结合，借助山、鸟、树等道具沟通天地。

需要交代一下。青铜时代最早由丹麦国家博物馆保管员汤姆森在19世纪上半叶提出，本指收藏品的一个新的分类的三大时代：石器时代、青铜时代和铁器时代，后经柴尔德演绎，成为“在技术的发展、生产力的进化的一串的相连续的阶段”。也就是说，成为社会发展方式的一种概括。张光直指出，从社会的意义上来理解中国青铜器的关键是三代的权力结构。青铜时代的中国文明要依靠当时物质财富的分配方式，而权力是用来保障财富之如此分配。他直言不讳地说，中国青铜器便是那政治权力的一部分。

以乌苏拉·富兰克林的视界，在中国，青铜生产的开始表示具有能够获取与补充所需的强制劳动力的蓄库的组织和力量的社会秩序的存在。张光直补充说，由于青铜生产是要依靠这种社会秩序的，青铜产品便成为这种秩序的象征并进一步成为它的维持力量。

张光直对青铜时代这个概念极为推崇：“中国”文明可以根据器物的种类和风格来阐明它的特征，而这个文明可以适用于北自长城以外、南到江南这样大的一片地域之上。青铜器本身当然便是古代中国文明突出的特征，而造成它们的特殊地位的因素，同时也正是导致那文明产生的同样的因素。

如此，我们该怎样理解王小波的《青铜时代》所描写的隐喻性故事和场景？其提供的又是一种怎样的道德神话和政治谱系？

◎**书架**　北京大学中国考古学研究中心、北京大学震旦古代文明研究中心：《古代文明》（第十卷）；严志斌、洪梅：《殷墟青铜器——青铜时代的中国文明》；陈梦家：《殷墟卜辞综述》《西周铜器断代》；张光直：《古代中国考古学》《中国考古学论文集》。

李　零　《兰台万卷》

古人说的“读书破万卷”，是有所指的。《汉书·艺文志》卷万三，正合此谓。《艺文志》乃《汉书》十志之一，是我国现存最早的目录学文献。班固称“今删其（指《七略》）要，以备篇籍”而成《汉书·艺文志》。他对刘歆《七略》进行增删改撰，存六艺、诸子、诗赋、兵书、数术、方技六略，收书 38 种、596 家、13269 卷。此外，以“辑略”总序于志首，述先秦学术思想源流。

《汉书·艺文志》在古典学术史上地位不需赘言。宋代王应麟撰写过《〈汉书·艺文志〉考证》，清代姚振宗撰写过《〈汉书·艺文志〉拾补》《〈汉书·艺文志〉条理》。李零把《汉书·艺文志》作为研究对象，是有画外音的。一方面，《汉书·艺文志》之前，学术史只论派，不讲书，此志一出，学术史脉络分明、水石清晰；另一方面，《汉书·艺文志》是考察古籍目录的指南和分析古书留存的手册。

李零的学问，虽非最好，却是一流，尤其

识见，非一般人可比拟。其人著文，删繁就简，一语中的，殊为难得。以愚目观之，万千人中，只此三两个。本书像个账单或药单，非专业人士，可放过，购读其杂文集。当然，闲来翻翻，即便非专业人士也有所得。比如他谈诗是歌诗，赋是辞赋，赋的特点是只诵不唱，本来和诗相关，越写越长，多为近臣、儒臣所为，是当时的马屁文章，我便忍俊不禁。

说句题外话，知识分子唯一的工具或权力就是知识。一个人为啥会"白首太玄经"？显然不只是为了糊口。知识分子绕不过的弯儿有两个，一个是政治，为帝王师；一个是学术，立千秋名。千百年来，学和仕一直纠缠在一起，关系千丝万缕，割斩不断。一般人且不可被知识分子的清高或偏执所迷惑。《论语》中，宰予昼寝，孔子为啥大怒，原因就在于宰予可能当着老师的面许过诺，结果言行不一致。

这些与李零没多大关系。

唯一的关系是，他辛辛苦苦整理《汉书·艺文志》，依旧脱离不了知识分子的"本色"：就是要用自己的工具说话。序言中，李零批评大书，怀念小书，又称年纪越大，愿望越强烈，睥睨群儒之劲头十足。

◎**书架** 陈国庆：《汉书艺文志注释汇编》；张舜徽：《广校雠略·汉书艺文志通释》。

李 零 《简帛古书与学术源流》

读李零《简帛古书与学术源流》。他提到，1996年，为了躲避是非，离开

了古文字教研室。此语，令人浮想联翩。

该书是以出土文献梳理先秦（顺带两汉）诸子之学，颇有承接李学勤《重写学术史》之旨趣，看似纷纭复杂，头绪万千，其实，只要对诸子学问有基本掌握，便可会心莞尔。具体不评价，但有一点需说明，即中国的学术思想系统成长和成熟期在战国而非春秋或秦汉，至于三代，则是胚胎阶段。目下看来，学界常言，宋元以前，儒学是最重要的一脉无疑，恐怕还是被高估了。战国时期，儒墨争锋，相辅相成又相互责难，道家异军突起，汪洋恣肆，算是反拨。至两汉，虽今古文波动，其他诸家或在民间，或为私学，皆齐头并进。及至佛玄兴起，也算百花齐放了。

在作品中，李零认为简帛古书的意义，不在于发现了多少不认识的怪字和找到几个罕见的古本，而是为重新阅读现存古书增添了校勘和注释的线索。他尤其提醒说，“古书经典化”告诉我们，现存文本的品种和面貌，都不完全是自然选择的结果，而在很大程度上是人为选择的。经典的形成只是在既定文化结构和思想氛围下增加了解释的复杂性，相对于思想的原创过程，反而比较单调、乏味。李零特别指出，中国古代学术可以合并为两大类，一大类是先秦诸子的百家学术，一大类是当时的实用知识和实用技术。前者传诸后世，主要是儒道两家；后者主要是源自治国用兵之术的谋略思想和源自数术方技之学的阴阳五行说。

◎**书架**　李学勤：《重写学术史》《简帛佚籍与学术史》；王中江：《简帛文明与古代思想世界》。

李 零 《上博楚简三篇校读记》

粗读李零《上博楚简三篇校读记》，内容都是“子曰”，一篇谈“诗”，一篇谈政，一篇谈性（上至天、命，下达性、心）。

上博楚简是20世纪90年代与郭店楚简并肩的简帛古书的一大发现，作为最初整理者，李零写的这部作品，其实是一本读书笔记。书中，李零坚持认为《孔子论诗》的简文是《子羔》篇的一部分。鉴于内容较为专业，此处不多介绍，而是借助书中的“子曰”说几句题外话。

粗略估计，目前市面上，尚没有一本我认可的或说权威的《论语》注本。杨伯峻注本通俗，一次聚餐时，社科院近代史所马勇研究员说这是一代人的启蒙读物，但问题也不少。李零就认同牛泽群对杨伯峻注本的批评：通俗性强，研究性弱；摭旧说多，采新成果少；明显硬伤性错误时见；着力不够，用功不多。当然，他认为第三点重了些。李零注《论语》之《丧家狗》，因标题轰动一时，文中提及李泽厚《论语今读》时，只说了句名气最大。但杨树达之孙、杨伯峻之侄杨逢彬在《论语新注新译》中，认为李零的《丧家狗》在词句注释的准确性上并不高明。我本人收藏含《四书章句》在内的百十本《论语》注，包括钱穆，更不用提南怀瑾，全都错误百出，朱熹注更是夹

带了很多私货。注《论语》，最难的是两点，一是如何通过语录体论世论时，而不走样；一是如何结合各出土材料寻找真实含义，而不变相。总体来看，注释《论语》，一要高度结合各简帛材料，特别是上博楚简、郭店楚简和定周汉简。二要大胆采用被疑古派指摘而现在证明问题不大的《孔子家语》、大小戴《礼记》等古文献。至于上下学术史和纵横材料史两条线，是必需的参照体系。

◎**书架**　徐在国：《上博楚简文字声系》。

李　零　《放虎归山》

复读李零《放虎归山》，一小时罢。文章都翻了，重点读了几篇。此书是李零第一本“杂文集”，其时四十出头（大部分文章著作时间），文笔稚嫩，意气用事，颇具指点那啥的风貌。有几点收获。

一、李零读福柯两大名著，与笔者所得甚同。福柯对现代化持批判态度，以监狱和疯人院考察现代化的冷冰冰“技术性格”。李零说，福柯为“非理性”的抗辩并非是在鼓励大家抽风，而只是表达了他对资本主义“现代化”从根子上的怀疑；而对“现代化”的揭露属于“遗传机制”的揭露，也就是把“权力”的“话语结构”当DNA。

二、李零读李治亭《吴三桂大传》，考察了汉奸发生学，认为吴三桂投清和叛清为形势所逼，当忠臣而不得。我曾对人讲，吴三桂（四万）当时和满人（十万）谈判，破闯（百万）后分土而治，不料满人意在沛公，食言。

三、我读《儒林外史》时就想，写武侠评论或武侠文学史的，不该忘了假侠客。李零评论陈平原1992年的《千古文人侠客梦》，也持此观念。百无一用是书生，不做梦，假托高手，自慰一下，不必大惊小怪。

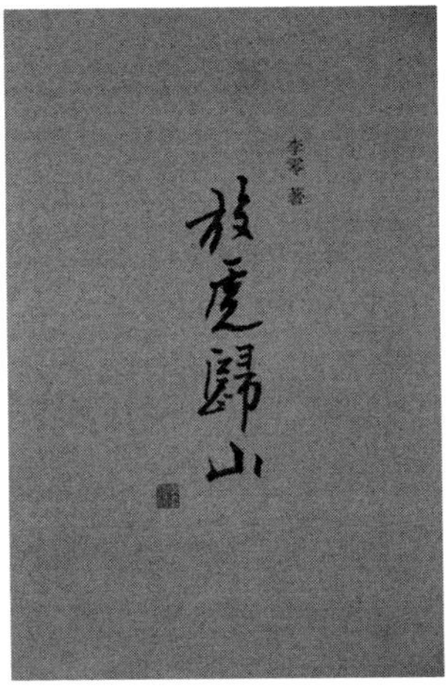

四、李零以闲笔考察了万岁——此词大约出于春秋，战国后流行扩散，至民国，虽旧用而屡新。有意思的是，李零的《万岁考》是命题作文。当年，黄健翔在一声“意大利万岁”中高潮，举国皆被意淫。《三联生活周刊》编辑嘱李零就此事为文，而有本篇。

五、李零分析宋代为什么老吃败仗，一个原因是，宋承唐末五代之乱，最怕骄兵悍将，临阵才授锦囊妙计，有中御之患；一个原因是，兵家知阴阳是个传统，古代军人要学式法，宋仁宗命人撰写“景佑三式”，“遂有靖康时郭京之辈，以妖妄误国”——这让我想起了洪秀全；还有一个原因就是教条主义——看来，教条主义是不治之症，哪朝哪代都得患上。

在总结中国的兵法战术时，李零有几个比喻，小人战术、勾践战法和孙子兵法。有兴趣的，不妨找来看看。

◎**书架**　李零：《花间一壶酒》《鸟儿歌唱》；夏坚勇：《大运河传》；柯平：《阴阳脸》；祝勇系列作品。

李　零　《郭店楚简校读记》

李零《郭店楚简校读记》，有几个问题值得重视。一、郭店楚简包括上博楚简以儒家材料为多，虽不能证明战国时期儒学占主流地位，但其思想广受欢迎却是事实。二、郭店楚简中儒道之学并不相悖，甚至有互补的意味，既可以解释为援道入儒，也可以解释诸子同宗。这是墓主人有意为之还是时代大势，尚待更多材料支持。另，《老子》非圣非智之取向，亦有待考证。三、人是有偏见的固执的动物，阅读古文如何保持中立和客观，不抱先入之见是第一位的。如李零委婉批评李学勤将东宫之杯解为东宫之师，我个人猜测其实是暗指李学勤的“大历史观”在作祟：急于构筑一套新的儒学解释体系或儒学史。

李零说，郭店楚简和上博楚简不但有与《论语》相似的词句，而且与大小戴记有密切关系。

他特别指出，孔子更关心现实问题和世俗问题，而不是宗教问题和哲学问题，其思想中包含了多重发展的可能。这点毫无疑问，孔子讲仁的一面被孟子继承了，讲礼的一面被荀子发展了，儒家内部各流派，都能在孔子的“原始儒”中找到皈依和根源。由此，我很赞同李零的说法，很多被反复阐述的观点可能只是一个侧面、一个线索，而不是它的全部，更不是它的主流。一个被反复阐述的孔子，不可能是一个有固定面目的孔子。

◎**书架** 李零：《楚帛书研究》；刘钊：《郭店楚简校释》；荆门市博物馆：《郭店楚墓竹简》；陈伟：《楚地出土战国简册十四种》。

李 零 《铄古铸今》

李零《铄古铸今》，140页的册子，插图多，一中午可看三遍。体会不少，有些常识，写出来，供大家评批。

一、我个人觉得，应该把东西汉分开，嬴秦和莽新并列（何止于此两朝，嬴秦、莽新、杨隋、柴周、元代和民国，均有肇始后代制度之功）。秦始皇完成地理统一和制度统一；汉武帝完成学术统一和宗教（祭祀）统一；王莽以复古为名创新，复兴古文经学，改革宗教制度（西汉晚期，儒生全盘否定汉武帝的封禅祭祀和宗庙制度），本三礼，制礼乐，使皇家大典和民间信仰二分，为道教和佛教的滋生提供了基床。所以，对莽朝的评价，不可以以道德和道统论文。

二、宋代金石学是复古性质的，其兴起得益于古文之学的研究，以及三礼名物的研究。我们讲唐宋之变，除了政治的、经济的，还有文化的和科技的一面，诗、画、书、印都有革新。比如金石学，其分类定名的体系，就是宋代建立起来的，一直沿袭到清代而不易。

三、宋代文人画也是复古的产物，影响至今。文人画是在士大夫和良工匠的对立中出现的，最初，文人为突出自己的意趣，绕开材料和工具的限制，打破技能和训练的壁垒，自成体系。文人强调书画同源，又题词，又题诗，后来凌驾于工匠之上，制造了自己的审美壁垒。其实，书画同源，先练书法后画画，是扯淡。另外，现在通行观念是从楷书入手而真草隶篆，也不可靠，楷书出现，晚于隶篆，怎可以之为入门之径？

四、李零论篆刻一节，与书法同理。石章起源宋代，至元末明初流行，王冕是一个代表性人物。明清以汉印为主，到近代，则一味寻求突破，或杂糅众体，学碑版，学封泥，学砖瓦，学甲骨、彝铭、简帛等，开拓资源；或以吴昌硕、齐白石为代表，学急就之势，求粗犷之美。不过，前者很多因学养不足，东拼西凑；后者则刻意求变，流于荒诞。

过于掉书袋，打住。

◎**书架**　刘涛：《书法谈丛》；任德山：《中国书法》《中国绘画》；蒋勋：《汉字之美》。

李　零　《大刀阔斧绣花针》

周五、周六，读两本诗集，分别是谷禾《鲜花宁静》、余怒《主与客》；又读李零杂集《大刀阔斧绣花针》，购研究清代货币价格书一本（王宏斌《清代价值尺度——货币比价研究》），不打折扣，费银 75 元。

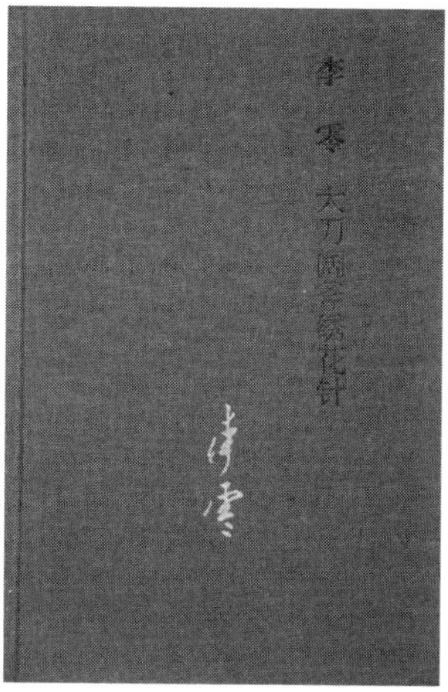

李零这本书提示我两个问题，一是思想的地图，可以研究下思想的地理学和发生学。李零指出，山东是儒家的摇篮，河南是道家的摇篮。而且，古代思想有如下一个传播趋势：先山东—齐鲁，再河南—郑卫宋，再山西—三晋，再陕西—秦，和兵法一样，东学西渐。我个人认为，此线路正是沿着黄河溯游而上。李零说，孔子游列国，河南是中转站；子夏居西河，则三晋为儒学和法术的一个源头。

二是山河的政治，山川代表天下。李零指出，真正进行过封禅大典的，有六个皇帝，他们都到过泰山。历代在首都建立祭坛，祭祀天地日月和社稷祖宗，是王莽的遗产；而历代祭祀岳海镇渎，是秦皇汉武的遗产。古代五岳五镇（沂山、吴山、会稽山、医巫闾山、霍山）、四渎（长江、黄河、济水、淮水）四海（西海是青海湖），是大一统的副产品。

读李零的书，要以游戏而认真的态度。他的文章写得轻松，却是货真价实，有骨肉。比如他谈战争，说战国末年，杀人盈野，但追究起来，却是人道先兵——不要以为这是真正的人道，其实是人与人斗的游戏十分发达。他还专门从《史记·匈奴列传》中捻出“不羞遁走”一词，明示流动性也是一种兵法。这一说法，可以帮助我们很好地理解，为什么长征是宣传队、播种机而具有神圣意义。

按李零的意思，男女关系是哲学问题。不管两汉古书怎么样议论纲常，都是典型的男性话语。即便是妇产问题，也脱胎于房中术，马王堆房中书，《胎产书》和《禹藏图》就收在房中书内。和女人是男人的宠物一个道理，骄子和妻管严，是女人的宠物。在谈论男女问题时，李零话锋一转，认为纲常之外还有倒转纲常，这个很好理解，“女的不嫁人，男的倒插门，儿子不养爹妈，只养岳父岳母。

或从女方讲，媳妇不养公婆，只养爹妈。孩子的姓氏、民族身份随母亲。娘家打败婆家。这种现象，没准就是潮流”。李零的说法，让我羞愧，我的孩子的民族身份便随了母亲，虽然别扭，但据说有很多实惠。

在纪念恩师张政烺时，李零引用了老师的教诲：我劝你们年轻人，趁着还没出名，赶紧读书，人已出名，就完蛋了。现在，李零出名了，书一本本地出，一本比一本贵。只是不知道李零还买书、读书否？

◎**书架**　李零：《我们的中国》；葛兆光：《宅兹中国》《想象异域》；许宏：《何以中国》；赵汀阳：《惠此中国》；朱小丰：《中国的起源》；段天璟：《二里沟文化时期的中国》。

李　零　《待兔轩文存·读史卷》

今日，读李零《待兔轩文存·读史卷》，皆古史及学术史研究；读李学勤《简帛佚籍与学术史》，皆出土简帛解读；读桑克诗集《转台游戏》，不足观。坦白说，研究古代的东西，分科是不对的，“小学”也好，“大学”也罢，打不通，各自为政，恐怕都偏了。最简单的例子，不懂文艺学，搞不了考古；不懂音韵学，搞不了训诂；不懂天文学，搞不了历史。

可惜，今人抱守残缺，徒惹人笑。

读罢本书，掩卷而思，还是有几个闪光点的。就古书体例而言，一是古书不题撰人，就是不知道作者是谁，别说产权，甚至还将思想安在人家头上，比如种种凭空杜撰的“子曰”。二是古书没有大题目，只有小题目，都以种类名、氏名及篇数、字数称之。书籍有大题目，可能始自隋唐。三是古书多以单篇流行，篇题本身就是书题，篇数较多的，多具有丛编性质。四是古书多经后人整理，这样，就难免附益和增饰，谁敢断言《论语》中的“子曰”一定就是孔子本人说的？

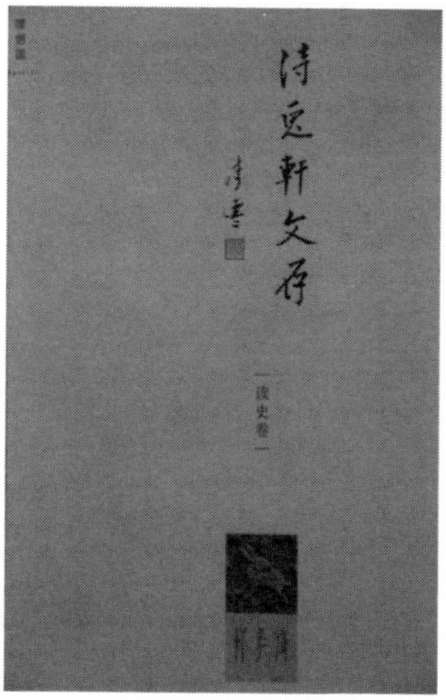

就神话谱系而言，李零指出，单靠和西方神话学进行比较，是建立不起来我们的系统的。他特别说明，对于归纳中国古代的神谱和传说人物的系统，“祭祀系统是入手处”。具体而言，中国古代的神话是围绕天神地祇的故事，而传说是以人祖的祭祀为背景，在本质上是一种世系传说。

我很是怀疑这本书的发行量。一般而言，以李零的大名，有固定的粉丝群，但这本书买回去，很可能专业人士觉得浅，业余人士觉得深。不妨通俗地介绍一个观点。他说，上博楚简《容成氏》的发现，再次证明夏是中国文明的代名词，也就是说，中国早期居民从夏朝开始都自称有夏，无论夏商周哪朝的后代，都把夏理解为天下和王土。另外《容成氏》讲禹划九州时，只说水，不说山，我个人感觉是大禹治水的一种地理学解释。

在书末文《说“黄老”》中，李零指出，黄帝书不是一种书，是一类书，其共同特点是以黄帝的故事为形式，它们中只有《黄帝内经》保存下来，黄帝书主体是数术方技。而《老子》的内容是由一种“无中生有”的宇宙生成说（道）和“清静无为”的处世哲学（德）构成，除了哲思系统外，它还有刑名法术系统和养生神仙系统。黄多故事而老多哲言，黄偏技术而老重思想，这两者是如何并称的呢？作者的看法有三：数术方技是道家所本，黄帝书既是数术方技之书最时髦的题材，而《老子》是道论之雄；古代道论常借“故事型”道家言作通俗解说，黄帝垂衣而天下治，正好可以图说演绎《老子》；黄帝和老子都是养生家推崇的寿星。这三点，促成了黄老的并称和融合。

◎**书架**　李零：《待兔轩文存·说文卷》；郭静云：《夏商周：从神话到现实》；张忠培、严文明：《中国远古时代》；崔格尔：《理解早期文明：比较研究》。

李学勤　《三代文明研究》

《左传》在李学勤心目中占有很突出的位置，认为司马迁就是凭借这本书奠定了《史记》的古史传统，他特别强调说，《左传》应该作为研究上古的起点和基础。另外，他肯定了周予同对经学的贡献。2015 年，我读了周予同的所有文集，非常认同他“经学时代已结束，经学研究刚开始”的观点。饶宗颐不支持章学诚“六经皆史”论，认为经是从史里提炼出来的。我也认同此理。不过，章学诚这个提法，恐怕还是源于经学的没落。

必须要说明，李学勤赞同李伯谦“中国的所谓三皇五帝以来的历史传说，实际上是和真正的社会形态发展相对应的，不是随便捏造出来的”的观点，按照这一说辞，三皇时期的有巢氏相当于旧石器时代的早期，伏

羲氏相当于旧石器时代的中期，燧人氏相当于旧石器时代的晚期，神农氏相当于新石器时代的中早期；五帝时期的炎黄帝距今7000年到4500年，是一个部落联盟或者古国时期，而颛顼、帝喾、尧、舜、禹时期，是初级的王国时期。

在讨论清华简中的周文王遗言《保训》时，李学勤说，文王对太子姬发讲了两件上古的史事传说，一件是关于舜的，一件是关于微的，也就是商汤的六世祖，以之要求太子遵守“中”。李学勤认为，“中”是一种思想观念，由此启发了儒家孔子和子思的中道观，这也是《论语·尧曰》中“舜亦以命禹”的“（允执其）中”。但李零在一篇文章中并不同意这种观点，否认“中”是一种观念，认为是地中，类似于旗帜之类的东西。

李学勤推荐《春秋大事表》，心动，上亚马逊查了一下，230块钱，遗憾作罢，啥时候发财，收了这套。

◎**书架**　皮锡瑞：《经学历史》；周予同：《群经通论》《经学和经学史》；章学诚：《文史通义》；李伯谦：《文明探源与三代考古论集》；朱维铮：《中国经学史十论》《中国经学史基本丛书》；吴雁南等：《中国经学史》；本田成之：《中国经学史》；马宗霍：《中国经学史》；周予同：《经学和经学史》；徐复观：《论经学史二种》；孙庆伟：《追迹三代》。

李学勤　《初识清华简》

《清华简关于秦人始源的重要发现》一文，我反复读了三遍。根据暂题为

《系年》的一批简记载：飞廉东逃于商盖氏，成王罚商盖，杀飞廉，西迁商盖之民，以御西戎，是为秦先人。也就是说，商朝灭亡时，嬴姓东方诸国反对周，失败后，周公长子伯禽分封建鲁国，而秦人的先祖，由东夷而成西戎。

想起王家卫的电影《东成西就》，莞尔。

有必要交代下清华简的背景。2008 年 7 月，清华大学收藏了一批战国竹简，数量一共有 2388 枚（包括少数残断简）。经碳 14 年代测定法证实，年代在战国中晚期之际，文字风格主要是楚国的。这批简不仅重现了《尚书》及类似典籍，发现了前所未知的周代诗篇，复原了楚国历史及地理，而且证明东晋梅赜所献的孔传本古文《尚书》是赝品。还需要说的是，其中的《算表》被数学史专家认定是目前国内发现最早的实用算具。

不过，对这批清华简，也有人认为是假的。真假不知道，我对这方面不懂。但目前，主流学界是当真东西对待的。

◎**书架**　李学勤:《清华大学藏战国竹简》；马楠:《清华简〈系年〉辑证》；李守奎：《古文字与古史考——清华简整理研究》；刘光胜：《清华简〈系年〉与〈竹书纪年〉比较研究》；侯文学、李明丽：《清华简〈系年〉与〈左传〉叙事比较研究》。

李学勤 《周易溯源》

读李学勤《周易溯源》，中间一段略去。就我个人而言，再次明确如下问题。一、孔子是否学过《易》。《论语》有孔子“五十以学易”的说法，这个“易”是否是“亦”，乃是公案。如是“亦”，孔子学《易》以至于“韦编三绝”，就是神话故事了，且《论语》基本与《周易》无涉。不过，考古音学，“亦”与“易”不同部，直到西汉，仍然不能通假，这意味着，是《易》而非“亦”无疑问。二、孔子怎么看待《周易》。在《论语》中，孔子说“不占”，而到了朱熹那里，《周易》就是卜筮之书，孔子也是这么认为的吗？毫无疑问，《周易》是占卜用的，但孔子读《易》，是“观其德义耳”，而不在其他。三、结合先秦各典籍，考马王堆出土帛书，《中庸》是子思子的作品没有疑问。

《周易溯源》基本上把《周易》的源流和版本搞清楚了，这是一大学术贡献。读至末尾，我对《汉书·李寻传》与纬书的起源是非感兴趣。按，曲阳侯王根是汉成帝舅父，元延元年即公元前12年为大司马骠骑将军，此人厚遇李寻，李寻曾谏王根：

> 《书》云“天聪明”，盖言紫宫极枢，通位帝纪，太微四门，广开大道，五经六纬，尊术显士，翼张舒布，烛临四海，少微处士，为比为辅，故次帝廷，女宫在后。圣人承天，贤贤易色，取法于此。天官上相上将，皆颛面正朝，忧责甚重，要在得人。得人之效，成败之机，不可不勉也。

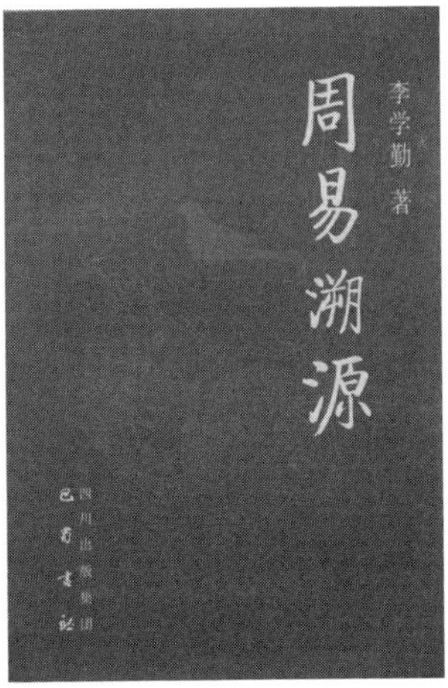

汉哀帝即位，李寻曾咨政：

臣闻五星者，五行之精，五帝司命，应王者号令为之节度。岁星主岁事，为统首，号令所纪，今失度而盛，此君指意欲有所为，未得其节也。又填星不避岁星者，后帝共政，相留于奎、娄，当以义断之。荧惑往来亡常，周历两宫，作态低卬，入天门，上明堂，贯尾乱宫。太白发越犯库，兵寇之应也。贯黄龙，入帝庭，当门而出，随荧惑入天门，至房而分，欲与荧惑为患，不敢当明堂之精。此陛下神灵，故祸乱不成也。荧惑厥弛，佞巧依势，微言毁誉，进类蔽善。太白出端门，臣有不臣者。火入室，金上堂，不以时解，其忧凶。填、岁相守，又主内乱。宜察萧墙之内，毋急亲疏之微，诛放佞人，防绝萌牙，以荡涤浊濊，消散积恶，毋使得成祸乱。辰星主正四时，当效于四仲；四时失序，则辰星作异。今出于岁首之孟，天所以谴告陛下也。政急则出早，政缓则出晚，政绝不行则伏不见而为彗茀。四孟皆出，为易王命；四季皆出，星家所讳。今幸独出寅孟之月，盖皇天所以笃右陛下也，宜深自改。

自《汉书》中抄来偌大一段，是想证明，在成、哀二帝时期，纬书已成为儒学的一个重要内容。

如上话题比较硬，就说点儿软的。读《子思和〈中庸〉》篇，忽然想起：伯鱼去世时，孔子尚在，是白发人送黑发人。也就是说，子思是见过爷爷的。难道曾子说“可以托六尺之孤”，是针对孔子身后之子思而言的？

◎**书架** 王弼:《周易注》; 孔颖达 :《周易正义》; 程颐:《周易程氏传》; 朱熹:《周易本义》; 来知德:《周易集注》; 曾仕强:《易经的奥秘》; 秦敬修《周易卦解》。

张政烺 《文史丛考》

翻张政烺文集。其时，中华书局出了五本，考虑一本无用，只买了《古史讲义》《论易丛稿》《甲骨文与商周史研究》和《文史丛考》。

坦白说，张政烺的古史讲义过于陈旧，又有阶级眼光，不足观，但其古文字学这块，俨然泰斗，论《周易》部分，仍有参考。最喜《文史丛考》，老人家读书太多，很多我都没听说过，其论述宋江、十二寡妇、《封神演义》等等，证据和观点喜人。记得李零在《大刀阔斧绣花针》中提及，很多人说乃师写出来的东西不足肚子里的十分之一、时间都用来帮助别人了。这一评价，不管别人信不信，我是信的。

张政烺很有意思，专文考证了玉皇大帝姓张。按，我奶奶姓张，名守英，嫁了爷爷李同玉，生性慈祥，1938 年入党，2014 年以 97 岁高寿作古。张氏这一考证自然让我大生欢喜。张政烺从《酉阳杂俎》中找到了一个出处，很有意思，录如下：

天翁姓张，名坚，字刺渴，渔阳人，少不羁，无所拘忌。常张罗得一白雀，爱而养之，梦刘天翁责怒，每欲杀之，白雀辄以报坚，坚设诸方待之，终莫能害。天翁遂下观之，坚盛设宾主，乃窃骑天翁车，乘白龙，振策登天，天翁乘余龙追之，不及。坚既到玄宫，易百官，杜塞北门，封白雀为上卿侯，改白雀之胤不产于下土。刘翁失治，徘徊五岳作灾，坚患之，以刘翁为太山太守，主生死之籍。

以后，再看《西游记》，知道玉帝老儿姓张名坚，太上老君姓李名耳便好了。

接着张政烺的考证，说说现实版《水浒传》，宋江起事河南，转战山东和江苏北部，初被张叔夜招降，疑又被折可存剿灭，亦有史书说被韩世忠剿灭，存疑。小说自然是夸大了，史实说，宋江起事折腾了不过两年。笔记和小说中，宋江参与征方腊，则不见于正史。

张政烺考证《封神演义》作者是秀才陆西星，得胡适认可。《封神演义》一书阐截之分、鸿钧之事都是捏造，其想象之瑰奇，古书未有。

王震中　《中国古代文明的探索》

购买多年，今日重读，有些问题还是老问题，稀里糊涂，不明所以。如，国家从哪里来的？文明是怎么开始的？真是拍遍栏杆无人会，越想越糊涂。但本书在如下问题上和我之所思所得是暗合的：一、国家分期：邦国、王国和帝国；二、文明分期：农耕部落时期、中心聚落时期、早期国家时期；三、王权来源：祭祀权、军事权、族权。这些是最基本的常识。

王震中说，以社会分工、私有制的发展、阶级和国家的出现作为文明社会的标准，虽可以说是从社会形态的发展和变化看问题，但不能生搬硬套。他认为，恩格斯在《家庭、私有制和国家的起源》中所提出的国家形成的两个标志——按地区来划分它的国民及凌驾于社会之上的公共权力的设立，应修改为一是阶级的存在，二是凌驾于社会之上的公共权力的设立。他专门以舜和皋陶为首领的两个东夷民族部落作代表，论证了由习惯法到新型刑法的转变，而这，正标志着公共权力及国家机器的产生。

王震中专文驳斥了何新《诸神的起源》又是错误，又是抄袭，让我大跌眼镜。文章过长，不妨直接引用作者的四个重要批判点：一、书中所拟构的宗教神话学体系——华夏民族的远古诸神“起源于崇拜太阳的原始一神教”，与历史实际不符，有主观臆造之嫌；二、书中所勾画的古华夏民族的组成与分布的古史系统，与事实背道而驰；三、论证方法存在多方面错误；四、书中至少有二十处以上的硬伤，此处，还涉及学风问题。少时，我读何新作品，被其知识之宏丰广博惊得不轻。

目下看来，学者如一味奉行速食主义，难免外强中干，可叹亦可惜。当然，这也是为学大忌。君不见，一些学术大家，都栽在这个门槛儿上。

◎**书架**　何新：《诸神的起源》；王震中：《重建中国上古史的探索》《中国文明起源的比较研究》；李学勤：《中国古代文明研究》；梁思永：《小屯、龙山与仰韶》。

宋兆麟 《巫与祭司》

巫教是氏族信仰，巫师是兼职宗教人员，这是和后世宗教不同的地方。此外，巫教持多神论，不信仰一神，其没有教派之分，有较强的血缘性和地方性，缺乏完整的思想体系和固定的祭祀场所。在某种意义上，文字可能是巫师发明的。据《史记》，黄帝时开始人神分野；而据《国语》，颛顼开始了绝地天通。

有意思的是，巫师起源于母系氏族社会中期。因为，不仅神话传说认为巫师来源于妇女，各民族的巫师，普遍流行女巫。我们老家，也就是鲁南一带，搞“迷信活动”的，都是巫婆横行，鲜见神汉。巫师的职责，就是自为神的代言人，其和鬼神交往，主要采取两种方式，一是附身，代表鬼神说话；一是过阴，灵魂去找鬼神。

颛顼的宗教改革，禁止一般巫觋通天，而由大巫或祭司主持专门的通天仪式，代天行以壮王威。宋兆麟的研究显示，商代第一至四期甲骨占卜，无论吉凶都由商王作出判断，并给予记录；第五期占卜有关吉凶不做记录，凡是吉兆则由王亲自卜者才记录下来。这说明，王亲自通神，并具有祭司身份。

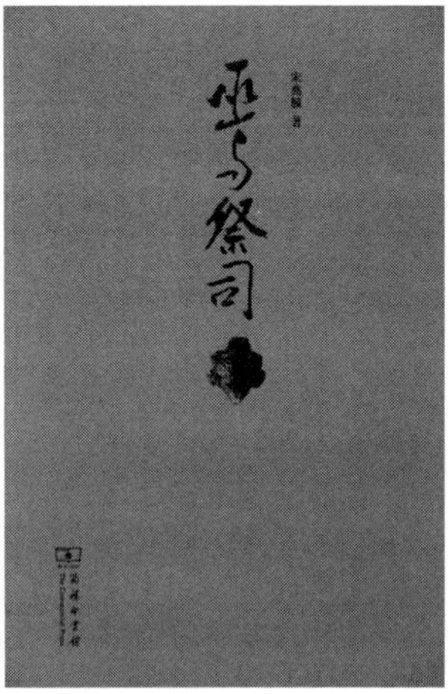

通天历来是人王的事业。且不说宋江和吴用、公孙胜借迷信排座次，这毕竟是演义性质的。太平天国起义时，“卖炭翁”杨秀清因取得了代天父传旨的权力，一跃进入核心领导层。建都天京后，杨秀清屡屡又故技重演，排斥异己，搞得洪秀全孙子一样。特别是在1856年8月指挥太平军攻破江南大营后，以大功自居，代天父传旨，要求洪秀全加封他为万岁。此时，杨秀清集政、军、教权于一身，成为实际领导者。洪秀全不得不密诏韦昌辉、石达开诛杨，拉开了败亡的序幕。

总之，垄断神权，是巩固王（皇）权的一个重要步骤，当然，也是其一个重要的组成部分：这是少数人的事业。

◎**书架** 李泽厚：《说巫史传统》；朱大可：《华夏上古神系》；林富士：《巫者的世界》；汪德迈：《中国思想的两种理性：占卜与表意》；太史文：《中国中世纪的鬼节》；郭静云：《天神与天地之道》；艾兰：《龟之谜》。

苏秉琦 《中国文明起源新探》

二十分钟翻完苏秉琦《中国文明起源新探》，文章通俗，甚是好读。苏秉琦是大家，喜欢总结，如提出考古学文化六大区系类型理论，北方、东方、中原、东南、西南、南方；提出不宜过分夸大中原古文化一支独大的满天星斗说；提出国家起源问题的三部曲，古国、方国和帝国；提出中国国家起源问题的三模式，原生型、次生型、续生型。老人家学问好，但哲学提炼显然非其所长，往往过于轻率。

不过，他认为历史教育陷入大一统怪圈和马克思社会发现规律怪圈，却是洞见，可惜并未展开。

这里略微延伸几句。促使历史或其教育陷入大一统怪圈的“始作俑者”是公羊学。《公羊传》一开头就将《春秋经》记“王正月”解释为“大一统也”。按照杨向奎的思想，公羊学最主要的理论就是大一统。《公羊传》中的大一统统一于哪里呢？即“欲天下之一乎周也”。也就是说，大一统的理想是孔子“吾从周”的一种表达，而周是华夏、中国的代称。即便是孟子和荀子“道不同”，但在大一统问题上并无二致。理想的大一统为“王者无外”，换句话说就是中国与诸夏有别，诸夏与夷狄两分。司马迁也把继三统、张三世以为己任，虽《白虎通》不再重视大一统，但经何休《春秋义法解诂》，公羊学焕发了第二春。按照杨向奎的见地，时至南宋，四夷交侵，一统观被正统观代替。直到清代，公羊学在康有为手里才成为救世变法的药方。

药方归药方，占领地盘始终是统治者的千秋大梦。这一点，似乎不需要理论指导。

◎**书架**　苏秉琦：《满天星斗：苏秉琦论远古中国》《中国远古时代》；李济：《中国文明的开始》；葛兰言：《中国文明》；姚中秋：《尧舜之道：中国文明的诞生》；袁行霈：《中华文明史》；周膺：《良渚文化与中国文明的起源》。

陈　来　《竹帛〈五行〉与简帛研究》

有友招夜饮，持《竹帛〈五行〉与简帛研究》入苹果园地铁。这是时隔半年，再次重读此书。

马王堆帛书、郭店楚简和上博楚简的出土，至少证明了如下问题：一、在孔孟之间，有一个子思，荀子非十二子时所说的“子思唱之，孟轲和之”的五行说，是存在的。孔子亡至《孟子》出，中间有180年时间空当，郭店楚简是公元前400至公元前300年间流行的儒家著作的一部分，它们的作者正是“七十子及其弟子”。二、《五行》确认是子思的作品，在先秦时代，经由自然人性说，过渡到性善说和性恶说。一般说法是，孔子很少讲心性问题，到了孟子这个问题才得以展开。而郭店楚简则证明，子思提出的“情出于性”的命题、“性自命出，命自天降，道始于情，情生于性”的性情——天命结构、“好恶，性也”的人性论，表明早期儒学有相当发达的心性论，亦间接证明《中庸》早出。三、马王堆帛书《易传》有孔门易学传统，同时，不能绝对以家即以儒或道分析先秦思想，它们有共同的理论源泉。陈来指出：帛书的发现，使孔子“假我数年，五十以学易”的自述得到确证。他进而推断，司马迁一定看到过帛书《易传》、今本《易传》及同类的孔门易学文献。四、读《五行》篇什，

可知儒家称德，不只重视形于外，更重视行于内，善是人道，德是天道。

陈来特别强调，出土竹简扩大了对孔子的认知。比如，今人研究《论语》，一般以“民可使由之，不可使知之”非孔子，以为这个野合而生的思想家奉行愚民政策。竹简《尊德义》云：“行矣而无违，养心于慈良，忠心日益而不自知也。民可使道之，不可使知之。”表明在行使道德教化时，不是让人民知晓何者为善来实现，而是引导他们在行中不知不觉地潜移默化来实现。

◎**书架** 庞朴：《竹帛〈五行〉篇校注及研究》；邢文：《著乎竹帛：中国古代思想与学派》。

邓小南 《祖宗之法》

邓小南是宋史大师邓广铭的女公子，虽学养和深入浅出不及其父，但本书足以证明虎父无犬女。在宋代，祖宗之法在很多时候被目为现代式的宪法。值得注意的是，虽然阎步克在评价本书时指出，祖宗之法被处理成为一个核心明确而外缘宽泛富有弹性的综合体，基本精神是“事为之制，曲为之防”，但这个综合体如邓小南所言，不可能一一凿实，而只能从总体精神上予以把握。

有宋一代羸弱不堪，却被历代文人视为“理想国”，这是一个很有意思的问题。个人认为，对宋代的追慕，核心的一点在于传说中的祖宗之训——不杀大臣，落实在政治实践层面上则是文彦博答神宗之问时所说：“为与士大夫治天下，非与百姓治天下也。”这表明，宋代是文人士大夫参政议政最为活跃和得到保障的时期。邓小南指出，宋朝恪守祖宗之法不仅是一种政治模式，也是一种思想文化模式，其中倾注着士大夫建筑统治规范、实现长治久安的深切热情，体现着一种整体性的社会理想。当然，这只是问题的一个方面。祖宗之法的构建者不只是最高统治者，更主要的是士大夫。对于最高统治者来说，祖宗之法既是政治合法性的来源，也是政治稳定的保障。而对于士大夫而言，则是约束皇权的“道理最大”的话语体系，这可以实现士大夫与皇帝共治天下。

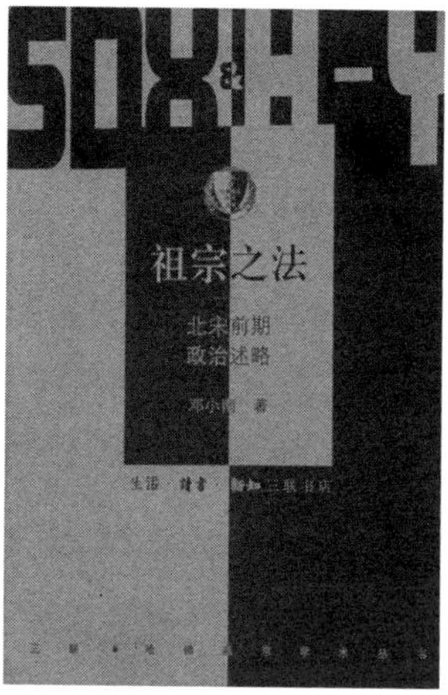

邓小南进一步指出，不能完全把祖宗之法认定为一代政治的指导思想，在具体的政治环境中，包含一种政权稳定至上的实用主义政治理念。面对祖宗之法这样具有宪法精神的理念综合体，不是所有的最高统治者和士大夫都愿意恪守而无违，“三年无改于父之道”只是一个传说，更多的是原则上继承，操作上变通，表现出极大的弹性空间。比如，真宗赵恒为了实现“永邦固基”的高悬目标，就玩了一个天瑞祥符、神道设教的把戏，意图将上天的权威和王朝的统治秩序整合起来。想来，宋江的祖师爷是宋真宗。也就是说，为了维护统治，可以直接将造伪贴到祖宗头上，继而抬出祖宗来遮羞，塞天下悠悠之口。这进而说明，政治永远是现实主义的，祖宗也好，礼法也罢，完全服务于权力现实。

说到这里，不由得让我想起了《水浒传》。晁盖临死前，没有把第一把交椅之位传给宋江，而是宣称：“有那个捉得史文恭的人，立他做山寨之主。”这一“祖宗之法”为宋江接掌梁山、实现自己与晁盖极力反对的招安理想制造了很大的困难。祖宗之法说白了就是前任的政治遗产，面对这一遗产，统治者总是在执行“既定方针”时斟酌祖宗垂宪，便宜行事。

◎**书架**　《续资治通鉴长编》；《司马光集》；《王安石集》；《王荆文公诗笺注》；《苏轼全集校注》；詹大和等：《王安石年谱三种》；顾栋高：《司马光年谱》；邓广铭：《岳飞传》《北宋政治改革家王安石》《韩世忠年谱》《辛弃疾传》《辛稼轩年谱》《陈龙川传》《邓广铭治史丛稿》；刘子健：《中国转向内在》。

〔澳〕刘莉　《中国新石器时代：迈向早期国家之路》

澳大利亚学者刘莉的这部作品借用了西方当代人类学的分析模式，多用统计数据说话，个人受启发之处甚多。她分析指出，气候的变化影响了早期中国社会的发育；家庭生活中，工具的使用有性别差异，也显示出了社区内的空间布局与社会关系变动；墓葬形态变化，则与阶级变化挂钩，呈现等级状态；聚落变化和社会组织表现出明显的相关，复杂社会形成，并引出了最早的国家萌芽。

刘莉认为，新石器时代劳动分工日趋加强，基于性别和功能的空间划分日趋明显，一个扩展家庭，构成了基本的经济单元。她通过对康家遗址的分析，得出如下结论：（该遗址的）生存经济是农业、家畜饲养、狩猎和采集的混合体，自给自足。考古资料显示出家猪饲养减少，对野生动物的狩猎加强和牧养动物增多的趋势。而这一趋势，与公元前第三千纪的气候波动吻合，表明康家居民在恶化的生态环境中采取了新的适应方式。

生存需要所依赖的联盟和合作，是凭借仪式性宴饮达成的。

考古资料显示，新石器时代的居民，也讲究吃吃喝喝。

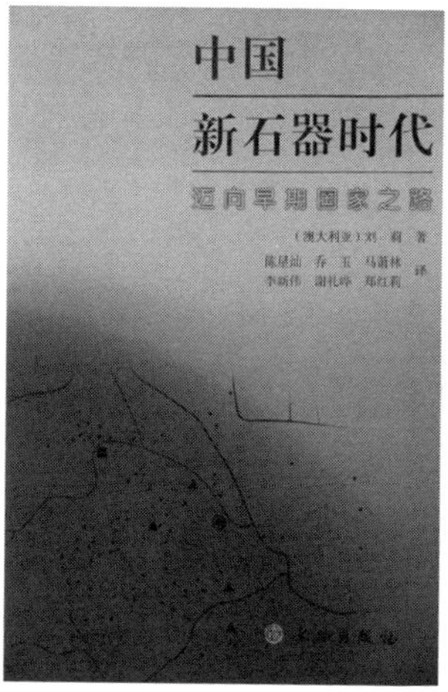

刘莉指出，中国最早的国家是从中原地区一个有限的区域发展起来的，而不是许多国家同时出现在不同的地区。她支持张光直假说，即夏商周三个国家是竞争并存的三个政治实体，在国家形成的早期阶段，就目前所见，先周的政治实体尚不见于考古记录。她对以沃勒斯坦的世界体系作为分析工具表示赞赏，认为二里头（前1900—前1500）政治经济系统的运作，由一个支配中心和几个被支配的边缘地区所组成。这一世界体系依靠武力获得支配权，而依靠祖先崇拜作为共同信仰。虽然二里头是商是夏的争论不绝于耳，但遗址表明，它已是一个高度集中的社会政治系统。

◎**书架** 严文明：《中国考古学研究的世纪回顾：新石器时代考古卷》；策拉姆：《神祇、陵墓与学者》；刘庆柱：《中国古代都城考古发现与研究》。

曹 峰 《出土文献与儒道关系》

读曹峰编《出土文献与儒道关系》。如果不考虑孔子和老子谁大谁小的问题，早期儒道关系是互补的、融洽的。《老子》和《论语》都表现出对对方学说的融合，孟子的心性学、荀子的天人之分乃至大学和中庸，及至宋明理学都

有道家的影子。《庄子》中有对儒学贬斥的成分，这可能是第一次儒道冲突，至汉初黄老之治这种冲突达到顶峰，但到魏晋南北朝则出现以道融儒的玄学。出土文献特别是郭店楚简《老子》甲乙丙本和太一生水都显示，目前，通行本《老子》被篡改过，以至于儒道在《老子》中有了对立的成分。

需要指出的是，有三种对传统文化主干的界定：李泽厚的儒家主体说、方克立的儒道主体说、陈鼓应的道家主体说。陈鼓应认为，儒家很多重要概念都来自于道家。

陈鼓应鼓吹道家不遗余力，他声称老学先于孔学，老子是中国第一位哲学家，孔子次之；《老子》成书早于《论语》。至于证据，引来引去，却是含糊其辞。这符合一般思想家的特点，阐述自己的观点时“不讲理”，直接下断语。他根本不去研究，《老子》的作者和孔子问礼的老子是否是同一个人。不过，他说老子和孔子的思想有相容的因素却是对的，孔子的思想有追求自然之得的一面，他喜浴乎沂，欲居九夷，尽管《论语》中隐逸之士屡屡对孔子翻白眼，他却也想结识攀谈一下。

陈鼓应把道家作为中国文化的主干，甚至论证出《老子》上溯《易经》而下启《易传》。也有人嗤之以鼻。在本书中，吕绍刚就认为，虽然在天道观上，《易大传》与《老子》有相同之处，都把天作为自然之天。然而，在宇宙原始是什么这个哲学的基本问题上，两者截然不同，前者的宇宙的根源是太极，而老子哲学的最高范畴是道。而且，《易大传》排除鬼神的存在，却重视祭祀；鬼神在《老子》中没有踪迹，其见素抱朴的思想，显然与祭祀存在根本的对立冲突。

王博则引用司马谈的《论六家要旨》，并借助郭店楚简材料，指出教化和无为足以代表儒道两家的各自主旨和区别，两家的相互影响和融合并不能掩盖它们之间的区别。

◎**书架** 刘晗：《〈老子〉文本与道儒关系演变研究》；徐小跃：《中国传统文化与儒道佛》；傅佩荣：《儒道天论发微》；刘鹤丹：《〈老子〉思想溯源》；陈鼓应：《老子注释及评价》《周易今注今译》《老子今注今译》《庄子今注今译》《中国哲学创始者：老子新论》《道家易学建构》《易传与道家思想》《老庄新论》《庄子浅说》。

刘国忠 《走近清华简》

读刘国忠《走近清华简》，其最大的便利是九篇简文注释。上午，收中国社会科学院考古所副研究员李志鹏兄发以清华简为基础的讨论武王克商时间的论文。目前，断代工程确定武王克商时间是公元前1046年，但这一时间还有待更多出土资料支持，一旦确定，中国纪年将提前300年。

在清华简中，我比较留意两个问题，一是《保训》篇文王遗言“求中”的“中”到底是啥，思想和器具？这个问题解决了，儒家中道问题迎刃而解；二是与尚书有关的篇什能确定多少？《尚书》是最古老的史书，有今古之争，司马迁抄用了很多，这个确定了，就可以放心使用相关材料。

甲骨文中看到的“册”字，是一个象形字，由一根根简编成的。除了中国，朝鲜和日本也使用简，按刘国忠的说法，“有意思的是，在中国逐渐废除简的使用之后，这两个地方简的使用开始盛行”。欧洲也使用过，英国就发现了文

德兰达木简。

还是回到《保训》篇。刘国忠指出，简文开篇所说的“惟王五十年”说明周文王在位期间曾自称为王，而且称王的时间可能并非在晚年。同时，印证了周文王在位五十年，和《史记·周本纪》《尚书·无逸》的说法同。此外，也能证明“文”是谥号而不是生称，《礼记·大传》就说是追赠的。

自刘国忠的分析可以看出，周人灭商曾做过种种准备，也就是说，文王是奉行枪杆子里出政权的，至于《封神演义》中暗示的文武二王是被纣王“逼上梁山”，完全是道学家、小说家的说辞。“夺权”时机成熟了，便有了《尚书·武成》的描述：“会于牧野，罔有敌于我师，前徒倒戈，攻于后以北，血流漂杵。”

由于对武王伐纣感兴趣，辅助读张富祥《〈竹书纪年〉与夏商周年代研究》，大惊，此人的考据功夫非一般人能比。其以晋代出土的竹书纪年，参考诸典籍，竟然梳理出夏商和西周大事年表。可以说，张富祥历法和古文功底，以及判断推演能力，让人折服。特别是他对已知西周最早的有铭文铜器利簋的考证，更是令人惊奇。按他的说法，武王在大年初一偷袭商都，一大早就拿下了。

通读《〈竹书纪年〉与夏商周年代研究》，费劲，因为我不懂古代历法。

◎**书架**　李松儒:《清华简〈系年〉集释》; 孙飞燕:《清华简〈系年〉初探》; 姚小鸥：《清华简与先秦经学文献研究》；刘成群：《清华简与古史甄微》。

袁　珂　《中国神话史》

读《中国神话史》，最切实的感受是，从《山海经》开始，我们就有一种将专制权力人物塑造成救世主或英雄神的传统，由此造成的后果是，身处被奴役的境地还为有这样的故事性枷锁而沾沾自喜。这是中国第一部神话史，资料齐全，规模恢宏，可惜语言不知节制，四十万字节略一半即可。

本书可大体分为两部分：神话史与神话研究史。

先说神话史。袁珂推崇《山海经》，他对这本书的分析，有几个观点值得玩味。一、构成原始宗教信仰的，除自然崇拜外还有图腾崇拜，根据文献，苗族属于古代尚未迁徙到南方，住在黄河上游、中原西部的龙图腾的团族之一。而在我们的印象中，苗族是南方的少数民族，善于用蛊。2002—2003年，我工作过一年的湘西自治州，便是苗族聚居地，这里的某些民俗照目下看来，依旧算是“蛮荒”——“蛮荒”也是一种“先进”文化。二、原始社会的主宰神是女性，而不是男性，这个女性便是女娲，据《大荒西经》：“有神十人，名曰女娲之肠，化为神，处栗广之野。”女娲最大的贡献是造人和补天，这是第一造物神。此说意味着什么呢？意味着盘古是一个女性。袁珂说，女娲补天的目的是治水。如此说成立，女娲和大禹极有可能是一人二身。三、袁珂认为，

天帝的出现与酋长世袭制有关。只是传述的天帝非止一人，在《山海经》里，黄帝、女娲、少昊、颛顼等并为“众帝”“群帝”，这和当时混居中原的部落联盟的军事首领非止一个的实际情况是大体相符的。按这个说法，三皇五帝不具有时间上的先后关系，而是并列共存的。

在袁珂看来，大部分神话人物不都是虚构的，而是闪烁着历史的真实影子。比如西王母，可能就是远古时代一个偏远地区的部落酋长幻想折射的写像。除此之外，一些历史上的真实人物因为受到人民的拥护，而在口头文学中被赋予了不少神话的因素。高尔基就说，古代著名的人物，乃是制造神的原料。《三国演义》中，诸葛和关公都成了神。关公尤甚，不仅一跃成为战神，而且差点“赶走”赵公明成为财神。

再说神话研究史。鲁迅曾说，《山海经》是古之巫书。袁珂通过对《山海经》的分析，提出，夏禹、伯益是最早的神话整理者。他的理由是，旧说夏禹、伯益为《山海经》的作者。恐怕这一观点站不住脚。袁珂在研究《山海经》成书年代时，已大体将诸篇分别界定在战国初年至汉代初期，一部经多人编纂历诸代而成的书，怎么可能将整理者推导到远古的神话人物身上？

◎**书架**　程憬：《中国古代神话研究》；张公：《上古神话传说》；施瓦布：《古希腊神话与传说》；汉斯·布鲁门伯格：《神话研究》；叶舒宪：《比较神话学在中国》《结构主义神话学》《神话：原型批评》；马林诺夫斯基：《巫术、科学、宗教与神话》。另推荐神话学文库。

〔日〕渡边信一郎　《中国古代的王权与天下秩序：从日中比较史的视角出发》

深夜读罢《中国古代的王权与天下秩序：从日中比较史的视角出发》。这位日本学者认为，天下有时指中国的，有时又是指帝国的，在边界上于中国和夷狄间变动，但整体是以禹迹——九州为基础的不包含夷狄而为天子所统治的文明圈。这个观点颇有道理，要知道，在顾炎武那里，天下和国家是不同的，天下代表文明，国家代表政权。迨至晚清，国家代替了天下。

作者还认为，在中国古典世界观中，有三千里的九州、五千里的九州和方万里含夷狄在内的九州。不过，天下并非无限扩展的，而是有限领域，在其外部，是设想出的四荒、四极。这个天下型国家具有一套相应的、以祭天礼仪为核心的礼法制度，亦即古典国制，皇帝必须以可见的形式不断实证其对于天的响应来确保权力的正当性。与此配套，宫城的空间配置则表现出较强的政治性和意识形态性，这就是说，首都的政治空间设置与皇帝的权力，有着周密的空间呼应。

渡边信一郎特别强调，天下代指国家在古代日本被频繁使用，但在朝鲜却几乎看不到成例。依次推想，日本的天下观应该是其不断侵略东亚邻国的理论基础。按照作者的研究，天下观在唐代史学家杜佑那里得到完全的阐释。

杜佑的天下观分为三个层次：一、“天下之立国宰物，尚矣，其画野分疆之制，自五帝始焉。”天下是以国为中介统治人民的；二、“东渐于海，西被于流沙，朔南暨声教。”天下的基本领域以《尚书·禹贡》为蓝本；三、“是以一人治天下，非以天下奉一人，患在德不广，不患地不广。”天子以德治民。也就是说，天下没有被幻想成无限扩展的世界。因此，唐代对天下的统治采取羁縻制，即在中原之外建立羁縻都督府和羁縻州、县及蕃国制度管理四夷，历史如此记载：

> 唐兴，初，未暇于四夷。自太宗（李世民）平突厥，西北诸蕃及蛮夷稍稍内属，即其部落列置州县，其大者为都督府，以其首领为都督、刺史，皆得世袭。虽贡赋，版籍多不上户部，然声教所暨，皆边州都督、都护所领，著于令式……大凡府州八百五十六，号为羁縻云。

我个人的观点是，这种政治模式直接影响了后代的朝贡体系。

◎**书架**　王震中：《中国古代国家的起源与王权的形成》；尾形勇：《中国古代的“家”与国家》；吴思：《隐蔽的秩序》；芬纳：《统治史》。

荣新江　《中古中国与外来文明》

读荣新江《中古中国与外来文明》，这本以研究九胡姓之一的粟特人（乌兹别克斯坦聚落）在西亚和中国间经贸、文化活动为主的论文集，再一次说明，虽然一些历史学家批评“丝绸之路”是1877年德国地理学家费迪南·冯·李

希霍芬在《中国》提出的晚近概念，但无法否认，自古以来中原文化就和异域文化交织在一起，特别是西域这一广袤的亚洲腹地，中国与中西亚的交流更是依托于绿洲而开展得生机盎然。由此来说，沿着这一地理线我们可以勾勒出这样一条时间线，早在一万至五千年前，中原各文化部落与中西亚各部落的交往就创造了丰富的物质文化，有鉴于此，我们将古代国家划定为一家一姓之国家，将文化视作同质同源之文明，显然是狭隘了。当善于经商的粟特人后裔安禄山、石敬瑭播乱中原时，我们是否会想到这样一个问题，在他们眼中，中国和西域各聚落型国家并无区别，唯一的特点，就是疆域大小不同而已。

◎**书架**　荣新江：《丝绸之路与东西文化交流》《中古中国与粟特文明》；彼得·弗兰科潘：《丝绸之路：一部全新的世界史》；姜士彬：《中古中国的寡头政治》；薛爱华：《朱雀：唐代的南方意象》《撒马尔罕的金桃》；向达：《唐代长安与西域文明》。

王铭铭　《超越“新战国”：吴文藻、费孝通的中华民族理论》

昨天读早期中国与中西亚（注：《中古中国与外来文明》）的交流，今天

信手读王铭铭的《超越“新战国”：吴文藻、费孝通的中华民族理论》，竟然产生共鸣。在吴文藻的视野中，民族是文化的，国家是政治的，从18到20世纪，西方文明将世界分为自我和他者二元结构，他们以自己的文明模式，套观异质文化和异域文明。

不过，愚以为这种以国为单位的思考方式，很容易流于简单和专横。

吴文藻的“中国”不是一个简单的民族国家，而是一个超民族的大体系。所以，这就可以理解费孝通的如下观念，即中华民族的多元一体格局。多元是一体的前提，在一个宏大的空间中，各族群的互动构成了中国历史的主干。在近代以前，中华民族是一个自在的民族；近代以后，我们感觉到了与西方人的差异，形成了自觉的民族。所以，费孝通眼中的中国史，是多民族混杂的历史，这一点极为可贵。同理，在近代以前，我们对少数民族政权的统治是间接的，其主要形式是和亲、羁縻和册封，而近代以后则是直接的“帝国统治”。

这两位前辈的文章告诉我们，在家之外有国，国之外有天下。

◎**书架** 费孝通：《中华民族多元一体格局（修订本）》《文化与文化自觉》；钱穆：《民族与文化》；杰克·斯奈德：《从投票到暴力：民主化和民族主义冲突》；杜赞奇：《从民族国家拯救历史》；鲁思·本尼迪克特：《菊与刀》；科克－肖·谭：《没有国界的正义：世界主义、民族主义与爱国主义》；小森阳一、高桥哲哉：《超越民族与历史》；熊芳亮：《从大清到民国：中国民族理论政策的历史变迁（1644—1949）》；郑永年：《中国民族主义的复兴：民族国家向何处去》。

张祥龙 《〈尚书·尧典〉解说：以时、孝为源的正治》

张祥龙借助西方现象学原理亦即《春秋》式的大义微言法，逐字逐句解读天下第一书《尧典》的结构、逻辑和蕴意。通过他对文中“时”和“孝”两个语词的推演，我们不仅可以看到中华文明起源期天时观念的源变，也能够认清“家”这一基本单元是如何成为国家和文明载体的本源的。

张祥龙指出，《尧典》全篇记述了尧舜的事业德行，向我们展示了中国古人特别是广义儒家所能经历和想象的最美好的生存方式或政治结构，即“政者，正也”。这表明，政治的目的是追求最适合人类和天地本性的生存方式或正态生活方式。这种生存、生活方式不是集体主义的，也不是个体主义的，而是以家作为抵御君主制或其他形式的整体主义倾向最坚固的堡垒。另一方面，家又是超个体的，包含着世代时间。在这里，张祥龙是有“野心”的，他试图改变东、西和集体、个体的二元对立，找出人类生活的最佳方式——家庭主义，按他的意思，这是中华古圣贤提供的理想的救世方案。张祥龙不无自豪地认为，人在“家”（承接祖先和荫庇后辈）中，获得最初的生命意义。不过，这种说法过于乌托邦也过于倾向于集体主义，因为，这种方式并不考虑人当下的幸福，

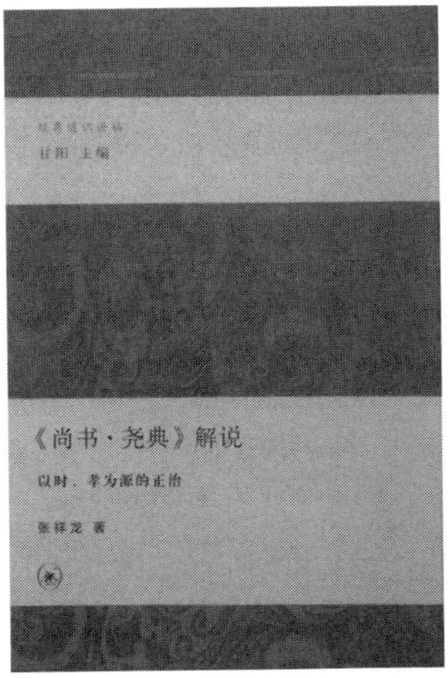

或者说以牺牲现实的、个体的幸福，成全历史的、集体的价值，“中国人的生命自由、中华文明的长久维持与和谐化，是通过广义的家与时，在漫长的历史中赢得的”。不过，这种在漫长的历史中实现的“长久维持与和谐化”不仅与个人没有关系，而且表现出集体主义式的吞噬个人的价值指向。归结一句话，这种家庭主义依旧是集体主义的，不过是换了名词而已。

孟子说孔子是“圣之时者也”，惠栋说《周易》“一言以蔽之，曰时中”。需要特别强调的是，张祥龙的“时”是天时与人时的混合体，“它是历法，又不是一般意义上的，而是‘存在论’意义上的、经天纬地以中和于人的历法，大致相当于尧所说的‘天之历数’”。这就将“时”打造成一个人情礼法结构的理想国。

这本书的立论基础是，《尧典》是一部真典，最晚出于东周晚期，而不是古史辨派所做的虚构或杜撰的判断。

◎**书架**　张祥龙：《海德格尔思想与中国天道——终极视域的开启与交融》《从现象学到孔夫子》《拒秦兴汉和应对佛教的儒家哲学：从董仲舒到陆象山》《现象学导论七讲》；海德格尔：《存在与时间》；萨特：《存在与虚无》。

许倬云　《求古编》

读许倬云《求古编》，此书乃论文构成，值得复读。至今日，已读毕大陆出版的许氏所有简体文本。许以治西周和春秋史著称，后专长通论大历史，断通结合，专博相交，中西互参，这样的史家不多见。

《尚书》云：

昔武王克商，成王定之，选建明德，以蕃屏周。故周公相王室，以尹天下，于周为睦。分鲁公以大路、大旂，夏后氏之璜，封父之繁弱，殷民六族：条氏、徐氏、萧氏、索氏、长勺氏、尾勺氏，使帅其宗氏，辑其分族。将其类丑，以法则周公。用即命于周。是使之职事于鲁，以昭周公之明德。分之土田倍敦、祝宗卜史，备物典策，官司彝器，因商奄之民，命以《伯禽》，而封于少皞之虚。分康叔以大路、少帛、绩茷旃旌、大吕。殷民七族：陶氏、施氏、繁氏、锜氏、樊氏、饥氏、终葵氏。封畛土略，自武父以南，及圃田之北竟，取于有阎之土，以共王职，取于相土之东都，以会王之东蒐。聃季授土，陶叔授民，命以《康诰》，而封于殷墟，皆启以商政，疆以周索。分唐叔以大路、密须之鼓，阙巩、沽洗，怀姓九宗，职官五正，命以《唐诰》，而封于夏虚，启以夏政，疆以戎索。

引用这么多，想介绍许倬云一句话。他说，细审周人封建制度的发展史，“授民”“授疆土”二者之中，在早期的封建社会前者更为重要。他还举了满洲初封八固山作例子。也就是说，那时候的统治者还都是土老帽，没有疆土意识。疆土与他没关系，人多人少才是边界：管多少人才是权力的体现和实惠之处。

◎**书架**　许倬云：《汉代农业》《我者与他者》。推荐许倬云说历史系列。

李　峰　《西周的政体》

作者试图以韦伯官僚分析模式，在解读现今发现的西周铭文的基础上，从政治制度的角度来研究西周官僚政府的组织原则和运作机制。李峰认为，汉学界并行的“城市国家”“领土国家”“封建国家”“分立国家”“邑制国家”等概念，都不能直接应用于西周国家，西周国家在本质上更接近于“权力代理的亲族邑制”。

该书明显呈现迎合西方学界口味的倾向，其框架结构是提炼的、拼接的。作为一个历史学家，作者欠缺政治学养，对政治运作的基本概念如中央与诸侯关系、中央与臣民关系、诸侯与诸侯关系等等，并不清晰。而且，他推导的核心概念“权力代理”来自于委托代理理论，却缺少明确的阐述，这一跨界作品在行动上是失败的，没有达到在前言中所说的解释性历史学构建的目的。不过，作为一种尝试，还是值得肯定的。

对西周史有兴趣的朋友可参阅。

补充一点。许倬云在序言里的一段话对普通读者应该具有启示意义。他说，相对而言，西周一开始就提出“天命”是具有道德意味的普世诉求。在《尚书》中曾经有过一次辩论，“天命”究竟降于周王还是周人，最后的结论是周王。既然降于周王，他就必须对上天负起道德责任。

围绕宗法制和外婚制，周王建立起分封制度的基础，这是一个兼有普世性和特殊性的理念。

看来，至少自西周始，统治者就产生了两个最重要的苦恼：为何统治，这是正当性问题；如何统治，这是操作性问题。价值和技术困扰中国几千年，一直没有得到很好的解决。

◎**书架** 许倬云：《西周史》；杨宽：《西周史》；王亚南：《中国官僚政治研究》；阎步克：《中国古代官阶制度引论》。

李　峰　《西周的灭亡：中国早期国家的地理和政治危机》

西周建立的封（王室）建（诸侯）制度是凸显统治利弊的一个综合体。最初，依靠恩惠换忠诚，周王建立了因奉祀而缔结的地缘政治结构：狭长的渭河流域和黄河中下游，是王朝脆弱又坚固的权力版图。随着时间的推移，当初进行战略布局时西周王室与诸侯的血缘纽带逐渐松弛，地方分离倾向日益加剧。西周中期，王室与东方诸侯的联系已经逐渐中断。甚至地方叛乱时有发生，从周夷王时期即对开国功臣姜尚的封国齐国进行过讨伐，有力盟友鄂侯驭方的反叛也曾引发巨大危机。随着王室可支配的土地越来越少，贵族家族势力逐渐坐大，形成尾大不掉之势。中央政府有时甚至需要借重贵族家族的私家武装才能平定地方叛乱，抵御异族入侵。因此，周厉王出奔并非是由于对下层人民的压迫引起，而很可能是由于周厉王想重整财政，从崛起的贵族集团手中收回权力，

遭遇强烈抵抗后失败，因而被迫出逃。这意味着，周的灭亡，是封建制度下内讧的结果，而西戎的入侵则是持续压下的稻草。

本书提供了一个反思中国式王治、帝治的视角：分封制和郡县制都试图在野心和忠诚间获得一种平衡，然而，这种平衡是可得的吗？

作者的一个努力值得重视，即探讨地理与国家的命运。绪论指出，作品致力于探索“历史过程与它所在的地理环境，尤其是与‘地表形态’这一人所构思的空间内地球表面自然特征的集体存在之间的联系”，就西周国家而言，研究历史与地理的关系的中间渠道是考古学，考古学通过历史背景和地理背景的结合，把历史事件和它们所处环境联系起来。作者认为，西周国家的产生是一个政治企图与地理现实相协调的产物，比如，周人深居远离商文明中心的西部内陆，东西部地缘政治和文化间的差异，对周而言是一个巨大的挑战。就是这种差异一直左右着周王朝的政策并影响着它的命运。

◎**书架** 何怀宏：《世袭社会及其解体——中国历史上的春秋时代》《选举社会及其终结——秦汉至晚清历史的一种社会学阐释》；詹姆斯·费尔格里夫：《地理与世界霸权》；尼古拉斯·斯皮克曼：《和平地理学：边缘地带的战略》；罗杰·克劳利：《海洋帝国·地中海史诗三部曲》；费尔南·布罗代尔：《地中海与菲利普二世时代的地中海世界》。

王铭铭 《超社会体系：文明与中国》

作者是有“野心”的，他从人类学的视角，秉承吴文藻国家与民族、费孝通多元一体格局的理念，试图以文明这一超社会体系对抗文明冲突论，并重新解释和框定国家和天下、社会与文明这些用烂了的概念。

所谓“超社会体系”，对应的是我们现在以“民族国家”和“世界”为两极的固化了的时空观和世界观，它介于社会共同体与世界之间，是一种被冠以“文明”称号的地区性体系和人文空间。这一空间凌驾于我们通常所说的“社会”之上，但也以社会性为内涵，共同具有历史地形成的处理人与人、人与物、人与神之间关系的知识、制度与风俗习惯。在作者看来，文明有向四周扩张的实力，却没有以世界唯一化为目的。他认为历史上的文明圈子都是地区性的，其一体性蕴含着丰富的多样性。

这种开放性观点对理解国家、文明和文化的交流是有帮助的，但我们所说的各种疆界在哪里呢？或者，赋予一个国家、民族和文化以边界，是政治性的？是我们的生活和观念受制于自主、自制和自证的社会和文化概念的结果？

◎**书架** 王铭铭：《人类学讲义》《文化复合性：西南地区的仪式、人物与交换》。

韩建业 《早期中国：中国文化圈的形成和发展》

坦白说，这部书稿理论观点并不新颖，结构也不出奇，但基于海量考古学资料的整理和分析，精心研究“中国”（文化意义而非地理意义）各文化圈的交流、融合和递进，并配以图表说明，则是十分直观的、通畅的。作者以文化圈的形式梳理了早期中国的演进，指出，早期中国主要停留在传说时代。其结合考古资料，将早期中国分为古国时代和王国时代，并将古史传说作为背景资料专章列出。

韩建业的核心观点是，早在公元前4000年左右的庙底沟时代就已形成早期中国文化圈或文化意义上的早期中国。作者认为，早期中国是有中心有主体的超稳定的多元一体结构，是秦汉以后文化中国和政治中国的基础。这本书的优点是资料多，缺点是提炼不够。不过，对于考古学或早期中国史爱好者来说，是一本优秀的入门之作。

作为一个常识性概念，“中国”一词最早见于西周文献，何尊所记载的“宅兹中国”叙述的是成王继承武王遗志营建东都成周一事，此时“中国”指以洛阳为中心的河洛地区。其后，“中国”多次在《诗经》等文献中出现，这时的“中国”与四方相对，近似中原或中土；战国以后，“中国”则与四夷相对；辛亥革命以后，“中国”才成为国名。

作者受谭其骧的影响，指出，政治意义上

的中国存在着统一和分裂，而文化意义上的中国是稳定的。

◎**书架**　许宏：《大都无城：中国古都的动态解读》；韩建业：《先秦考古研究：聚落形态、人地关系与早期中国》；伊佩霞：《早期中华帝国的贵族家庭》；王小盾：《中国早期思想与符号研究》。

葛剑雄　《统一与分裂：中国历史的启示》

《统一与分裂：中国历史的启示》虽逻辑纷乱，语言啰唆，但作为地理学大师谭其骧的弟子，葛剑雄写出了迄今为止谈论如上主题最好的著作。其以清朝最大疆域为参照标注指出，中国统一的时间只有 81 年，而以往我们对统一的想象是自大的。

作者似乎还暗示，统一有统一的问题，分裂有分裂的好处——这就突破了以往统一与分裂的价值观。其实，任何时候，即使统一的国家也不是按照统一的制度运转，而是由多种潜在和稳定的力量驱动，表面高度统一而实际各行其是的情况下，政权的分崩离析蕴含着新的变革。（补充一个观点：王娟在 2016 年 6 月出版的《化边之困：20 世纪上半期川边康区的政治、社会与族群》中，探讨了中国从“传统王朝”向“现代国家”的历史性转型在“边疆”和“民族”的问题上所遭遇的困境。这种文化的疆域和地理的疆域一直有一种冲突。这意味着，我们以往关注的统一是地理特别是政治上的，而文化上的统一似乎被“天下”二字模糊地涵盖了。实际上，即使在多民族国家内部，一直存在着文化分裂的因素。）

如此分析“中国”的变动，确实可以超越道德、文化和政治意义。

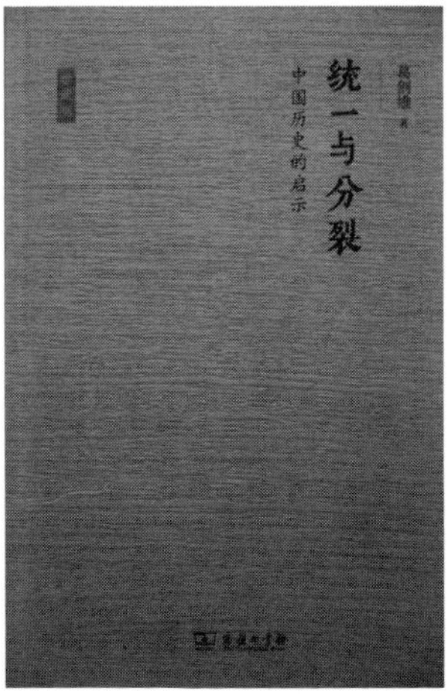

有意思的是，葛剑雄专节论述了分裂政权的贡献，特别指出，在人口还不太多、社会生产力还不够高的情况下，一个政权尽管可以占据很大的领土，但它能够开发的地区总是有限的。它的开发重点只能集中在原来有较好基础、自然条件优越、距首都又不太远的那些地方。所以在清朝以前的那些统一王朝，尽管幅员广大，但在开发边远地区和落后地区方面的贡献往往还不如分裂、分治政权。葛剑雄为这一现象提供了合理的解释，在统一政权中，只要在主要农业区的人口没有达到相对饱和的程度、总人口压力还不严重的情况下，当权者就不会有开发边远地区的动力。而在分裂或分治的情况下，各政权为了自己的生存和发展，不得不开发自己所占有的地区，即使要付出较大的代价也在所不惜。他还以江南不毛地区为例，指出，经过孙吴政权的经营，并经西晋末年至隋初、唐代安史之乱后至北宋初两次重演，江南不毛地区“终于成为全国最富庶的地方，成了中央政权的粮仓和钱袋”。

我个人认为，葛剑雄打破了公羊学大一统的神话。本书伊始，他便强调九州制从未实行，而天下观则是一厢情愿。在这种基调下，《统一与分裂：中国历史的启示》在引言中提出了如下一个问题：这历史悠久的统一，究竟是我们宝贵的遗产，还是我们必须卸去的包袱？

◎**书架**　葛剑雄：《历史上的中国：中国疆域的变迁》《西汉人口地理》《中国人口发展史》；顾颉刚、史念海：《中国疆域沿革史》；唐晓峰：《从混沌到秩序：中国上古地理思想史述论》《人文地理笔记》；R.J. 约翰斯顿：《地理学与地理学家》。

董　岭　《皇帝·单于·士人：中古中国与周边世界》

读《皇帝·单于·士人：中古中国与周边世界》，收获如下：一、天子是爵称，皇帝是德号，夷狄称天子，诸夏称皇帝，以别。汉以后，皇帝与天子合体。二、敬授民时最重要的载体是月令，汉唐间，敦煌皇家月令和本土时令并行，月令上可为天子施政纲领，下可为四民生活指导。三、秦汉与隋唐，皇帝是天下唯一共主，十六国时代，各政权于诸侯或实封，或虚封，莫不以正统自居。四、晚清时期，六朝成为士大夫的言说资源，其以古典述今事，多出于感叹时局的政治关怀。

至书末，对《刘渊、石勒兴起中的血统与合法化问题》和《中世纪匈奴的正统观》很感兴趣。

刘渊、石勒是十六国中最早的两个国家汉、赵的建立者。有意思的是，两个游牧征服者对待权力合法化的态度是一致的，而路径是不同的。根据官方记载，刘渊的血统一部分来自冒顿单于，一部分来自汉高祖。刘渊充分利用这种兼具的高贵血统向游牧追随者和汉服臣服者宣示统治的合法性。而石勒是彻底的游牧征服者，据史料记载，其起用汉名，则与石头的象征意义相关（注：京房《易传》曰：“石立如人，庶士为天下雄。”），以之作为震慑性的合法性手段。特别是刘渊，继承单于之位后，不再提及匈奴祖先，而是援引中原地区的先代帝王。这一举措，与他企图征服晋朝的企图密不可分：“（刘渊必须）使自己的地位在游牧部落与汉人中同样合法化，以准备领导胡人与汉人。”

也就是说，古代皇权的合法性与认祖归宗是一体两面。认什么样的祖宗，与血缘关联不大，而取决于政治利益。

◎**书架** 王赓武：《五代时期北方中国的权力结构》。另推荐瞿同祖：《汉代社会结构》《中国封建社会》；周桂钿：《秦汉思想史》。

丁 山 《古代神话与民族》《中国古代宗教与神话考》

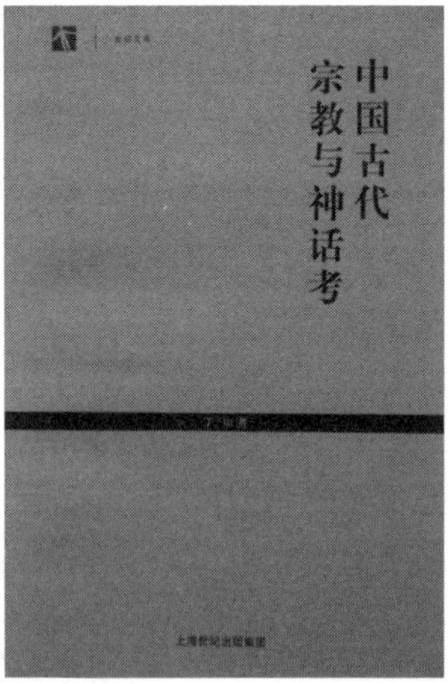

读丁山名著两本：《古代神话与民族》和《中国古代宗教与神话考》，既惊于作者知识博杂，也诧于其人语言轻快。

作者认为，中西文化交流始于商周而决不可以张骞出使西域为划时代事件。他甚至认为，十字架是受殷的“高祖上甲（即日神）”影响而产生，《诗》《书》和《左传》，甚至三坟五典及《楚辞》，都有外族甚或婆罗门教的影子。由此，作者说，古代民族文化的交流，完全以游牧者的马蹄为媒介，不可以秦汉后国人安土重建观念否定中古古代文化曾受外族影响。同时，丁山将三皇五帝概括为神话，并把尧典视为战国作品，认为中国史起始于大水系统，可谓处处体现怀疑精神，不过，有时却罔顾事实。其倾向，显然继承了疑古派推翻一切上古史的衣钵。

丁山其人，我并不熟知，第一本书之前言已显示，作者为顾颉刚旧友，逝世后，由夫人将未整理之遗稿托付顾处。因此，丁山乃疑古派旧将或学术关联人是确凿的。

◎**书架**　布鲁斯·米特福：《符号与象征》；凯伦·阿姆斯特朗：《神的历史》；列维·斯特劳斯：《神话学》；叶舒宪：《结构主义神话学》。另推荐神话学文库，有几本作为基础读物，不错。

余　欣　《中古时代的礼仪、宗教与制度》

书中有几篇文章让人很受启发，大喜。其中，《唐律中刑罚的理念和现实：作为礼教性刑罚的流刑》指出，流刑作为仅次于死刑的惩罚，起源于北魏而定型于隋唐，初衷是根据《尚书·舜典》“流宥五刑”而制，同时参考了周礼，即以与京师的距离设定惩罚的等级。被惩罚之人最初是徙边，后“以为兵卒”，甚至还成为藩帅的幕僚而成为自由人，遇大赦可返还。后因难以实施，为保住次于死刑的地位，加入了刑杖。

读过《水浒传》的都知道，宋江、武松、林冲和杨志都因犯罪被分别刺配江州、孟州、沧州和大名。因篇幅，此处只以林冲和杨志为例，收监前要打

杀威棒，林冲给了十五两银子和柴进书信，管营建议他装病得免。随后，被分派差事，接替老兵看护草料场，完全是个自由人。比他命好的是杨志，成了梁中书的心腹爱将。其他二人境遇可自行翻书。

我初以为，这四人如此随便全因为社会之腐败，不料竟有制度和历史渊源，惊诧。

◎**书架** 刘迎胜：《华言与蕃音：中古时代后期东西交流的语言桥梁》；徐冲：《中古时代的历史书写与皇帝权力起源》；姜士彬：《中古中国的寡头政治》；李光阁：《帝国潜流：水浒灰社会解密》。

皮庆生 《宋代民众祠神信仰研究》

在民间，除了佛教寺院、道教宫观外，还存在一个庞大的地方性宗教活动场所——神祠。也就是说，普通老百姓的日常祭祀活动，纠缠于文庙、武庙、宗教和自发性宗教祭祀场所中，这进一步印证了如下观点：中国是一个泛信仰、多神论的国家。

这个观点什么意思呢？简单地讲，传统的专制观点或者儒家作为控制古代中国的意识形态观点是不成立的，何况，儒家思想中还包含宗教的价值面向。如果民间祠神信仰还不足以说明问题，那宋代九个帝王，这些在儒家体系中的道德的化身，利用各种神坛祈雨六十八次，又说明了什么呢？即使在最专制的明清时代，也有炼丹修道的皇帝，以及信奉自己的宗教和利用藏传佛教的帝王。因此，儒家是中国传统文化的主流和意识形态的主干的思想，似乎值得商榷。

个人浅见，中国历代王朝奉行的理性实用主义，儒也好，法也罢，都是实用文化的一个很小的组成部分。

◎**书架** 杨庆堃：《中国社会中的宗教》；韩森：《变迁之神：南宋时期的民间信仰》；张利：《宋代司法文化中的“人文精神”》；柳立言 《宋代的宗教、身份和司法》。

袁行霈 《中国诗歌艺术研究》

诗歌被玩坏了。电视、舞台、朗诵和各种以时代表情包装饰出来的偶像文本把诗词拖入社会的浴室，被扒光的不是诗歌，而是人。当然，我们不必为这种堕落忧心忡忡，文化是自觉的，它总是在吹起玩世不恭、急功近利的社会泡沫的同时注入一股温文尔雅却又桀骜不驯的清流，正是这股清流，成为提高文化纯粹性和纯洁度的主脉。

无疑，袁行霈的《中国诗歌艺术研究》是这条主脉中最动人的一朵浪花。

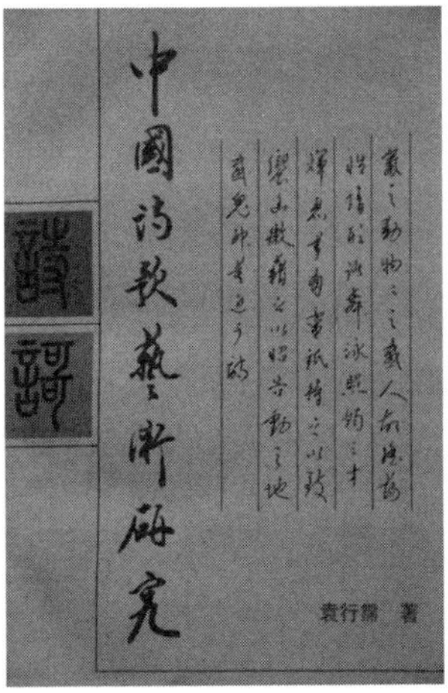

这本书我读了二十年了，却依旧能感受到最初接触时的冲动。在我眼中，这是当代学者研究古代诗歌艺术的第一书，是一个懂诗歌的人的惊艳而醇厚的精心之作。它提供的不是故作深沉或假抛媚眼式的浮光掠影的快餐式的解读，而是将这一文学种类置于“诗的国度”的精神坐标上，使其流露出可谈可不谈的艺术美。袁行霈对诗歌的把握集中在两个维度，一个是语言，“诗歌另有一套属于诗歌王国的语言”，其对“语言的变形，在语言方面是建立格律以造成音乐美”，进而富于启示性、多义性、写意性，但语言形式的变幻服从于所追求的艺术目标，而不是玩文字游戏，当然更不是所谓的“下半身”。

不过，袁行霈指出，诗歌的艺术分析不能停留在语言的表层上，得意忘言是诗歌鉴赏的不二法门。由此，他由语言分析引出意象分析，“在中国古典诗歌里找出一条更基本的艺术范畴，通过这个范畴的分析揭示中国古典诗歌的某些艺术规律？我摸索的结果，找到了‘意象’”，“一个诗人有没有独特的风格，在一定程度上即取决于是否建立了他个人的意象群”。在《李杜诗歌的风格与意象》中，袁行霈指出，“诗的意象带有强烈的个性特点”，诗人有没有风格，“在很大程度上取决于是否建立了他个人的意象群”。他以李、杜诗歌中常用的意象及其组合入手，追寻诗人的风格。

语言和意象这两个表层因素之后，袁行霈认为，诗歌再进一步的研究是意境和风格。他指出，意境研究是中国诗歌艺术研究的一个重要环节，揭示意境的形成，既可以看到诗人的构思过程，也可以窥察读者的鉴赏心理。而风格即人，风格研究能脱离单纯的艺术分析，而深入到人格的领域，是对诗人所作的总体把握。单就后者而言，袁行霈在《杜甫的人格与风格》中，根据社会与杜甫个人经历总结杜甫的人格，进而分析人格下的诗风，可以说是对风格即人的一次验证。这种体验，显然非背诵、表演等行为主义者所能体察。

展读这本诗歌艺术鉴赏的良心之作，我常被林庚简短的序言打动。

林庚是现代文学史上的杰出诗人，1933 年便出版了他的第一本自由体诗集《夜》。谢冕曾说：“我承认在我的所有习作中，写得最好的，还是我学习林庚先生的那些诗。林先生也许并不知道，在我心中，他始终是我的诗歌启蒙者和引路人。”序言不在长短，而在是否中的。这姑且不论。我赞叹于他所说的：“多年来行霈时扣我柴扉，每纵谈终日，乐而忘返；盖习以为常，亦性之所近也。”情景洒脱、淡然而又其乐融融，已然是诗情画意。

行文至此，不知为何突然想起古龙武侠小说《楚留香传奇》的一句话：“闻君有白玉美人，妙手雕成，极尽妍态，不胜心向往之。今夜子正，当踏月来取，君素雅达，必不致令我徒劳往返也。”诗歌与此小说本无涉，然而风流总是相通的，而不会被风吹雨打去。

顺便捎带一句，林庚这段序言和古龙这段不通不顺的假“古文”，我可以背诵。背诵自然是为了好玩。女人心不古，我常常教育小子们，靠文章追女孩子的时代过去三十年了。

◎**书架**　袁行霈：《中国文学概论》《中国文学史》《中国文学作品选注》《盛唐诗坛研究》《历代名篇赏析集成》《陶渊明集笺注》；叶嘉莹：《迦陵讲演集》《迦陵著作集》；刘勰：《文心雕龙》；严羽：《沧浪诗话》；王国维：《人间词话》；顾随：《中国古典文心》《中国经典原境界》《中国古典诗词感发》；以及宇文所安作品系列和家庭必备的《全唐诗》《全宋词》《唐诗三百首》《宋词三百首》《元曲三百首》。

张泽兵 《谶纬叙事研究》

《说文》：谶，验也。《释名·释典艺》：纬，围也。反复围绕已成经也。谶纬学兴盛期，达到了以纬代经的地位，汉代的经学家和政治家都曾经借助事件的叙述企图实现政治建构和秩序维护的目的。

甲骨卜辞、《尚书》、《春秋》和《左传》中，谶纬之学已现端倪，至王莽，不仅借助“告安汉公莽为皇帝”这种符命夺权，登基后，还造《天帝行玺金匮图》等四十二篇符命于天下。刘秀更是集大成者，其颁布图谶八十一篇，宣示“有命在天，乃称符谶，而八十一篇，皆托孔子”。也就是说，纬书中，孔子是一个素王，谶纬的目的是为了塑造一个可能的人物，达到树立一个虚构的权威的终极意义，以至于有学者认为，其实质是一种再生形态的文明神话。作者指出，谶纬能够获得权力的青睐，正在于虚构的权威，虚构、谶纬、政权、神位四位一体，在神学话语的掩盖下，政治欲望的目标指向更高的叙事权威。其大量采用符、箓、图、候等非常规媒介，以增强叙述的神秘性和权威性。因谶纬之学被别有用心的人滥用，自曹操开始，对谶纬神学加以禁止。这种情况下，谶纬之学进入相术、堪舆、星占等民间形态的文化土壤中，在文学领域则进入谶言诗和志怪小说中。干宝将大量谶纬故事编入《搜神记》；刘勰则认为，

谶纬是“文之枢纽”，其“事丰奇伟，辞富膏腴”。

由是，谶纬与灾难、祥瑞、谶应、上古历史、神话结合在一起，构成了一个神秘的文本世界，成为文学和文化土壤的一部分。

◎**书架**　赵在翰：《七纬》；孙英刚：《神文时代：谶纬、术数与中古政治研究》。

王爱和　《中国古代宇宙观与政治文化》

王爱和是张光直的高足，这部作品写得和风细雨，观点动人。在作者看来，宇宙观在中国早期帝国形成过程中所扮演的角色是中国历史上的一个关键问题，也与今天如何定义中国性密切相关，毕竟，宇宙观和大一统是塑造中国民族认同的重要资源。

笼统地说，中国的宇宙观是关联性的，是一个有序的系统，如同列维·斯特劳斯说的“一种拟人化的宇宙观”。作为一种共有的话语，中国宇宙观成为政治文化的一种主要表达方式，成为中国早期帝国秩序形成的必要构成部分。在书中，作者将宇宙观视为一种话语，这种话语在福柯看来是由“历史上可分析的实践”组成的，并系统地产生主体性和权力关系。本书的写作目的，就是揭示共享的宇宙观下围绕皇权和秩序展开的复杂斗争。

商周时代，宇宙被概括为一个中心和围绕它的四方，中心由王和他的祖先占领，借助祖先崇拜垄断神权，这个中心，是由身居政治地理边缘的“多方”政体以及宇宙观的边缘“四方”来界定的。战国时期，新兴的政治力量运用五

行宇宙观的话语来构建新的权力关系，这种天人间的直接关联不仅创造了新的神性权威，还为日后的统一帝国发展出一种君权的概念。在汉代，五行说成为被用来构建皇权帝制、官僚政治的宇宙观，同时还成为不同势力进行斗争的主要话语。秦始皇的五德理论证明了以武力改朝换代的合理性，而陆贾则把五德相克置于天地人的道德宇宙观下，经过董仲舒三统学说的改造，主张天不变、道亦不变的天命转移理论得以确定。这种把皇权置于天命、古制和宇宙观制约下的努力，被王莽从理论付诸了实践。

由于皇帝无法垄断诠释灾异和阐明天道的知识和权威，一批实际的官僚系统的运作者则以自己的知识和权威构建和界定帝国的机构制度。也就是说，士人凭借解释权，与皇帝在权力格局中相互限定和修正。

这个意义上，董仲舒的《天人三策》和刘安的《淮南子》宇宙观之争，是两种皇权模式和两派权力斗争的文本表现。可以说，董仲舒把灾异推上正统地位，既有限制皇权的一面，也有专断皇权的一面。作者的视野中，宇宙观和权力是相互建构的，用他的话说：宇宙观，从四方到五行，从来不是中国思维的一种单纯结构，而是从始至终都内在于并生产着权力。

◎**书架**　黄俊杰：《中国人的宇宙观》；吾淳：《中国哲学的起源》；葛瑞汉：《论道者》。

〔美〕顾史考 《郭店楚简先秦儒书宏微观》

子曰："道之以政，齐之以刑，民免而无耻；道之以德，齐之以礼，有耻且格。" 此语不需要翻译也可以看出，在孔子眼里，德礼和政刑是对立的，这固然与他一直倡呼的恢复周礼的政治观念有关，也与礼乐崩坏、大道不行的社会状况紧密相连。也就是说，考察孔子此语的完整意义，需要审时度势。

顾史考指出，春秋时期，列国诸侯已逐渐以法制代替礼制，频频制定繁文的刑书，当时士人便将此视为周室及诸侯衰微之验。《左传·昭公二十九年》引孔子的话说：贵贱无序，何以为国？在他心目中，礼度是与刑法互不相容的。这种思想在早期儒家是一以贯之的，郭店楚简《缁衣》篇、《礼记》等莫不把礼教置乎刑政之上。与儒家不同，墨家以儒之礼烦琐不简，极力呼吁刑罚是为政者必不可缺的手段。而在韩非子看来，"孔子、墨子俱道尧舜，而取舍不同，皆自谓真尧舜"。孔子是否以尧舜自居，不必纠缠，但儒家重视礼教毫无疑义。《成之》《尊德义》等篇，都对刑罚之繁提出异议，并以"治人之道"相对之，也就是说，若以刑罚为主，"不由其道，不行"，"教其政，不教其人，政弗行矣"。即使到了荀子这里，"礼者，治辨之极也，强固之本也，威行之道也，功名之总也"，"由其道则行，不由其道则废"。但在韩非子眼里，当世之状

况与古书所颂扬的理想之治是无法相提并论的，由是，他极力批评轻刑之说。在这里，礼刑之辩与古今之异，成为儒法学派的基本分野所在。

我个人猜测，顾史考的视野中，人道和民道这样的字眼，已成为儒家之治道思想的标志。所谓民道，在于“尊德义，明乎民伦”，由此，可以为君。在儒家的视野中，“德者，莫大乎礼乐”，而为政者之要务在于教导，而教导之道则以礼乐为尚，与教导相对的，则是“而不可为强”的刑罚，“上不以其道，民之从之也难”。

由上可知，儒家喜论诗书就是应有之义了。

◎**书架**　李健：《素朴为王：郭店楚简《老子》甲本的思想体系》；董平：《先秦儒学广论》；梁涛：《郭店竹简与思孟学派》。

〔以〕尤锐　《展望永恒帝国：战国时代的中国政治思想》

惊讶于本书这样一个归纳性观点：中华帝国并不只是一个军事和行政管理的机构，它同时是一种思想架构。这种帝国的思想霸权，不是通过强烈的高压统治，也不是通过密集的洗脑运动来达到的。作者认为，在研究有关中国君权的早期资料时，很容易被君主在宗教和礼仪上的权威所吸引。商和西周时代，王基于宗教基础而成为礼仪性领袖。到了春秋战国时代，王有名无实，出现了实质性的君主危机。

这一现象引起了当时思想界的争论，《吕氏春秋》就指出：“今周室既灭，而天子已绝，乱莫大于无天子，无天子，则……不得休息。”可以说，大一统和君主专制观念的提出，是时势使然。但在实际讨论中，有两条思路，一条是君主的绝对权力，一条是限制君主权力。《左传》记载了师旷的观点，一方面，他认为，“夫君，神之主而民之望也，社稷无主，将安用之”。一方面，“天生民而立之君，善则赏之，过则匡之，患则救之，失则革之”。这一思想反映在政治现实中，是尊重君主的神圣性与君主可以被替换相结合。由此，作者认为，一种最值得欣赏的做法是鼓励君主从权力操作中退出来，将日常事务委托给臣下去做。结果，名义上不受限制的君权和政治实践中君主作为局外人的身份二者之间出现无休止的冲突，但该方案也使得帝国体系即便在无能或者平庸的君主统治之下也得以延续和保存。这种状况下，君主作为统一和秩序的象征而存在，而实际上，大臣替他经营着庞大的帝国。（基于上述观点，我们可以提出一个疑问，如果这算专制，到底是君主的专制还是文官集团的专制？）

迭至战国，新的思想家也就是士阶层的崛起，导致了君主权力的全面恢复，最终改变了中国几千年的政治文化。作者指出，战国时代，分晋的三家和代齐的田家，都意味着分散君权的失败，以至于不同的思想家趋同于以下观点：君主是处于礼制顶端的圣王，同时也是道德的楷模。这种以君主为核心的政治思想，肇造了两千年的帝制。当然，此思想的形成非一日之功，它是战国早中期思想家聚焦于礼制、伦理以及稍晚用宇宙论论证君主权力合法性，战国晚期思想家不再纠缠于君主的理想人格，而集中于君主在保持国家富强和维护社会秩序方面的日常贡献的结果。比如，商鞅就提出了一个立禁、立官和立君的递进式逻辑框架，以证明君主制的合法性。该书中，作者还论述了这样一个过程，即士作为一个阶层从世袭贵族的下层脱胎而来，成为统治精英，从而改变了士对自身形象的定位，而且士阶层成功地把自己描述成整个社会的道德领袖。《吕氏春秋》就指出："得道之人……以天为法，以德为行，以道为宗……士有若此者，五帝弗得而友，三王弗得而师，去其帝王之色，则近可得之矣。"

我对作者的如下观点也很看重，他说，《论语》在新兴精英塑造自我形象中扮演了关键角色，因为，它最先将士这一概念本身变成探究的对象，而孔子提出的新的理念是，把入仕作为一项高尚的使命。在这个意义上，作者眼里的《论语》，不是士人关于社会治理的，而是自我修养的文本。

◎**书架** 刘向：《战国策笺证》；陈苏镇：《〈春秋〉与汉道》《中国古代政治文化研究》。

〔英〕巴特菲尔德 《辉格党式的历史阐释》

一个事件，将面对本质真实、绝对真实、新闻真实、哲学真实等各种所谓"真实"的解构，这是一种无奈的常识。这种无奈，不仅仅来源于个人私心或知识性偏见，还来源于国家和社会：一种政治性或意识形态构建的需要。

英国历史学家巴特菲尔德早在 1931 年出版的这本小册子中就指出，历史学家大都具有这样的倾向，即站在新教徒与辉格党的立场上写作，只要是成功的革命就去赞扬，强调过去的某些进步原则，以及编造出一个修正当今的叙述。辉格党，是英国历史上的一个政党，其标榜自由、开明的原则，宗教观点上多认同新教，以反对君主制、拥护议会制为名，与贵族和金融巨头垄断了英国政治，

18世纪末一度失势，19世纪中叶重组为自由党。

这种历史阐释模式，是“从他自己的时代视角来组织他对历史的规划，他从那个他可以用貌似合理的理论稳固自己的顶峰，很微妙地颠覆一切”。也就是说，辉格党式历史学家惯于根据历史的结果来选取历史叙事的路径。在专业上，这种路径是一种后置性史学，从结果出发，寻找、裁剪富有戏剧性的史料，达到自己的历史叙事目的，“制造一种巨大的视觉幻觉”，从而“这个逻辑站在辉格党人的一边，并且让辉格党人看上去似乎是进步的合作者”。辉格党式的历史阐释是一种一分为二、非黑即白的认知方式，它能够将世界分为进步的朋友和敌人，很容易找到推动历史发展的人和找到决定历史命运的时刻，以至于“未来与过去的冲突”，“可以称为进步党与反对党的争斗”。

作者的这种分析，很容易让我们联想到经今文学家和马克思主义史学家的研究和叙述方式，它们都在现实和历史中构建了一种特殊的修饰和注解关系。对于历史学家“必须总是从现在的角度来撰写。也正是在这个意义上，每个时代都将不得不再次书写自己的历史”的说辞，我们该同情、理解还是批评？这真是难以回答的问题。

一百页的小册子一个小时可以翻完，推荐。

◎**书架**　柴尔德：《历史的重建：考古材料的阐释》；凡·戈斯：《反思新左派：一部新阐释性的历史》；詹姆斯·哈威·鲁滨孙：《新史学》；杨念群：《“感觉主义”的谱系：新史学十年的反思之旅》。

《尚书》

王国维曾说，《诗》《书》人人诵习，然于“六艺”中最难读，并说他自己对《书》所不能解者十之五。按王氏之说辞，一般人能解十之一就算不错了。我读《书》，最关注的是它在儒家经典中的地位，但是通读下来，已分不清是儒家篡改了《书》的价值观，还是《书》影响了儒家的源流。

《书》其实阐释了三个问题，一是尧、舜、禹、汤、文、武、周公的古史传统和圣王脉络，二是德的道统中心，三是天人关系下汤武革命的正当性。但令人质疑的是，书中没有掩饰武王克殷时的暴力杀伐与周公训诫诸侯及前商贵族时的暴力威胁，这显然有悖于圣王们在道统中的地位和形象，也与周人宣称的人本主义思想和春秋战国时期儒家推崇的仁政理念相左。而且，汤武革命的正当性是建立在前朝末帝德的败坏和天的使命基础上，同时，还建立在对征伐的赤裸裸地宣扬与随征诸侯、军士威胁的前提下。如《汤誓》篇，王曰：

> 非台小子敢行称乱，有夏多罪，天命殛之……尔尚辅予一人，致天之罚，予其大賚汝。尔无不信，朕不食言。尔不从誓言，予则孥戮汝，罔有攸赦。

既然如此，儒家为什么还奉《书》为第一经典，以致孔子言必尧舜和周公呢？其实，从《尧典》《禹贡》和《洪范》三篇文章就能看出端倪。《尧典》宣传的是禅让，《禹贡》宣传的是大一统，《洪范》宣传的是德政。如果检视孔子的思想，我们可以发现，其对管仲的评价，对舍藏的态度，是矛盾的，也是实用主义的。就是说，理想是丰满的，现实是骨感的。孔子虽然倡呼仁义礼智信，但并不也无法掩盖赤裸裸的杀伐争斗：这才是“道”的常态。

恐怕，这是我们阅读儒家经典时必须加以注意的。

◎**书架** 王夫之：《尚书引义》；孙星衍：《尚书今古文注疏》；屈万里：《尚书集释》；顾颉刚、刘起釪：《尚书校释译论》；陈梦家：《尚书通论》；阎若璩：《尚书古文疏证》；皮锡瑞：《今文尚书考证》。

《春秋》

《尚书》起于尧舜之教，《春秋》终于孔子之叹，仅仅是一种巧合？果如旧说，孔子修过诸典，那么，这种尧、舜、汤、文、武、周公、孔子的线性结构，恐怕暗含着他所弘扬的正“道”。

但必须指出，孔子以道注史，通过微言大义矫正世衰道微，而使乱臣贼子惧，可能开了个坏头，即史非史而为经，人人可窜入己意，正如司马迁在《十二诸侯年表·序》中所言：“弟子人人异端，各安其意，失其真。”也就是说，《春秋》虽然“以道名分”（《庄子·天下篇》），但历史也因“天子之事（《孟子·滕文公下》）”，而沦为私家之史。如是，关于《春秋》是历史著作还是政治著

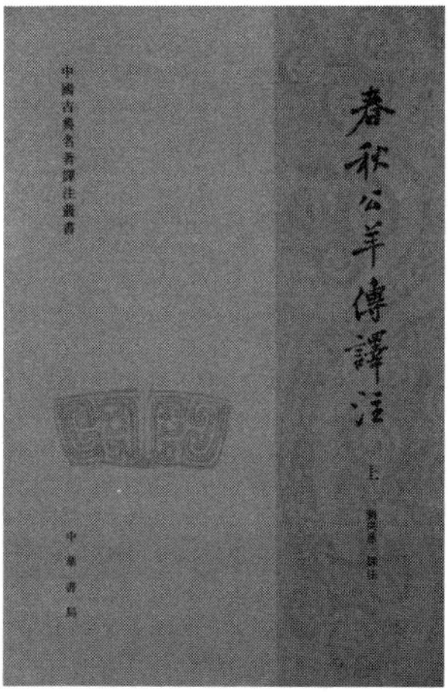

作的争论可休矣。

在古人眼里，文是载道的，何况史学作品，孔子是中国史学之父当无疑问。通读《春秋》，实感王安石“断烂朝报”之语的偏颇，一部简易史，可以“攻灭、弑杀、灾异”六字统之，其人伦、世道败坏程度，触目惊心。因此，《春秋》以春王正月开篇，以西狩获麟作结尾，是充满悲观主义的。纵然公羊学用“大一统”和张“三世”道之，实在是一种无奈的乌托邦。我想，如果《尚书》讲德政，《论语》倡理想国，《诗经》明诗教，那么，在《春秋》中，孔子是绝望的，孔子最重君君臣臣父父子子的礼和爱人、忠恕的仁，但这些在《春秋》中荡然无存。因此，公羊传才在最后给了我们一副失败者孔子的“涕沾袍”的形象：代表仁的颜渊死了，他说“天丧予”；代表义的子路死了，他说“天祝予”；闻西狩获麟，感叹“吾道穷矣”。

《春秋》除记录乱世，满篇灾异。孔子不语怪力乱神，却重视天命和天道，只是“天何言哉？四时行焉，百物生焉。天何言哉？”在他眼中，死生有命，富贵在天，道之将行与废，都是命也。如此，这天究竟是人文的天（命），自然的天（命），还是内心的天（命）？实在难以辨别。

◎**书架**　晏婴：《晏子春秋》；公羊高：《公羊春秋传》；穀梁俶：《春秋谷梁传》；吕不韦：《吕氏春秋》；董仲舒：《春秋繁露》；孔颖达：《春秋左传正义》；杨树达：《春秋大义述》；杨伯峻：《春秋左传注》。

《诗经》

董仲舒说，《诗》无达诂。这是不对的。在我看来，此语是为以己心度诗意，进而为“观《诗》各随所得”，打开了缺口。如果说，孔子删诗是小罪，毕竟他是述而不作，诸子解诗则是大过。

从汉到清，观诗大体循义理和训诂二途，前者标榜美刺，宣扬天理人欲；后者分割其意，专事语词。这些，都脱离了诗的本意。毛诗之所以从民学而官学，与其“每一首有了圣道王功的奇迹”“每一句话有了裁判一切礼俗政教”的王化构建关联莫大。这个意义上，经师之学以末附本，更是罪莫大焉。

《诗》三百，《风》一百六，是各地民歌；《雅》一百零五，是周人的正声；《颂》四十，是祭祀乐歌。这些诗最宝贵的地方，还是孔子的通言：一言以蔽之，曰思无邪。至于朱熹以淫名之，当是别有用心。

无邪在于以下：爱情诗是真的，讽刺诗是切的，即使赋及圣王，也是平实而非神性的，这自然与西方的传统迥异。

作为“六经”中唯一的一部文学作品，它的文学性、政教性、历史性是兼容的，这点毫无疑问，如郑玄所言：诗者，弦歌讽刺之声也。但兼容又是自然的，与当时国家与社会、人伦与祭祀未分是相符的。这些作品告诉我们，人与世界的联系是建立在心灵之上，无论怀疑还是激情，都预示着诗歌的精神领域中，自由在高处；而现实生活中，自由在低处，对美和真的追求，是以想象和爱唤醒世界。

我一直觉得，历代士人，脑子中都有帝王师的情结，朱熹在《诗集传》中自道曰：（孔子）生于其时，不得其位，无以行帝王劝惩黜陟之政，于是特举其籍而讨论之，使“善者师之，而恶者改焉。是以其政虽不足以行于一时，而其教实被于万世”。

这种“用之乡人，行之邦国以化天下”的思维，是读诗的大敌。

◎**书架**　王夫之：《诗广传》；方玉润：《诗经原始》；程俊英：《诗经译注》；周振甫：《诗经译注》；扬之水：《诗经别裁》《诗经名物新证》。

《周礼》

《周礼》是三礼之首，虽历代学者关注较少，但一直为官家倚重。该书年代和作者虽难以确定，不过，托名周公，伪述周制，则是无疑的。从其以王明之、规矩诸侯来看，大约诞生于秦以前。春秋战国时，齐以管仲改革，秦以商鞅变整，制度最为完备，加之重视经济，出于这两国的可能性较大。由于先秦诸典不提《周礼》，有可能是怀法家倾向的儒士写的，目的或以文自进其身，或以礼自托其政，总之，没有实施的机会，是一个根据实际臆造的理想方案。

该书本名《周官》，更名为《周礼》，大概在汉儒看来，社会的所有一切制度规范，可概名之“礼”。汉语之“礼”，尽管最早、最狭义的用法是指“事神致福”的祭祀礼仪（《说文解字》），但其最广义的用法则是指一切制度规范。

所以，贾公彦谈到为什么主礼的春官之职不能说“礼百官”而应说“统百官”时，解释说：“礼，所以统叙万事，故云‘统百官’也。”（《天官·大宰》）所谓“统叙万事”，意味着“礼”乃统摄着所有一切制度规范。《周礼》是一部通过官制来表达治国方案的著作，既可以说是职位说明书，也可以说是政治机构图，有手册的性质。所记载的礼的体系最为系统，既有祭祀、朝觐、封国、巡狩、丧葬等国家大典，也有如用鼎制度、乐悬制度、车骑制度、服饰制度、礼玉制度等具体规范，还有各种礼器的等级、组合、形制、度数的记载。许多制度仅见于此书，因而尤其宝贵。

《周礼》分为六类职官，《天官·大宰》谓之“六典”：“一曰治典，以经邦国，以治官府，以纪万民；二曰教典，以安邦国，以教官府，以扰万民；三曰礼典，以和邦国，以统百官，以谐万民；四曰政典，以平邦国，以正百官，以均万民；五曰刑典，以诘邦国，以刑百官，以纠万民；六曰事典，以富邦国，以任百官，以生万民。”《天官·小宰》谓之“六属”：“一曰天官，其属六十，掌邦治。”“二曰地官，其属六十，掌邦教。”“三曰春官，其属六十，掌邦礼”“四曰夏官，其属六十，掌邦政”“五曰秋官，其属六十，掌邦刑。”“六曰冬官，其属六十，掌邦事。”其分工大致为：（1）天官冢宰，大宰及以下共有 63 种职官，负责宫廷事务；（2）地官司徒，大司徒及以下共 78 种职官，负责民政事务；（3）春官宗伯，大宗伯及以下共 70 种职官，负责宗族事务；（4）夏官司马，大司马及以下共 70 种职官，负责军事事务；（5）秋官司寇，大司寇及以下共 66 种职官，负责刑罚事务；（6）冬官百工，涉及制作方面共 30 种职官，负责营造事务。以上是概括摘引，无个人意见。

这部书规制整齐，重视礼乐之教和祭祀之事，刘歆说其“周公致太平之迹”，可谓洞识，由是被王莽拿来托古改制，当成操作手册，就在情理之中了。

◎**书架**　郑玄、贾公彦：《周礼注疏》；陈衍、潘林：《周礼疑义辨证》；阎步克：《服周之冕》。

《周易》

《周易》是中国哲学的源头，子学都可以从中找到自己的影子。《周易》包括《易经》和《易传》，《易传》有自己的道统，虽是附会，但不得不观。

传统的说法，《周易》来源于上古圣人伏羲“一画开天”，发明八卦；中古圣人文王以八卦相叠，作六十四卦（他演易，演出汤武革命，可以代商）；下古圣人孔子作《易传》（十翼，十篇解读周易的文章）。这是三笔糊涂账，当不得真，但据此，《周易》成为群经之首，被儒家纳为已有，确是事实。

《周易》最初用来算命，古人算命，有动物算，称“卜”；有植物占，称“筮”。《易》是筮占的一种，起源是早到商代的数字卦。如果断以年代，《易经》是西周筮占经典，《易传》是战国解经宏文。正因为《易传》的阐释，《易经》才成为哲学的鼻祖。《易经》由六十四象形符号组成，每卦内容包括卦画、卦名、卦辞、爻题、爻辞。

需要说明的是，因六十四卦最初由三爻（爻分为直线、断线，三爻即三画，代表天、地、人三才）八卦重叠组成，所以一个六爻卦可分为上下两半部分，其中，四五上为上或外卦，初二三为下或内卦。初爻代表开始，二爻代表崭露头角，三爻代表事物大成，四爻代表渐入更高，五爻代表成功，六爻代表终极。《易传》的出现，是革命式的，自此，《周易》沿着术和道，也就是象数和义理两个方向演进，前者背后有阴阳、数术，后者里面有黄老释道。《周易》成为哲学，离不开阴阳说和五行说相结合，借此，讲天地造化和人事休咎。

我个人不会算命。目前，以《周易》占卜，需通天文、地理诸学，非一般人可修，也非一般人可懂。因此，闲观旧典，主要是看义理。我自己的体会是：一、《周易》讲变化，“一阴一阳谓之道”，一阴不是一个阴，一阳不是一个阳，而是阴阳相杂，互为转换，是辩证统一的。六十四卦是六十四种情景，这些情景没有截然分野。圣人是不违道的：“与天地相似，故不违。知周乎万物，而道济天下，故不过。旁行而不流，故不忧。”二、《周易》讲慎行，六爻虽是递进，但却不完全按逻辑来，利弊难以概定，正所谓“安而不忘危，存而不忘亡，治而不忘乱，是以身安而国家可保也”。也就是说，命不是算来的，是修来的，是努力来的，算说的是果，根子却在因。正所谓：“天地设位，而易行乎其中矣。成性存存，道义之门。”

关于义理，《易传》讲得很清楚了，可以跳开经而读传。因为，修齐治平是义理之说的核心内容。这点，不得不察。

◎**书架**　王弼撰、楼宇烈释：《周易注校释》；程颐：《周易程氏传》；朱熹：《周易本义》；来知德：《周易集注》；周振甫：《周易译注》；名春：《〈周易〉经传十五讲》。

《墨子》

如果要从古代历史中推选出一个才子或完人，一定非墨子莫属。这位孔子逝世前后出生的鲁国某某家，身兼数能，精通后世名之的政治学、逻辑学、数学、几何学、物理学、光学和军事学等。作为一个“摩顶放踵，利天下以为之”的政治实践家，他甚至被称为“欲事起天下利，而除万民害”的大圣人。

《墨子》一书虽符合“子”书的特点，即非一人一时完成，但代表了墨子的全部思想。墨子和孔子、老子一样，值攻伐崩坏之乱世，也提出了自己的理想国，设计了个人的救世方案，而且理论、措施及其逻辑更加完备。墨子和孔子一样，不但承认尧、舜、禹、汤、文、武的道统，而且惯用仁、义、孝、慈等儒家惯用术语构建自己的理论体系。不过，墨学作为先秦时期和儒家并列为两大显学的流派，与儒学的不同之处显而易见。孔子和墨子一样，喜欢托古言事、托圣言己，差别是孔子宗圣王，墨子崇圣王；孔子是贵族，墨子是小手工业者。墨子最初学儒，因“儒之道足以丧天下者四政”，且学说都是华而不实的废话，“背周道而行夏政”，逐步建立了自己的理论框架：兼爱、非攻、尚贤、尚同、尊天、事鬼、非乐、非命、节用、节葬十大主张。在所有思想中，政治论是他的核心，其目的是实现“政治而久安”，他自信地认为，“王公大人用吾言，国必治”。

墨子最重要的思想是兼爱，他指出，人与人不相爱是人世间各种祸乱和罪恶的源头，由此倡议无等差的爱，“视人如己”。他呼吁兼爱的目的是非攻，即反对以大欺小，以强凌弱。墨子认为，强者凌弱，一是因为不兼相爱，一是因为过分追求享受。因此，他非乐、非葬，归根到底就是主张节用。墨子思想虽然具有明显的宗教性，比如在他眼里，天是意志的天，是最高的法度，圣王要取法于天，但他的天志、明鬼，有明显的功利主义倾向。和佛教关心彼岸不一样，他的学说是现世的，天和鬼代表人意而非神意。因此，没有建立起超越人间的天国，是一种带有宗教意味的非宗教学说。在先秦时期，墨家似乎处处和儒家对立，一度并驾齐驱，“盛誉流于北方，义声振于楚越”，但进入秦汉后突然湮灭，如果不是掺杂在《道藏》中，《墨子》都有可能不传。

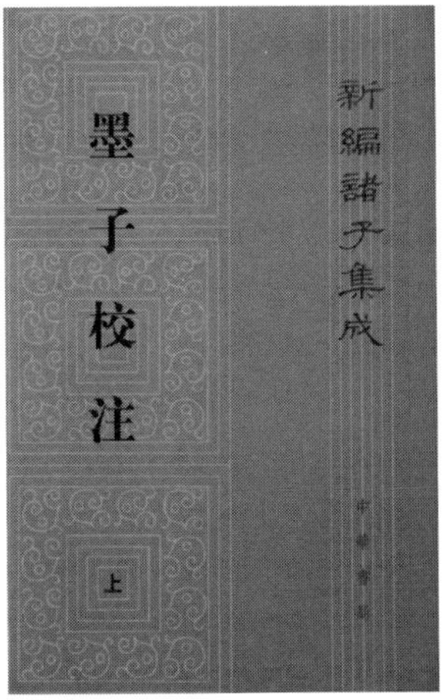

究其原因，个人以为有三：一、墨子的政治思想比如选举天子、节用、非乐等乌托邦理念让统治者逆反，难以接受；二、墨子建立的严密的社会组织，弟子多死士，在统一局面下类似于黑社会性质，为统治者不容（秦汉后，只能以游侠身份存在）；三、墨子奉行苦行僧式的生活，纪律森严，一般人难以接受，加之其门徒多次参加攻伐（如参与国变，杀死吴起），死伤无数，致使人才凋零。（参考张之亮电影《墨攻》和古龙小说《九月鹰飞》）。不过，作为一个思想家，其提供的空想社会主义，在价值观上至今都没有完成，但值得追求，而这一点，恰恰就是给我们的宝贵财富。

墨子是唯一一个小手工业者出身（也有人说出身是农民）的大思想家，其学多考虑草根或底层，就在情理中了。

◎**书架**　毕元：《墨子》；王焕镳：《墨子集诂》；任继愈：《墨子与墨家》；梁启超：《老子、孔子、墨子及其学派》；钱穆：《墨子、惠施、公孙龙》。

《孙子》

《汉书·兵书略》著录先秦兵书56种，以我度之，不过十之四五。其中，《孙子》是“百代谈兵之祖”（《四库全书总目》），比克劳塞维茨的《战争论》早两千多年。

兵法来源于军法。先秦军法概貌已不清楚，唯一可参考的是《司马法》。至于后代，直到宋《武经总要》和明《武备志》才能提供线索。兵法包括治兵和用兵，前者偏于纪律，后者讲究“诡道”，正所谓“运用之妙，存乎一心”。先秦时期，因保边扩土之需，各国都有自己的兵书，其中，齐国最是发达。这一时期，兵书有三大代表，《孙子》讲谋略，《司马法》重军法，《太公兵法》崇诡计。韩信治前二，张良治后一，均有不世之功。李靖在《唐太宗李卫公问对》中把兵书分为“三门四种”，三门是谋、言、兵，四种是权谋、形势、阴阳、技巧。至西汉，增加《吴子》和《尉缭子》，并称五大经典。

在这里，不得不提曹操，他是第一个给《孙子》做注的，今天我们看到的本子，就是他留下来的。此人虽为乱世之奸雄，却是治世之能臣，留有曹公五书，称得上伟大的军事家。宋代最大的贡献是兵书的系统化，即《武经七书》：《孙子》《吴子》《司马法》《唐太宗李卫公问对》《尉缭子》《黄石公三略》《六韬》。

我是《孙子兵法》和《孙膑兵法》并读的。近现代以前，学者疑孙子和孙膑为一人，直至1972年我老家临沂银雀山出土汉墓竹简，这段公案才算了结。孙子是春秋末期人，孙膑是战国中期人，两人实为一家人，而且，孙膑很有可

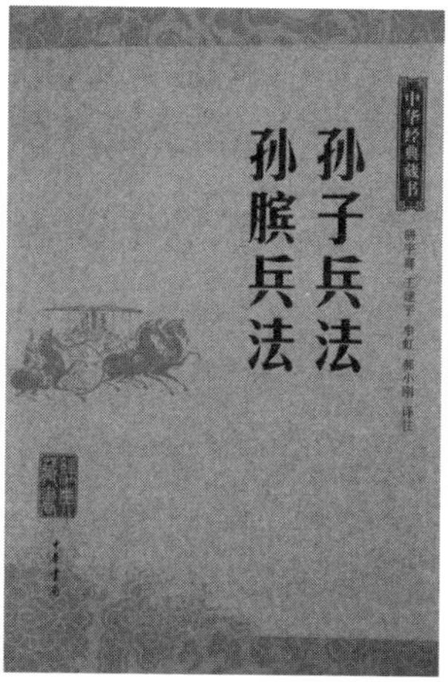

能是孙子兵法的整理者。《孙子》之所以是世界级兵书，影响各个领域，久而不衰，一个重要原因是富于辩证法，是一本“哲学书”，李泽厚认为老子受孙子影响，这是洞见。

《孙子》一书中，慎战和尚思是精髓，《计篇》作为纲领，开宗明义就讲：“兵者，国之大事，死生之地，存亡之道，不可不察也。”“兵者，诡道也。”《孙子》不是为战而战，其认为，决定战争胜负的是道、天、地、将、法，道是第一位的，“不战而屈人之兵”是兵家的最高理想。在战争中，《孙子》提倡全胜和速胜，后者都明白，关于全胜，即全国、全军、全旅、全族和全伍。这两个“胜”的概念，都是有人道主义思想的。《孙子》讲兵，注重三对概念：形与势，虚与实，奇和正，这种辩证范畴，其实是一种心智的较量。《孙膑》继承和发扬了乃祖的精神，认为战争是先王传布“道”，在他眼里，战争就是“以兵绳之”，而且，这种布道，一定要合于义，“战而无义，天下无能固且强者”。《孙膑》明确提出“因势而利导之”的作战原则，《吕氏春秋·不二篇》言孙膑贵势，可为得之。在《孙膑》中，我们可以明确看到黄老之学的影响，其强调“道”，遵循辩证，可以说与《孙子》《老子》一脉相承。

我们必须指出，兵乃凶器，多用不祥。自古以来，军事家多不得其死或不得其时，能对敌攻无不克，对时却屡战屡败，救得了国，却救不了己，这种悖论也许自有天意。因此，考虑道，琢磨时，以人本主义情怀对待战争，才是兵家的核心和奥秘所在。

◎**书架**　李零：《兵以诈立：我读〈孙子〉》《吴孙子发微》《孙子译注》；郭化若：《孙子兵法译注》；蒋百里：《孙子浅说》。

《尉缭子·吴子》

《尉缭子》，先秦之书，作者大都不可考，连个笔名儿都没有，只要知道它是战国的兵书即可。

其实，古代兵书，不只谈兵，治国、做人、行事，儒、道、法诸家，都一网打尽，一本书就是一个大烩菜。这本书总体风格是道家的，认为治国应当使人无欲，如此则天下太平，“反本缘理，出乎一道，则欲心去，争夺止，囹圄空”。《尉缭子》将战争区分为挟义而战和争私结怨两类，强调战争的目的是“并兼广大以一其制度”。在作者看来，“兵者，武为表，文为里”，军事是政治的表现。尤为难得的是，这本书提出了经济决定战争的成败，而战争的胜利会推动经济发展，“战胜于外，福产于内”，这就有些近代战争观的意思了。

春秋战国时期，统一、圣人、德、道这些观念是普及性知识，非儒家独有，《尉缭子》提出的三种胜利中，道胜置于威胜、力胜之前。怎么样算是道胜?毫无疑问，内修文，外修好。作者在书中强调发挥人的主动性，认为求鬼神不如重人事，反对“考孤虚，占咸池，合龟兆，视吉凶，观星辰风云之变”。当然，他反对的是迷信，任何时代，战争都必须考虑天文地理，这就是诸葛亮火烧和借风的秘密。《尉缭子》中，有很多值得注意的战略战术思想，比如主张集中优势兵力，“专一则胜，离散则败”；比如主张突然袭击，“兵贵先”；比如主张运用权谋，“权先加人者，敌不力交”。《尉缭子》以法治军，很重视赏罚条令，认为“审法制，明赏罚”是威胜之道。为此，书中在《伍制令》

里提出了连保法，在《分塞令》里提出了营地法，在《经卒令》里提出了分色法，在《勒卒令》里提出了信号法。最使人惊异的是，《尉缭子》提倡裁军，认为“兵贵精，不贵多”，“古之善用兵者，能杀士卒之半，其次杀其十三、其下其十一”，只有裁，才能精，不致使“国内空虚尽竭”。气作为一个哲学概念，历来受兵家重视。孙子尝言“故三军可夺气”，吴子也说“先夺其气”，《尉缭子》提出，“夫将之所以战者，民也；民之所以战者，气也”。

《尉缭子》内容极为丰富，可以说是先秦时期最后一部集大成者的重要兵书。

再来说说《吴子》。我发现，古代兵家的价值关怀是人的普遍性，鲜有人鼓吹赤裸裸的暴力和征伐。这倒不是因为虚伪和掩饰，兵家都是士，他们的终极目标不是杀戮，而是治国。其中，吴起就是典型的例子。

后人总结吴起，称道他是中国第一名将，因他一生六十四战，从无败绩。这个人不但能打，还能写，这就不仅是帅才，而且是相才了。还有人说，他建立了世界上第一支特种部队——魏武卒。不过，吴起为人很不堪，为了进步，杀掉了自己的妻子。记载还说，他是孔子的徒孙、曾子的弟子，老人死了，没有守孝，逾礼，被老师开除了，按侠义评书说法，就是被清理出门户了。现在说起先秦人物，动不动就分家别门，其实是妄语，吴起是西河学派的代表人物，典型的儒家，但他同时是法家和兵家。法家在汉代多酷吏，以纪律约束人，这点在吴起身上表现很突出。话说回来，不严格，怎么治军理国？吴起和当时的诸子一样，有为文的自觉性，正所谓“垂著篇籍”（《汉书·刑法志》），他关注的当然是“擒敌立胜”。很显然，《吴子》一书经过后人整理，但归属吴起思想不容置疑。

今《吴子》六篇，《图国》谈治国，《料敌》谈刺探，《治兵》谈治军，《论将》谈选将，《应变》谈战术，《励士》谈激励。吴起认为，一个王者应“内修文德，外治武备”，“必先教百姓而亲万民”，“顺俗而教”，以仁、义、礼、智四德去教化百姓。在吴起看来，文德和武备缺一不可，这是他的思想张力所在。吴起是最早探讨战争起源和性质的军事家，他指出：凡兵之所起者有五，一曰争名，二曰争利，三曰积恶，四曰内乱，五曰因饥。其名又有五，一曰义兵，二曰强兵，三曰刚兵，四曰暴兵，五曰逆兵。他的战争观是，军队的强弱“不在众寡”，“以治为胜”，赏罚分明了，军纪严肃了，则“战无强敌，攻无坚阵”。吴起的理论是很具有实战性的，和孙子之思偏于哲学不同，他提的见解处处是有针对性的。而且，其关于慎战、分敌、战备等思想，更是深入了一步。尤为难得的是，他是第一个对骑兵进行专门论述的人。吴起一生为鲁败齐，为魏击秦，为楚变法，功业卓著。

可惜，始作俑者，其无后乎，变法者引起了贵族嫉恨，他和同时代的商鞅一样，先王尸骨未寒，即以身喂“法”。

吴起的死，为其一生的“追求”画上了命运的句号。

◎**书架**　黄朴民：《黄朴民解读〈吴子〉〈司马法〉》；张秦洞：《尉缭子新说》；张金泉：《新译尉缭子》。

《六韬》

《六韬》一书，按《隋书·经籍志》记载，乃周文王师姜望撰。姜望就是姜子牙，《武经七书汇解》称：“太公姓姜，名尚，字子牙……共先封于吕，故曰吕尚。”文王曰：“吾先公望子久矣，故又号曰太公望。”其实，子牙是元代《武王伐纣平话》叫起来的，因《封神演义》一书，姜子牙成了“神”，迅速走红。

《六韬》是以武王与太公对话体的形式写的，一问一答，极富情境。书主要谈军事，乃战国后期有人托作。太公一生功勋卓著，司马迁说：“后世之言兵及周之阴权皆宗太公为本谋。”可说太公是兵家之鼻祖。古代有文庙，主祭是孔子；武庙，主祭是太公。唐玄宗排武庙十哲，太公是第一人，唐代还封他为武成王，《封神演义》以黄飞虎为武成王，纯属张冠李戴，当不得真。明清以前，武神是太公，后来稀里糊涂就被关公篡了位。太公因功封齐，是齐国的鼻祖。因此，山东兵家发达，是有根的。《六韬》“规模阔大，本末兼该”，现存六卷、六十篇，其中，《文韬》谈治国，《武韬》谈对敌，《龙韬》谈指挥和部署，《虎韬》谈大规模作战，《豹韬》谈野战，《犬韬》谈协同作战。

必须指出，《六韬》主张“同天下”，反

复强调“天下非一人之天下，乃天下人之天下”，非是谈民主，实在是强调“国之大务”，在于爱民。一定意义上，这本书要求君主清净寡欲，不与民争利，是有道家风格的。在军事方面，《六韬》主张“伐乱禁暴”，“上战无与战”，强调“知彼知己”，“密察敌人之机”，“形人而我无形”，“先见弱于敌”。要求战争指导者“行无穷之变，图不测之利”，机动灵活地运用各种战略战术。它认为作战中最重要的是奇正变化，“不能分移，不可语奇”。对于攻城，它认为最好的办法是围困打援，迫敌投降。它重视地形、天候对战术的影响。总结了步、车、骑兵种各自的战法及诸兵种的协同战术。它重视部队的编制和装备，详细记述了古代指挥机关的人员组成和各自的职责，提出了因士兵之所长分别进行编队的原则。它认为“凡三军有大事，莫不习用器械”，详细记述了古代武器装备的形制和战斗性能。它重视军中秘密通信，记述了古代军中秘密通信的方式方法。它还重视将帅修养和选拔，认为“社稷安危，一在将军”，要求将帅不仅要谙熟战略战术，知进退攻守、出奇制胜的谋略，而且要懂得治乱兴衰之道，要能与士卒同甘苦，共安危，并提出了考察将帅的八条方法，即所谓“八徵”。

在军事哲理方面，《六韬》具有朴素的唯物主义思想。它一方面反对巫祝卜筮迷信活动，把其列为必须禁止的“七害”之一；另一方面又主张用天命鬼神去迷惑敌人。它具有朴素的辩证法思想，初步认识到了矛盾的对立和转化，提出了“极反其常”的重要辩证法思想，是对古代辩证法思想的重要贡献。《六韬》的许多军事思想都是建立在这一思想基础之上的，如“夫存者非存，在于虑亡；乐者非乐，在于虑殃”，“大智不智，大谋不谋，大勇不勇，大利不利”，“太强必折，太张必缺”，“无取于民者，取民者也”等等。

这本书能与孙吴之学并肩，位列宋代颁定的《武经七书》，与其思想之博大和结构之恢宏密不可分。

◎**书架**　陈曦：《六韬》。

江　藩、方东树　《汉学师承记（外二种）》

我曾有意著《文人的战争》一书。文人的武器是学问，但目的却没有那么高尚，有时是出于维护自身的“道”，但更多是为了“利”。学和仕兼得，自古就是文人的梦想。

文人也有门派，除了私淑、师承和地域，有时候，也会搁置一下争论，抱一抱团。

历史上，最大的“战争”集团不是诸侯、藩镇，他们最多搞个几十年就结束了；当然更不是少林、武当，而是文人的“集团”。诸子之后，经学一支独大，学术掺杂着政治，二分为今古之分和汉宋之别。

汉学，是在战国经学的基础上发展起来的汉唐章句、训诂、注疏、考证之学，包括西汉今文经学、东汉古文经学、汉末融通今古文的郑玄之学、魏晋王肃之学、南北朝经学、隋唐经学等从西汉到唐代约一千一百年间的经学派别；宋学，是宋代义理之学，以讲义理为主的经学派别，大体以理学诸派为主体，并涵盖了王安石新学、三苏蜀学。这是蔡方鹿的结论，不敢掠美。经学二分为汉宋之学，乃清四库馆臣作祟，以之区分何者偏重考证或是义理。《四库全书总目提要》卷一《经部总叙》曰：“自汉京以后，垂二千年……要其归宿，则不过汉学、宋

学两家。”《四库全书总目〈四书章句集注〉提要》云：“盖考证之学，宋儒不及汉儒；义理之学，汉儒亦不及宋儒。”朝廷这么说了，民间也这么讲。监生江藩著《国朝汉学师承记》《国朝宋学渊源记》，亦将经学分为汉学和宋学两大派。

汉宋之别，很有意思。

朱维铮在这本书的导读中就说，18世纪学术史中的所谓汉宋之争，是清统治者实行分裂文化政策的产物。这不奇怪。统治者一方面以“朱子之学倡天下”，作为意识形态的理论基石；一方面鼓励文人沉湎于经史考证，最好两耳不闻窗外事，不要无故乱翻书。作为回应，文人不敢讲“理”，皇家垄断着解释权，文人只是“行”，“揣摩君主意向，做好忠臣顺民”。

然而，这种统治术虽然有效，也并非没有裂缝。裂缝出现在阮元的幕府内。其时，汉学家和桐城派积怨很深——文人的“战争”是旧疾顽症，于是，在阮元的幕府中出现了江藩和方东树的著作，他们客观上从正负两面评论汉学，主观上则是打击别人，抬高自己。而最终的结果是，按照朱维铮的评价：“用极其不谐和的音调，给中世纪式的‘清学’，谱写了挽歌。”

本书便是这首挽歌的二重奏，即江藩《国朝汉学师承记》《国朝宋学渊源记》和方东树《汉学商兑》的合集。

◎**书架**　朱维铮：《中国经学史基本丛书》（8册）、《近代学术导论》《走出中世纪》《走出中世纪二集》《音调未定的传统》《中国经学史十讲》；张之洞：《书目答问二种》；陈澧：《东塾读书记》；康有为：《新学伪经考》；梁启超：《中国近三百年学术史》；皮锡瑞：《经学历史》；周予同：《中国经学史讲义》《群经通论》《经学与经学史》；吴雁南：《中国经学史》；姜广辉：《中国经学思想史》（6册）；汤一介：《中国儒学史》（9册）；唐晏、吴东民：《两汉三国学案》；杨世文、舒大刚：《魏晋学案》；黄宗羲、全祖望：《宋元学案》；陈祖武：《中国学案史》《清代学术源流》。

《孝经》

孝是一种情感秩序。《孝经》指出："夫孝，天之经也，地之义也，民之行也。"我个人观点，中国社会作为一个超稳定结构运行不辍，本源是因为建立了孝本体的价值观。某种意义上，大一统的核心就是家国同构在情感上的物化和延展，而孝与治则为孝与忠的创造性转化，《孝经》是其中的枢纽。

目前，《孝经》成书和作者皆无确考，大体说是先秦儒学经典，非成于一人之手。《孝经》开篇讲："夫孝，始于事亲，中于事君，终于立身。"《论语》论孝十九处，大部分还是一种个人之礼，不过，其中几条，已将孝与治联系起来，可作秩序观。比如，孔子学生有子说："孝悌也者，其为仁之本与。"讲究孝悌的人，鲜有犯上作乱的。孔子也明确指出："孝乎惟孝，友于兄弟，施于有政，是亦为政。"在儒家眼里，以仁为核心的政治蓝图中，治家和治国之术结合为君君臣臣父父子子，忠孝合一，殊为关键。正如曾子所说："事父母可以事君。""天之性，人为贵。人之行，莫大于孝。"《孝经》将孝提升为天道，只有遵循天道，才能"则天之明，因地之利，以顺天下"。孝作为德之本，"教之所由生也"，其他品质，都是孝派生出来的。只有"孝天下之为父母者，敬天下之为兄弟者，敬天下之为人君者"，才可以"民用和睦，上下无怨"。

《孝经》的伟大，不在于其提高了孝的主体价值，还在于赋予孝以差别次序。在孝面前，人人是平等的，而天子之孝尤为大，“（天子之孝）爱敬尽于事亲，德教加于百姓”，这种以身作则的孝观念，显然超越最大的孝是孝敬国家的狭隘提法。我们常常讲，古人以孝治天下，第一个实践者是汉文帝，古代二十四孝，汉文帝是其中之一。汉文帝倡导轻徭薄赋，与民休息，节俭敦朴，厚养薄葬，将孝和道家完美结合，开创了第一个盛世。汉文帝崇黄老，却被目为儒家至孝之榜样，也是趣事一件。《孝经》是十三经中篇幅最小的，一直被当作启蒙教材，魏文侯、晋元帝、梁武帝、唐玄宗等帝王纷纷作注，使之成为士庶人立身齐家之本和帝王将相治国平天下的“至德要道”。

孝作为一种秩序，与社会稳定性密切挂钩，至今不散。只有以平行的社区结构代替上下的血缘家族结构，中国社会才有可能一变。

◎**书架**　皮锡瑞撰、吴仰湘点校：《孝经郑注疏》；曾仕强：《孝就是道》；张祥龙：《家与孝：从中西间视野看》；翟学伟：《人情、面子与权力的再生产》；黄光国：《人情与面子》。

《公孙龙子》

陶渊明读书，“每有会意，便欣然忘食”。“会意”提醒今人，读书要学会分门别类，区别轻重缓急，有些观其大要、得其主旨即可。《公孙龙子》显然就是这类书，其“恢诡其说，务为博辩”，还真不是一般人能懂的。

公孙龙子，战国末期赵国人，曾做过平原君的门客，以能辩著称，和惠施并为名家的“哼哈二将”。名家，是以辩论名实问题为中心，并以善辩成名的一个流派。名是事物的名称，实是指称的事物。春秋战国时期，社会动荡，新旧冲突，旧有的概念不能反映新生的内容，如孔子所说“名不正，言不顺”之事甚巨，注重名词概念辨析的名家由是而生。名家虽事辩论，但也有以其道易天下之心，它的道，就是正名。需要提及的是，公孙龙子还是个和平主义者，曾多次劝诸侯国君停止无谓战争。名家虽于秦后不传，但这个学派的出现，证明中国的逻辑学并不逊于西人。

《公孙龙子》现存六篇，其中，以白马非马之论最为著名。这一命题，和《墨子·小机》“杀盗非杀人”的逻辑如出一辙。在公孙龙子看来，马只命形不命色，而白马既命名又命色，两者虽然有马形的共性，却有包括各色（一般）和仅指白色（具体）的区别。因此，征集马，白马和黄马、黑马都可入选；而征集白马，黄马、黑马就排除在外了。名家善辩，名声虽不好，却道尽各派学问，自成体系。战国时期，士人都好辩。其实，辩，是知识分子的共性，是他们的饭碗。春秋战国时，各家豢养的门客士人，以谈辩立身；今天，各院所的专家以论文立命，道理是一样的。

诸子百家中，墨家尤喜辩论，鲁胜《墨辩注叙》指出：“墨子著书，作辩经以立名本。惠施、公孙龙祖述其学，以正别名显于世。”

这说明，公孙龙子也可以看作是墨家人物。

◎**书架**　谭戒浦：《公孙龙子形名发微》；王琯：《公孙龙子悬解》；金岳霖：《逻辑》；柯匹：《逻辑学导论》。

#《礼记》

儒家经典中，对后世影响最大的，非《礼记》莫属。清代焦循就说：“《礼记》，万世之书也。”传统中国奉行礼治，于此可证。

《礼记》是解释《礼》（即《礼经》）的文集，凡四十九篇，九万言，非一人一时之作，但大体属于孔孟之间的“七十子后学者”。其与《周礼》《仪礼》合称“三礼”，并列于“十三经”，是古代修齐治平的鸡汤。个人以为，《礼记》最重要的概念是大同与小康。大同一词最早出于《庄子·在宥》，谓与天地万物融合为一。专指“天下为公”的理想社会，则出于《礼记·礼运》。小康最早源于《诗经·大雅·民劳》：“民亦劳止，汔可小康，惠此中国，以绥四方。”意思是百姓劳作，希望过上幸福生活。作为一种政治理念，也是在《礼记·礼运》中得以伸张的。在儒家的视野中，大同是五帝时期，其以仁（德）为治，实行禅让，经济上“货不必藏于己”。小康是三代时期，其以礼为纪，奉行世袭，经济上“货力为己”。前者是考虑公共利益的自然社会，后者是注重个人利益的康宁社会。在以家为天下的时代，社会是靠礼维系的，小康社会之治，秘诀就是礼。因此，《礼记》开宗明义：“道德仁义，非礼不成。教训正俗，非礼不备。纷争辩讼，非礼不决。君臣上下，父子兄弟，非礼不定。宦学事师，非礼不亲。

班朝治军，莅官行法，非礼威严不行。祷祠祭祀，供给鬼神，非礼不成庄。”由是，该书反复强调礼的重要性，或曰“凡治人之道，莫急于礼”，或曰“民之所由生，礼为大”。历朝历代，看重儒家的礼治主义，根本上，就在于《礼记》所宣讲的，要求人人懂规矩、守秩序。在孔子看来，“礼也者，理也”，“制度在礼，文为在礼。行之，其在人乎”。礼和乐，“君子为此二者，以南面而立，夫是以天下太平也”。我个人的看法是，礼来源于孝，是孝的社会化。礼被孔子训为理，是其内涵所在。礼是大道；礼是说道。此二者合一，即说礼这东西是可以言说和尊奉的天道，以之投射于俗世，便是理想社会。因此，《礼记》不厌其烦地倡呼各种礼仪和礼制，根子还是建立一个运行有序的人间国。

事实也证明，以礼为价值主导的社会，不但稳定，其修复能力也极其强大。

◎**书架**　王聘珍：《大戴礼记解诂》；孔广森：《大戴礼记补注》；高崇文：《古礼足证：礼制文化的考古学研究》；商伟：《礼与十八世纪的文化转折》；战学成：《五礼制度与〈诗经〉时代社会生活》。

《列子》

列子，战国时期郑国人，介于老庄之间，其主张循名责实，无为而治，在诸子百家中，是对生命最达观、最磊落的人物。列子一生不仕，致力于道德学问，身如隐贤，“居郑圃，四十年人无识者”。

列子的同名代表作八篇，是中国第一部寓言体著作，堪称中国的《伊索寓言》而名实皆过之。《列子》上承老子之学，下启《庄子》之流，《庄子》一书因

袭《列子》寓言故事者，达四分之一。李唐一朝，道教几成国教。天宝元年，唐玄宗为道家封四配，列子和文子、庄子、亢仓子一起，分别被封为冲虚真人、通玄真人、南华真人、洞灵真人。在道家学者中，他是肇始修炼得道之人，据说能御风而行，比得上业余时间种人参果的镇元大仙了。他在作品中提倡的天体运动说、地动说、宇宙无限说，都远远早于西方。

列子认为，道不是超然的，不是上帝，而是一种物质，是宇宙的本体，即可分为阴阳的气，“昔者圣人因阴阳以统天地，夫有形者生于无形”，万物皆源于此。他还指出，道生天地万物经历了四个阶段：太易、太初、太始、太素，这些阶段中，易是气、形、质的宗主。易生一，一生七，七生九，循环往复，清轻者上为天，浊重者下为地，冲和气者为人，于是天地成，万物生。列子认为，道是天地之根，可以赋予万物自生自灭、自形自色的能力，由于道是万物的主宰，所以它们之间是普遍联系的。必须指出，列子的政治是道的，也有儒的成分，这说明一个事实，在春秋战国时期，无论老子、列子还是庄子，都意识到治（即国家）不是必要的但却是无法绕开的“恶”。

列子心目中的理想国，虽“其国无帅长，自然而已”，但却能够“不治而不乱，不言而自信，不化而自行”，最终达到大治。列子曾借助孔子的口，否认三王、三皇、五帝是圣人，并公然提出“西方之人有圣者”。这种论调，显然是将西方视为道家的理想国。不过，他又在晋国苦盗时，借助赵文子之口，说：“君欲无道，莫若举贤而任之。使教明于上，化行于下，民有耻心，则何盗之有？”又与儒家“道之以德，齐之以礼，有耻且格”的思想雷同。这说明，道家很多治世理念，必须借助于儒家的意识形态才能找到支点，不是道家屈服于儒家，而是时代和时势使然。因此，整部书中，列子对孔子的态度和庄子截然相反，是报以理解之同情和尊敬的。

《列子》一书，窃以为最大的贡献是完整保留了杨朱的思想。杨朱被政论对手墨子和孟子骂得体无完肤，嗤之以自私和堕落。其实，杨朱“损一毫利天下不与也，悉天下奉一身不取也”的思想，既不是极端利己的，也不是中道的。他作为一个道家，不损不取，是贵身、养生的，在政治上也是顺其自然的无为。这一点，我个人观之，可以改观两千年来加诸杨朱身上的诬词。

列子性情温和，涉及辩说对手，其论说文章，既无庄子的贬视，也无墨子的诡狡，同时，也无孟子的酸腐，实在是先秦时期的君子。

◎**书架**　杨伯峻：《列子集释》；南怀瑾：《列子臆说》；顾实：《杨朱哲学》。

《曾子·子思子》

《子思子》。依韩愈眼界，儒家自周公而上，故行其事；周公而下，故说其长。亦即，以周公为界，儒学由“王道”（治）转为“圣学”（教）。在这一转变中，曾子、子思、孟子得孔子真传，是儒家的正统。

韩愈的道统说尽管得到宋明理学家的普遍认同，但由于诸多学者特别是考据学派对曾子和子思著述存疑，这一谱系的正当性岌岌可危。有赖于郭店楚简的出土，思孟学派才奠定得孔圣一贯之传的地位。子思被后世遵为述圣，在于其以“诚”这个概念，扩充了孔子的天命说和中庸说。周代商后，周公提出敬

德这个理念修补天命。春秋末期，天命颓败，孔子提出仁以调和矛盾，整理秩序。仁虽然“爱人”，但不言天命却又若即若离。及至子思，则用诚直接代替了天命的位置。在孔子嫡孙子思看来，“诚者天之道”，而天命就是性，遵循性就是道。也就是说，诚即是天命，也是道、性。而且，“诚者，非自成己而已矣，所以成物也”，诚是万物的本源，在子思的思想境域里，主观上第一性的诚，可以说明和产生客观上第二性的物。不仅如此，诚是有神秘性的，其与天、命、鬼是相通的，“至诚如神”，只要至诚，就能预测吉凶。而实现诚的途径，是尽其性，进而尽人之性、尽物之性，从而“赞天地之化育”“与天地参也”。由是，诚由伦理学概念转变为哲学范畴，而这一转变，是唯心的、宗教的，天人合一的，它直接影响了汉儒和宋儒的思想世界。

在《中庸》中，诚就是中庸，“诚者不勉而中，不思而得，从容中道，圣人也”。中庸作为最高的行为和自然法则，是可以通过教来实现的，即“修道谓之教”。在教的过程中，个人既可以致知格物、修身正心，也可以在制度化伦理下接受社会规范的制约。这个意义上，诚可以节制生于性之情，使始于情之道符合礼乐，从而建立起人间秩序。

《曾子》。说起来，曾子和父亲曾点是同学，一起受业于孔子，但曾子学得好，孔子死时，将“三尺之孤”的孙子子思托付给他。曾子地位本不高，及至孟子在宋朝“崛起”，成了“网红”，同为思孟学派的曾子和孟子、子思，以及颜回，并为儒家四配，后封宗圣。

孔子托孤，证明了其有识人的眼光。孔子弟子中，曾子得到了老师的真传，认为圣门的核心思想是“忠恕”。曾子思想体系中最突出的是两点：

一是孝道之学。孝道本身是一种伦理学说，但曾子更重视孝道的践行，亦即将伦理推广为一种秩序。他明确提出“夫孝，始于事亲，中于事君，终于立身”的三段论，认为“明王之以孝治天下”，由“孝”而始，“忠可移于君”“顺可移于长”“治可移于官”，由此，以孝化民，民德归厚。也就是说，孝道与政治结合，进而实现政治与道德的合一，在理论上是曾子完成的。

二是内省之学。曾子的名言是“吾日三省吾身”，认为“自天子以至于庶人，壹是皆以修身为本”。在曾子心中，个人修养是政治之本，“其本乱而未治者，否矣；其所厚者薄而其薄者厚，未之有也”。这种内省以落实仁学为核心，进而培养巨大的精神力量，也就是孟子说的养“浩然之气”。因此，曾子可谓是心学（理学）的源头。曾子重孝、务省，并不是纯粹为了完善个人道德，他虽然辞高官于楚，辞采邑于鲁，但其理论最终目的是入世的。

在《大学》中，曾子以三纲八目为中心，构建了一套完整的伦理化政治哲学体系。《曾子》一书秦代即亡佚，目前所传八卷本是后人整理校勘的，虽非原作，但可窥曾子思想全貌。

◎**书架**　刘光胜：《出土文献与〈曾子〉十篇比较研究》；李健胜：《子思研究》；《中庸》；《大学》。

王健文　《流浪的君子——孔子的最后二十年》

公元前 497 年，时为鲁定公十三年，55 岁的孔子离开了鲁国，他可能不会想到，此一走，将是漫长的十四载，且将永远离开自己念念不忘的权力中枢。

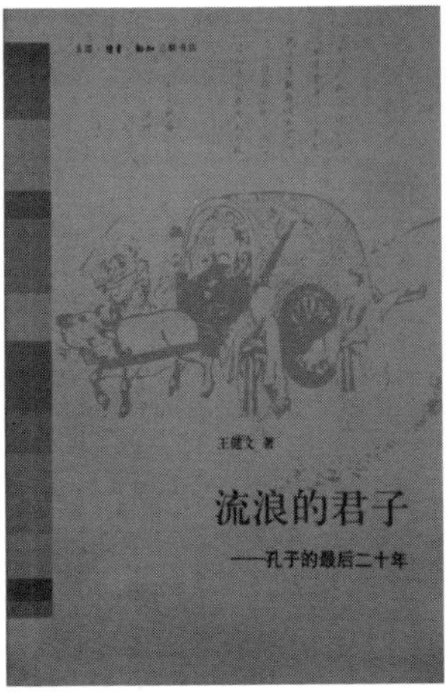

这已不是他第一次以流亡者的身份踏上异国的土地。公元前517年，即昭公二十五年，因鲁国内乱，孔子就跑到齐国度过了几个春秋。

现在，借助于孔子流落他乡，我们可以简单讨论一下，这个日后的大成至圣先师到底是一个什么样的人。如果用一句话来概括，孔子的一生，是学习的一生。按照他自己的说法，“吾少也贱，故多能鄙事”。但孔子好学。他希望通过学习，成为文质彬彬的君子——君子而不是圣人，才是他一生的追求。不过，君子只是孔子修身的一个目标，更大的目标是仕。在春秋时期，当官或说从政似乎是唯一的、高尚的出路，孔子丝毫不掩饰他对政治的热爱。就孔子而言，“博雅君子唯一的凭借是知识，但是知识缺乏自我实践的能力，实践的动能在权力”，在《流浪的君子》中，王健文总结说，从孔子以来的儒家莫不是如此理解的。

孔子当然也是如此理解的。

所以，他四处游荡、漂流的目的，在一次闲谈时透露给了自己的学生：“吾待贾者也。”他等到了吗？没有。这样一个名满天下的君子和学人，屡屡不见用于人，不得不丧家犬一样，在列国间风尘仆仆地穿梭，以至于连最忠心的学生子路都生气了。下面的描述很形象地折射了师徒一行的困境和分歧：

> 在陈绝粮，从者病，莫能兴。子路愠见曰：“君子亦有穷乎？”子曰：“君子固穷，小人穷斯滥矣。”

孔子不见用，不是他不能干。51岁，孔子任中都宰，治理一年，四方则之。52岁，升小司空，摄相事，因在夹谷会上维护了国家利益，名动天下。53岁为大司寇，政化盛行，国人诵之。这样一个人，为什么流浪呢？原因在于，他是一个理想主义者。孔子的学问分为两个方面，向内的是为人，向外的是为礼。这两个维度分别被孟子和荀子发展了，一个成为仁学宗师，一个称为礼学大师。虽然后人以内圣外王协调之，但只是一个幻想而已，圣和王永远不会也不可能兼得。当权者既不想做仁人，也不想从周礼，而孔子又不妥协，“不能为了急于行道，却牺牲了更高的理想”，就只有恋恋不舍却又毅然决然地出走。

现在，我们就知道孔子是一个什么人了，他是一个自我流放者。

只有一个自我流放的人，才会对故国、政治念念不忘却又不甘于同流合污；只有一个自我流放的人，才会在面对危难时发出“天生德于予，桓魋其如予何”“知我者，其天乎”的千古悲叹；也只有一个自我流放的人，才会既要“道不行，乘桴浮于海”，又收缩己意去见南子。

当“吾道穷矣”时，死亡是对一个人最大的成全。所以，孔子才会梦见周公。

◎**书架**　钱穆：《孔子传》；何新：《孔子年谱长编》《圣者·孔子传》《论孔学》；蔡尚思：《孔子思想体系·孔子哲学之真面目》《十家论孔》；周予同：《孔子、孔圣和朱熹》；芬格莱特：《孔子：即凡而圣》。

《管子》

管仲，春秋时期的政治家、军事家。孔子和孔明都很推崇管仲，原因在于，管仲提出了尊王攘夷，将齐桓公培养成为春秋第一个霸主。管仲被誉为“圣人之师”，在孔子和孔明这些人心里，他就是自己渴望而不可得的现实版周公。

管仲被比为法家先驱，这值得商榷。如果确是法家，和商鞅比较起来，一个是重商派法家，一个是重农派法家。前者奉行市场经济，后者推重计划经济，如是而已。传其为《管子》一书，不确。当是战国末期稷下道家尊崇管仲之作的集结，现在通行的本子是刘向编定的。原有八十六篇，今存七十六篇，个人揣测，该是士人模拟管仲之口吻提出的治世之策。从书的内容看，管仲能提出挟天子以伐不敬，是有一整套改革措施配套的，这套措施的关键词，就是重商。

《管子》的思想基础是精气为万物本源的学说，在他眼里，世界是物质的。基于此，《管子》的政治思想是顺民心、利民生，“夫霸王之所始也，以人为本，本理则国固，本乱则国危”。在《管子》的措施中，“轻重”这一概念广泛用于货币、价格、商品、贸易等方面。《管子》指出，“凡是治国之道，比先富民”，防止贫富悬殊。由是，“轻重鱼盐之利”及“徼山海之业”，提倡影响万代的盐铁官营，并第一个提出国营娼妓制度。《管子》认为，货币是国家干预经济的工具，“五谷食米，民之司命也；黄金刀币，民之通施也。故善者执其通施以御其司命”。“先王以守财务，以御民事，而平天下也。”因此，设置专管货币的机构，推行统一货币——齐刀。不仅如此，《管子》还提出以商利战，成功实施了衡山之谋、阴里之谋、菁茅之谋等货币战争。

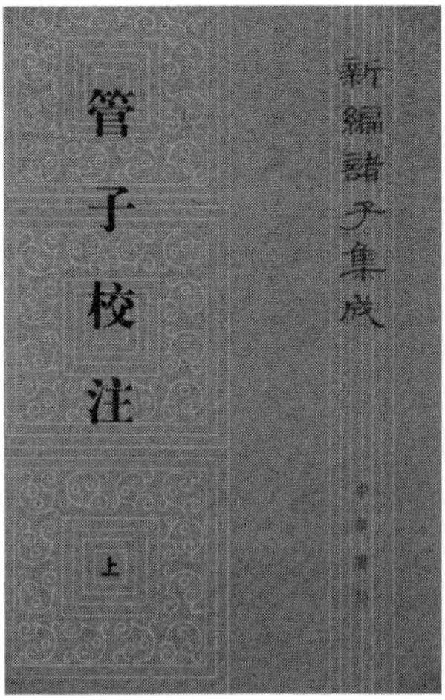

因此，我们从管仲的实践和《管子》一书可以看出，先秦时期，至少存在着两种富国强兵而霸王的进路，这就是管仲的藏富于民的民生主义路线和商鞅的藏富于国的国家主义路线，而且都成功了。

至于孰优孰劣，就得考虑时势了。

◎**书架**　陈鼓应：《管子四篇诠释》。

《商君书》

儒墨是显学，但促成大一统的，却是法家。法家不过是儒家一个分支，有些东西，变通下就可以富国强兵，法家即是一例。

《商君书》是否商鞅所作，尚无定语，不过反映了商鞅一脉的变法思想，当是确实。秦孝公想变法，“恐天下之议我”，遂找显臣咨政。商鞅对曰，三代不同礼而王，五霸不同法而霸，治世不以一道，便国不必法古，世事变则行道异也。这种“以时而定”的思想，打动了秦孝公。商鞅的法令，集中起来就是两个字，一曰农，一曰战。农者，针对秦国地大物博的特点，颁垦草令，鼓励开荒，限制工商，把山林湖泽收归国有。战者，男女老少全民皆兵，编为三军，协同作战，无战事时，则百姓都搞农耕。也就是说，国家的一切经济基点，即“归心于农”。这是一种典型的计划经济。我们一定要明了，历来计划经济的推行，都依赖于高强度法令，即酷令。

商鞅针对“人情好爵禄而恶刑罚”的天性，一方面，奖励农战，利禄官爵均出于农战一途；一方面，对作战失败或畏战者严惩不贷。商鞅不仅愚民，认为愚农不知，不好学问，则务疾农，而且骂儒，认为礼乐、诗书、善修、孝弟、廉辩，用了国就会亡，不用就可以王天下。商鞅的主张少论鲜教，都是硬邦邦的干货，这就难怪秦国一步步平四海、扫六合。后代司马迁、班固、苏轼等，对商鞅贬斥有加，这是道德立场，不足为信。不过，商鞅身死、秦朝覆灭还是值得讨论。变法的核心，其实是利益分配问题，这是任何一个变法者必须面对的。一个卫国人，跑到秦国变法，要想搞起来，除了依赖强权，还不能回避派系。商鞅的死，说白了，就是在“明法”过程中得罪了人。因此，商鞅败了，他的法却还在推行。

至于将秦亡于二世，归于“以重刑峭法为秦国基”，恐怕也是儒家附加之词。秦朝灭亡的原因很复杂。不过，形式统一、萧墙之乱与四野不平叠加，当是主因。

◎**书架**　高亨：《商君书注译》；朱永嘉：《商鞅变法与王莽改制》；王耀海：《商鞅变法研究》。

《孟子》

《孟子》是一本福音书。在先秦思想家中，只有这本书高扬人民主体性，与权力始终保持着内在紧张感。奠定《孟子》思想基调的，是作者的“心”学观。

孟子，战国晚期邹国人，被誉为亚圣。孟子和孔子的际遇几乎一样，短暂出仕，聚徒讲学，游历列国，退而修书。与孔子贵族式的圆通温和不同，孟子一生是士人式的高亢耿介。身处崩坏时代，他胸怀“欲平治天下，当今之世舍我其谁也”的使命感。孟子致力养浩然之气，以大丈夫自况，在思想史上，第一个赋予了“气”以价值和伦理，从而使自然人和道德人成为一个和谐的生命形态。从《公孙丑上》章可见，孟子把心作为道德判断的依据，认为志能统气，而志则是心的展现。在孟子的视域和道德宇宙中，心的价值自觉具有普遍必然性和独立自主性，由是，孟子赋予心以优先性。在心和气的讨论里，孟子主张“形色，天性也；惟圣人，然后可以践行”，这种人格美的追求，恰恰成为孟子王道、仁政的伦理学基础。

《公孙丑上》篇，专门讨论了心之四端，孟子把心的普遍必然性作为政治能否修明的关键点，也就是说，德性主体的扩充和实践，最终将在政治和社会领域中展开：政治和社会领域，是心扩展而来的道德的社区。这样，自然而然地演化出“民为贵，社稷次之，君为轻”的民本思想。我们可以看出，孟子思想之所以饱受学者批评，汉后不彰，宋后导向心学，明代被帝王忌惮，根本原因就是他发现了政治的主体是人民而非国君，不仅倡导“闻诛一夫纣也，未闻弑君也”，而且认为“君有大过则谏；反覆之而不听，则易位”。

在王权格局下，这种乌托邦思想，只能使孟子成为“内在的移民”，无法实现消极的自由。

补充闲话一句。朱元璋删《孟子》，并不是小题大做，他怕的不是民，是懂得《孟子》的知识分子。

◎**书架**　朱熹：《四书集注》；戴震：《孟子字义疏证》；杨伯峻：《孟子译注》；黄俊杰：《孟子》；南怀瑾：《孟子与尽心篇》《孟子旁通》；熊逸：《孟子趣说》；杨泽波：《孟子性善论研究》。

《荀子》

荀子是孟子的晚进，但其对“亚圣”并不待见。究其因，非是在孔子的学习园地里同室操戈，实是两人学术旨趣大异。不过，孟子和荀子，一个归仁，一个归礼；一个性善，一个性恶。但最后都导向一个乐观的理想国，这就有些意思了。

观察荀子，有三个重要对比，即他王霸之别偏于王，仁礼之辩倾向礼，天人之分重于人，这是他论学的逻辑思路。《荀子》二十四章，都是政论体形式，和《孟子》充满活力的对话体不同，该书结构严谨，论证严密，是一个严肃的老夫子讲的二十四堂政治课。荀子的性恶论，是以善为价值的，他直指普罗大众的日常生活，“今人之性恶”，强调国君要重视人自私自利的合法性本能，解决办法，就是以“礼义法度”来“定分止争”。荀子理想的最好境界是礼，只有不断学习，“学至于礼而后止”，才能将礼义法度内化于心即人的主观能动性，实现自我遏制。这种与孟子“内圣”不同的“外王”之道，实际上和弗洛伊德“超我”校正“自我”、孟子“外铄”理论有异曲同工之妙。

不过，荀子的性恶论和基督教的原罪论、佛教的慈悲论不同，它不关心来世和天国，直接指向今世和人间，是人本主义和现实主义的。

孟子和荀子的差异，在于人性基础上的心和道的逻辑思维不同。孟子的心是超越的，形而上的，心可以知性、知天，具有创造意义；荀子的心是社会的、形而下的，心是接受人间经验的认知心，具有接受意义。孟子的道是主体的、超时空的，可以贯通天人二界；荀子的道是客体的、在人间的，只能落实在人间情境中。“国之命在礼”，荀子是先秦时期最后一位思想大师，在他的带动下，李斯、韩非“以礼入法”，竟促成了第一个大一统。

荀子生于赵，学于齐，游于秦，终于楚，一生倡导君本，创造了中国政治的实际操作程序，这是他的贡献，也是他的局限。

◎**书架** 王天海：《荀子校释》；梁启雄：《荀子简释》；杨艾路：《解蔽与重构——多维视界下的荀子思想研究》；陈默：《荀子的道德论认识》。

《韩非子集解》

韩非子的思想简洁、直接、可操作，就是手把手教人怎么样当老大，做国君。秦王嬴政读了他的作品，连连感叹“寡人得见此人与之游，死不恨矣”。为了得到他，甚至兵临韩国，索要《韩非子》作者。在这个意义上，韩非子才是千古唯一的帝王师。

韩非子，韩王之后，口吃，善文，因条陈不被采纳，便著述以求闻达。韩非子除了继承了老师荀子的性恶论，其他基本都抛弃了。他的思想里，集合了商鞅的法、申不害的术、慎到的势，成为法家的集大成者。韩非子还自认老子为师（学以辩证法为主），但由形而上转形而下，直指人间秩序，“道可道，

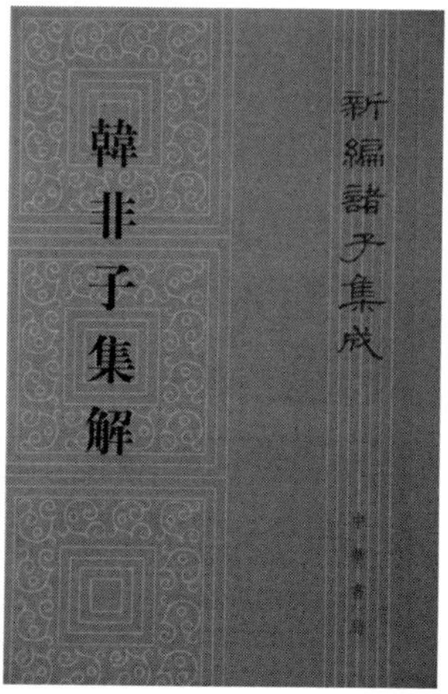

谓经术政教之道也”，形成了自己的“君人南面之术”。

韩非子对儒家的法先王极其蔑视，直接否认了儒家的道统，认为“然则今有美尧、舜、汤、武、禹之道于当今之世者，必为新圣笑矣”。他的思想观念是：“圣人不期修古，不法常可，论世之事，因为之备。”这一点，倒是和荀子的法后王有相似之处，“今欲以先王之政，治当世之民，皆守株之类也”。不过，他反对复古之路，走得更远。作为一套博大宏伟的帝王术，《韩非子》反对天命，主张天道自然，认为道先于天地而存在，“道生法”，并第一次提出了“理”这个概念，“道者万物之所成也，理者成物之文也”。

韩非子重法，提出“以刑止刑”，强调严刑、重罚，“法不阿贵”，主张“刑过不避大夫，赏善不遗匹夫”。韩非子是中国的马基雅维利，他们都主张君主专制，强调国家利益至上，政治高于道德。在韩非子的视野里，政治就是治人术、阴谋术。而且，经韩非子总结，三纲正式成为专制主义的基本内容，“臣事君，子事父，妻事夫，三者顺则天下治，三者逆则天下乱，此天下之常道也”。

《韩非子》一书，直接奠定了中国数千年政治治理的基本框架。这一点，至今尤有影响。

◎**书架**　陈奇猷：《韩非子新校注》；马基雅维利：《君主论》。

《庄子》

我们读《庄子》，掌握一个概念就足够了。这就是他在《人间世》中借孔子之口阐述的“心斋”。心斋，指空虚的心境，即以清净、自然的心态对待我们所处的世界。

大家都知道，中国的哲学是一种一元、自因性的时间哲学。在这个观念中，没有超越的本体，只有鲜活的、胡塞尔所说的“生活世界”。面对这个世界，孔孟的态度是为，老庄的态度则是无为。庄子认为，心虽无形，但确真实存在着，是形的真君或主宰。不过，世俗的心常常被形支配着。因此，应该“以其知得其心，以其心得其常心”。翻《庄子》这本书，我们可以忽略逍遥、养生（身）和齐物这些概念。这些概念背后，其实都是庄子在阐述自己的生活态度，即离形去知，以“坐忘”，达心斋。庄子并不是虚无主义者，面对时间和生活，他选择的是“无用”（《人间世》）和“寓诸庸”（《齐物论》）。我们不要被这两个词语迷惑，在庄子眼里，这正是有用（《逍遥游》）的，即可以远离世俗世界，让自己的心灵逍遥，从而得以全生，哪怕是自残的。

在道德和政治秩序面前，庄子是清醒的，也是孤独的，但他不去国、离乡、背家，而是选择了心斋：隐居在自己心里。庄子的心斋是

忘形，形“陆沉”，心“逍遥”，通过赋予心一种自主，实现人间清浊或限制的过滤。正是如此，才有了小隐隐于野、大隐隐于朝之说。庄子并非没有救世之心，而是因为身处乱世，此心不得以实现，只好退求自处，通过齐通万物，“游心乎德之和”。心斋的核心思想，可以解释为“形莫若就，心莫若和”。其实，我们每个人都面临心和形的问题，都有达则兼济、退则固守的一面。而庄子的思想，就是把我们内心里不为人道的东西揭露出来。

在先秦思想家中，来自宋国的庄子是最成功的，因为他的学问，在魏晋时同化了佛学，在两宋同化了儒学，这一点，是任何人都没有做到的。

◎**书架**　陈鼓应：《庄子今读今译》《庄子浅说》；郭庆藩：《庄子集释》；张文江：《〈庄子〉内七篇析义》。

《楚辞》

文人多悲身，他们的孤独、游离和痛苦，恰恰是文学的沃土。此一点，在《楚辞》里表现得淋漓尽致。《楚辞》虽主体多样，但主旨却是怀才不遇：这大约是文人的通病。

《诗经》和《楚辞》是中国文学之祖，并列现实主义和浪漫主义源头，一北方，一南方（地方性的？）；一写实，一想象；（现实的？浪漫的？）一民间诗歌，一个人吟咏；（集体的？个人的？）一教化，一抒情；（政治的？文学的？）两者的区别，大抵如此。由是，最受历代文人重视。

沈约在《宋书·谢灵运传论》中就说：“是以一世之士，各相慕习，原其飙流所始，莫不同祖《风》《骚》。”后人则以“风骚”代指诗歌，以“骚人”称呼诗家。“楚辞”之名，最初见于《史记·酷吏列传》，本意指楚地的歌辞，以后专称以楚国屈原创作为代表的新诗体，最早的本子是西汉末年刘向编定的。《楚辞》运用楚地方言声韵，与《诗经》四言体不同，其句式灵活，时而夹杂方言，大略可以分为屈原创制的骚体和宋玉创制的赋体。前者多用兮，两汉魏晋乃至中晚唐都有承袭之人；后者多用对偶、用典、声律、词藻来言志、抒情，形成了骚体赋、汉大赋、骈体赋、白话赋等传统。

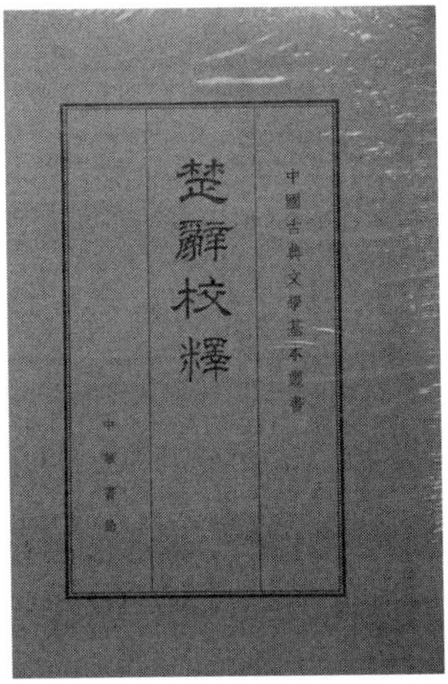

个人的观点，楚辞就是有韵之文，似诗非诗，非诗似诗。当然，也可以说是创造性诗体，拓宽了诗的表现形式和领域。梁启超曾说，必须有欣赏《楚辞》的能力，才不虚生此国。但《楚辞》难读，实为世之公认。

◎**书架** 朱熹：《楚辞集注》；洪兴祖：《楚辞补注》；张炜：《楚辞笔记》；马银琴：《两周诗史》。

《山海经》

《山海经》是中国乃至世界文化史上的第一等奇书。奇就奇在这本至今找不到作者的三万字的书，有人归之地理类，有人归之历史类，有人归之科技类，

有人归之宗教类，有人归之文学类，异言纷纷，莫衷一是，有迷踪拳的意思。

《山海经》通行的本子是西汉刘歆编定的，现代神话学家袁珂认为非一时一人之作。其中《山经》五篇，以四方山川为经，记录古史、草木、鸟兽、神话、宗教等；《海外经》四篇，记录海外各国奇闻风貌；《海内经》四篇，记录海内神奇事物；《大荒经》四篇，主要记载了与黄帝、女娲、大禹等有关的神话资料；最后一篇《海内经》，是全书地理状况的总结。书中，记录了100多个邦国、550座山、300条水道、100多个人物、400多种异兽、137种药物，称得上是一部百科全书。

个人认为，《山海经》最大的贡献，是保留了远古中国的神话谱系，即炎帝谱系、黄帝谱系和帝俊谱系。这些神话谱系不是创世的、起源的，而是英雄的、战争的，这无疑与中国文化的基本价值取向契合。特别是关于帝俊的描述，可以推想他是东部部落的始祖神。至于帝俊部落为何漂移四方，可能与战争引起的氏族迁徙有关。在后世的神话谱系中，帝俊消失不见，则可能是政治或文化的意图：第一，占据中原的黄帝部落才是正统，帝俊成了“九黎乱德”的一部分；第二，颛顼命“绝地天通”，奠定专政的神话基础。由是，帝俊成为湮灭的失败者。

既然《山海经》如此重视帝俊，且某些地理特征与山东概似，书中又特别重视祭祀，尤其需要说明的是，《南次三经》记载：“有鸟焉，其状如鸡，五采而文，名曰凤皇，首文曰德，翼文曰义，背文曰礼，膺文曰仁，腹文曰信。是鸟也，饮食自然，自歌自舞，见则天下安宁。”这与郭店楚简子思《五行》篇有重合之处，是不是可以推测作者是齐鲁之地的儒士？如果这一设想过于大胆，《山海经》经过儒生整理，当无疑问。个人甚至推测，帝俊两个妻子分别生下十日、十二月，应该与十天干、十二地支干涉莫大。这对我们重新思考远古历法应该极有帮助。

注：写完最后一句，查阅天干地支说材料，郑文光在《中国天文学源流》已有此论述，虽属巧合，亦足以喜。

◎**书架**　袁珂：《山海经校注》；郭璞：《山海经笺疏》；刘宗迪：《失落的天书：〈山海经与古代华夏世界观〉》。

谢茂松　《大臣之道——心性之学与理势合一》

《大臣之道——心性之学与理势合一》作者的目的，是借王夫之之口，由如何做一个古代的好臣子，带出如何做一个现代的好官僚。

王夫之认为，大臣是治道之枢机，是政治的实际操作者。“国必有所恃以立。大臣者，所恃也”，由于大臣任天下之重，王夫之提出了基于高品格而衍生的“大臣之道”。这一道，在王夫之文章中自有阐述，但核心思想，则是心性之学与理势合一观为一。一言以蔽之，即内圣外王之道。内圣修己，是谓明体；外王安人，是谓达用，由内而外，一体贯通。王夫之的大臣之道，意味着在心上下功夫。至于术，则是“心之所生”：心是术之本，术在心之内。这一论说，自然是建立在性善论的哲学基础上。王夫之认为性是心之主，性本身无为，需要于有为之心上主动发出，由此可见，性是中国政治传统和政治哲学的出发点。

王夫之借此把“正心”落实在孟子所说的“持志”上，而“持志”在于“纯

一于善”。只有恪守心性之学，发而向外应世、通变才能得乎时中之道，使天下事事之处理皆得其宜（达到善）。王夫之列举了四种臣子，认为有私心、私利，不足为社稷之臣，真正的大臣，当制治于未乱，不好言、不好听而民不知感，坦然无我之大用，唯正而已。王夫之的大臣之道深深植根于理学道统，但如何避免空谈心性，而使心性之养在政治中得以落实呢？王夫之的解决方案是志、量、识和心有广大深远之术。由此，在王夫之心目中，古往今来得有大臣之道的，不过几人，甚至连范仲淹、司马光、诸葛亮都在受批评之列。

作者写这本册子的目的，不仅要借王氏学说解决现代干部选拔中的德才兼备问题，其终极目标是指向建立一种经学政治学、史学政治学，以甄定中国的政治道路。其中关键，就是经学为体，史学为用，经学之道、理在历史之势中展开，衍生出中国式的治道（礼教）。在书中，作者明显对现代政治学不熟悉，更遑论人才选拔问题。先不管作者的立论是否正确，以史观之，中国一直奉行内圣外王之道，以道统克制政通，而屡屡不得其要，以王夫之不足十个恪守“道”的臣子论，足见其现实之困、实施之难，非一个心性可以一股脑儿解决。

也就是说，心性学是被历史证明失败了的。王夫之的思想没有跳出朱王之框架，根本不足以师法。这一点，同时代的黄宗羲则走得阔达而远。他指出，专制是“大害”，应以“天下之法”代替“一家之法”，这种思路，才是近代民本主义的滥觞。

王夫之之论是将盛世寄托在圣王、贤人身上，其情可悯，其言可怜。

◎**书架**　王夫之：《船山遗书》；黄宗羲：《黄宗羲全集》；《船山遗书》。

梁家荣 《仁礼之辨：孔子之道的再释与重估》

剔除作者借用的国外多学科分析框架，《仁礼之辨：孔子之道的再释与重估》的主要目的，是重释孔子的主要思想，并评估孔子之道是否适用于当下。他的意见是：重释必须以孔子的论述为依据，而儒家基本上没有现代意义。

作者首先“原儒”，认为孔子是“儒”字含义古今异的一条分界线。以孔子为例，他是一个儒（以教习“礼乐”为主要内容），却不是儒家，儒家是“宗师仲尼，以重其言”的后学。针对仁与礼的关系，作者列举了孔子之道中仁本说、礼本说、仁礼并重说，认为，仁与礼是有从属关系的，仁是礼的必要条件，礼是仁的充分条件，如司马迁云：“孔子之时，周室微而礼乐废。”孔子之道，在于修起礼乐。礼本身既有描述式含义，还有评价性含义，但无论如何，传自于周的礼，是古代圣王制定或后人效仿的一种历久不变的行事方式，仿效先王所遗贻的典范，就是礼。作为“国之干”的礼，其枢纽是身份（如父子）、地位（君臣），这就是说，古代礼制预设了人的区别。

经过分析，作者指出，古代的道德和现代的道德不是一个概念。比如德，在先秦文献中，既指描述式的行为倾向，也指评价式的好或自得。当然，也有合二为一的概念，这个概念最初是周王室的官方论述，后来被儒家继承。作者还指出，义和礼是通用的，都是关乎各人在社会上身份与地位的界定。至于义和利，虽有利之大小和公私之分，但总体上，二者不是相对的，而且，义是“利之本”。作者还指出，在孔子眼里，仁的地位并不高，还不如圣和知礼，仁的基本意义就是爱人，至于“仁者，浑然与物同体”，则是后代（程明道）偷换和扩大了概念。孔子提出仁来，关注的还是“人”的群体性特征。总体而言，作者认为，孔子之道的枢机，是以复礼（周礼）为基本主张，以之实现“治”，这套主张与以“法”等实现“治”，是路径的不同。他指出，礼治与法治孰优孰劣，不好评价，唯有根据效果才能判断。也就是说，孔子所欲保持的周礼，不再适用于今日社会，也没有恢复的可能。

尽管作者很多观点值得商榷，但从“原儒”和元概念出发考察孔子的真实之道，却是值得肯定的。

◎**书架**　顾立雅：《孔子与中国之道》；高崇文：《古礼足征》；吴立娱：《礼与中国古代社会》。

〔美〕乔治·凯林、凯瑟琳·科尔斯　《破窗效应》

本书所描述的是：如果一个房子的窗户破了，没有人修补，不久，其他的窗户也会莫名其妙地被人打破。一个干净的地方，人们不好意思丢垃圾，一旦地上出现垃圾，人们会毫不犹豫、毫不羞愧地遗洒。这就是破窗效应。它所引出的暗喻是，一些小的违规，当达到某个临界规模时，在地方社区会引发恐惧，并最终引发伴随失序而来的更严重的犯罪、衰败和腐败。而这些，正严重威胁着美国的都市生活。

在书中，作者结合大量案例分析了一扇破窗距离犯罪有多远，以及重新恢复秩序所要付出的努力。如果读者仅仅停留在这里，显然低估了这本书的价值。自由和群体（我们可以以个人与集体、自由与民主等类似概念替代）的冲突，构成了现代政治学最根本的分歧。自由捍卫者认为，社会是有自由选择权的个体组成，不得干涉。而群体捍卫者认为，自由只能存在于合理的秩序环境中。这种冲突，不可调和地延伸到社会生活的方方面面。

由此而生的疑问是，假如有人跳广场舞，有人则以高音喇叭回应，在这样的公共领域，该以何种方式和何种程度来规范？基于美国的研究表明，一个公共领域，不只是人口数的总和，而是一个复杂的互动模式。随着互动的规模和频率增加，风险也大幅度提升。目前，公共政策已偏向个人自由最大化，偏离强制性的社区控制，因此，小失序会引发大骚乱。

我的一点想法是，国家是一种活的工具，它面对秩序被威胁的境况，将会出手，这点确定无疑。如此，当我们获得更多的个人权利时，如何看待公共领域甚至国家的权利，将决定暴力工具干涉的力度和范围。上述，已被或将被证明。

作为一个社会动物，人是政治的，还是政治是人的，将永远界定着我们和国家的边界。

◎**书架** 拉兹：《公共领域中的伦理学》；哈贝马斯：《公共领域的结构转型》；克雷格·卡尔霍恩：《激进主义探源：传统、公共领域与19世纪初的社会运动》；约瑟夫·拉兹：《公共领域中的伦理学》。

新知文库趣书较多，可挑而阅之，据闻，有人以收藏全套为乐。

李伯重　《唐代江南农业的发展》

李伯重和虞和平是我最敬重的经济史学家，这里先谈谈前者。通过史料分析，李伯重在《唐代江南农业的发展》一书中提出了唐代江南农业变革的观点，认为在唐代前，黄河中下游平原一直是中国最重要、最先进的经济区；唐代中晚期，江南经济区开始崛起；到宋代，成为中国经济重心所在；其格局和影响，直到今天。

需要说明的是，李伯重所说的江南，是其时的苏、常、润、湖、杭五州和浙东越、明两州。以这个范围作为观察点，基于两点，一是地理上的完整性与内部自然条件的一致性，二是内部经济联系的紧密与经济发展水平的接近。古代农业发展首先表现为量的扩大，然后才是技术革新、生产率提高带来的质的飞跃。作者指出，在水利、农具、牛耕等生产技术的推动下，江南出现了集约化水稻农业，与此相适应，农村副业呈现出普遍化、专业化、商业化趋势。如农户谷物总产量，六朝时，亩产量是 1.4 石，唐代则达到 3 石。又如农户绢总产量，六朝时是 10 匹，中晚唐则为 14.4 匹。

对于唐代江南农业的发展，结合李伯重的研究，可以归结出一条线性的历史。东汉末年和三国时期，江南的局势相对稳定，战乱较少。六朝偏安南方，北方陷入兵荒马乱。也就是说，整个魏晋南北朝时期，南方相对稳定，为农业集约化生产提供了一个肥沃的试验区域。虽然这个时候，南方经济力量无法与北方抗衡，但进入盛唐以后，河北、山东战祸连年，其他区域也处于割据状态，江南农业地位越来越重要，已成为赋税主要来源。第五琦说："赋之所出，江淮居多。"唐宪宗说："军国费用，取之江淮。"

唐宋江南农业变革，是有连锁反应的。自此时起，中国的经济中心和教育中心，特别是商业和物流，一直以江南地区为领头羊，并开社会风气之先。

◎**书架**　李伯重：《江南的早期工业化（1550—1850）》；黄宗智：《长江三角洲的小农家庭与乡村发展》《华北的小农经济与社会变迁》《经验与理论：中国社会、经济与法律的实践历史研究》《中国的隐性农业革命》；王国斌：《转变的中国：历史变迁与欧洲经验的局限》；彭慕兰：《大分流》；岸本美绪：《明清交替与江南社会》。

《鬼谷子》

战国末期，秦强，诸国弱。七国的命运，掌握在两个主角手里：一个是苏秦，一个是张仪。这两个人最大的本事，是可以凭三寸不烂之舌，收诸王之心，退百万雄师。其中，苏秦"合众弱以攻一强"，是纵，其佩六国相印，拒秦十五年；张仪"事一强以攻众弱"，是横。最终，横破纵，六国联盟亡，秦统一。由是，二人被称为纵横家。这两个人，阵营不同，理念一致，嘴巴都很厉害，且为一师之徒，他们的老师，就是鬼谷子。中国古代最成功的老师，就是鬼谷子。据说，

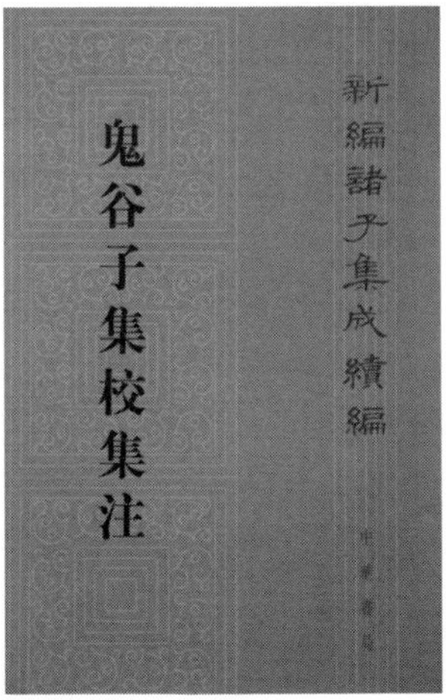

孙膑、庞涓也是他的门徒。

现在，关于鬼谷子的生平已不可考，只知其出身道家，留下一本《鬼谷子》，成为“智慧禁果，千古奇书”。《鬼谷子》的精髓，是“智用于众人之所不能知，而能用于众人之所不能”，“潜谋于无形，常胜于不争不费”。在诸子百家、三教九流中，最实用的就是鬼谷子的思想，其主旨是用“口”，也就是游说，实现自己的意图。所以，纵横家都知大局，善揣摩，通辩词，会机变，全智勇，长谋略，能决断，也就是说，他们善于通过揣摩对象心理进行游说，运用纵横捭阖的手段，或拉拢或分化，见机行事，力求“变动阴阳”，从而达到“以柔弱胜刚强”的目的。

在这个意义上，《鬼谷子》是心理学著作，也是话语学著作。更是权谋学著作，它远比市面上流行的各类大全和厚黑学要高明。在纵横家眼里，没有不能去的地方，没有干不成的事情。有意思的是，诸子百家都致力于解决统一问题，但只有纵横家实现了：这也是一个时代个人智力解放的终极表现。需要指出的，儒家对纵横家的思想很排斥。但史料记载，很多儒生都把《鬼谷子》当作成功学，偷偷研习。苏秦和张仪，是以职业政治外交家的形象，在国与国之间活动的。特别是苏秦，被人刺杀，临死前，居然设计捉住了凶手。

这样看来，《鬼谷子》究竟是一本什么书，还真不好定性。

补充一句，说客不好当。郦食其是汉王刘邦的谋士，其游说齐王田广停战，而汉却赓续攻齐，田广大怒，将之烹杀。1991 年出品的《淮阴侯韩信》中，郦食其很敬业。被烹前，嘴里兀自念念不休。

有意思的是，《鬼谷子》被现代人当成“葵花宝典”了，鸡汤书比比皆是。似乎只要学会了，都能赚大钱、撞大运。

◎**书架**　李宗吾：《厚黑学》。如果延伸，可读马歇尔·卢森堡：《非暴力沟通》；彼得·迈尔斯、尚恩·尼克斯：《高效演讲：斯坦福最受欢迎的沟通课》；戴尔·卡耐基：《沟通的艺术》。

〔日〕冈田英弘　《世界史的诞生》

1206年，铁木真被推选为蒙古部落的最高领导人。在日本学者冈田英弘看来，这一事件，是人类文明真正进入世界史时代的标志。

和张光直世界文明中只有中华文明未曾中断过的观点不同，在《世界史的诞生》中，"东京文献学派"第四代代表人物冈田英弘以有历史记载为由，认为人类文明中，只有西方的地中海文明和东方的中华文明是有历史传统的，它们分别以希罗多德的《历史》和司马迁的《史记》为视角，区域性认识、理解和对待世界。前者描述亚欧战争，认为自己是善的、上帝的，是神的，世界是欧洲的善（上帝）与亚洲的恶（撒旦）相互对立的战场，暗含了一种对立的历史观。在这种二元论下，十字军东征、大航海、二次世界大战、海湾战争都是欧亚敌视的产物。后者提供的是一种历史的正统观，这一观念源于皇帝制度发展的极限的现实，天下间存在唯一的正统（中国对世界的统治权），正统的传承便是传统，每个时代公认的正史全都沿袭《史记》的形式，记述以皇帝为中心的世界，这个观念框架中，是上下之分，内外之别，尊卑之隔。

必须要说明的，冈田英弘与超越民族主义的"新清史"学派理念是一致的，即强调消解国族区隔、东西界限特别是汉族中心主义，将众多边地民族跻身历

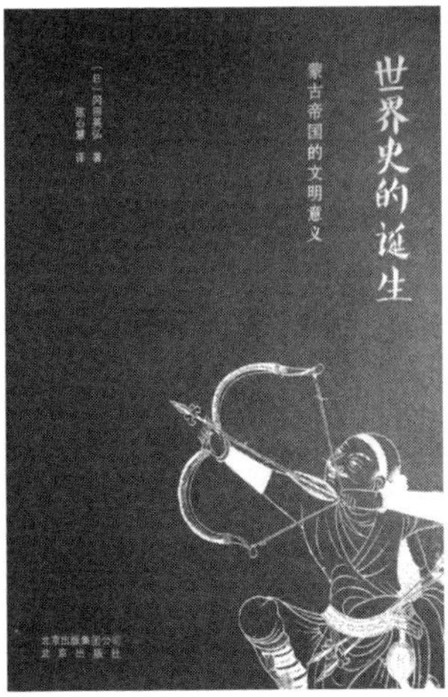

史大视野聚焦的中心。由此，作者的核心思想是以中央欧亚世界为中心叙述世界史：中央欧亚草原之道从希罗多德时代开始，就是民族迁徙的路径。公元13世纪，蒙古帝国在连接东方中国世界和西方地中海世界的草原之道上建立了秩序，现代亚洲和东欧各国就此诞生，这是单一世界史的开始。与此同时，由于蒙古帝国独占了欧亚大陆的陆上贸易，其外围的欧洲人和日本人被逼开始了海上贸易，历史的主角由大陆帝国转移到海洋帝国。其影响在于，美国、日本、欧盟等是蒙古帝国统治以外的海洋势力，而苏联、中国等则继承了蒙古帝国的大陆势力，后者以顺从秩序为统合手段，不适合个人的自发性和责任感为前提的资本主义。

作者的雄心，是在界定草原民族特别是少数民族的主体性地位基础上，重新发现世界史——这就是蒙古史的意义。在这里，尽管历史有被过度打扮之嫌，但角度新颖，值得推崇。推荐“新清史”四书：《半透明的镜子》《满洲之道》《满与汉》《最后的皇族》。

需要说明的是，冈田英弘是“新清史”领军人物欧立德的老师。

◎**书架**　杉山正明：《蒙古颠覆世界史》《蒙古帝国的兴亡》；刘凤云、刘文鹏：《清朝的国家认同：“新清史”研究与争鸣》；巴菲尔德：《危险的边疆：游牧帝国与中国》；狄宇宙：《古代中国与其强邻：东亚历史上游牧力量的兴起》；拉铁摩尔：《中国的亚洲内陆边疆》；森正夫等：《明清时代史的基本问题》；韩瑞：《假想的“满大人”》；魏斐德：《洪业》；巴菲尔德：《危险的边疆》；单国钺：《中国之形成》。

桑　兵　《走进共和：日记所见政权更替时期亲历者的心路历程（1911—1912）》

日记学已成为显学，标志有三：一、近现代日记大量出版，如中国近现代稀见史料丛刊中的日记部分；二、日记之综合性和专人化研究作品迭现；三、日记成为历史和学术史的一部分。近年来，有关日记学方面最轰动的事件是蒋介石日记的开放，鉴于记录者是近现代史上具有一流影响的人物，这一事件对日记学构建的意义不言而喻。

自晚清到1949年，是日记最值得发掘的时期，除却所谓的四大日记（注：李慈铭《越缦堂日记》、叶昌炽《缘督庐日记》、王闿运《湘绮楼日记》、翁同龢《翁同龢日记》），文人中，胡适、鲁迅也喜欢逢事而记，特别是吴宓几十本日记更是蔚为大观。我购阅了几十部宋元明清和民国日记，个人惯常说的一句话是，读日记，和偷窥作者的床笫之事相若。也就是说，若干年前的风云跌宕，被我等后生小子一览无余。

在日记学的构建中，比较研究是一件趣事。比如，对同一件事的看法，难免基于立场和见解不同，褒贬取舍就有了作为历史主体的人的差异。由是，这种比较可以丰富历史的影像，弥补“宏观”史之不足，给枯燥的史料补充心理的底色。经过日记学的补正，可以平衡类群与个体、历史框架与私人视角之间的差异，进而改变历史叙事简单化、模式化和僵硬化的特点。历史注重求真，理论永远是灰色的，通过日记回到叙事的原点，未尝不是历史的一个精彩起点。

桑兵是学术史研究的大家，喜欢教人读书和治学，《走进共和》却有点儿露怯。本书虽然致力探讨辛亥革命前后亲历者的心态，奈何只限于三十八本日记的摘录，显得过于仓皇。既没有和宏观背景充分结合，格局和眼界狭窄，也没有理性且感性的文笔佐之，论述枯燥，缺乏内蕴和文养。

◎**书架**　中国近现代稀见史料丛刊中的日记部分；中国近代人物日记丛书；梁漱溟：《梁漱溟日记》；萧军：《延安日记》；顾准：《顾准日记》；《吴稚晖全集》（日记部分）；爱新觉罗·载沣：《醇亲王载沣日记》；顾宏义、李文：《金元日记丛编》。

梁　涛　《儒家道统说新探》

一千年以后，孟子活了。由韩愈首倡、朱熹和之的道统说，将他们自己与曾子、子思、孟子一脉相承，其文献资料，是根据《论语·尧曰》和《尚书·大禹谟》（伪书）整合出来的十六字心传。韩朱认为，孟子之后，儒学“不得其传焉”。特别在韩愈看来，荀子（重礼，偏于外王事业）、汉儒俱为“邪门歪道”，而自己才是内圣之仁学的真正继承人。韩愈在“儒门淡薄”的颓势下，辟佛老而扬仁义，这一替儒学找出路的做法，被宋明理学家无条件认可。令人捧腹的是，朱熹又把韩愈排斥在外。

虽然学界如唐代杨倞等，也曾提出包含孟荀的道统，奈何人微言轻，不为接受。在本书中，梁涛另辟蹊径，从清华简《保训》中的“中”字出发寻找道统。认为，其记载的大禹与上甲微的故事，表达了儒家的中道思想。作者指出，古代的“中”源于宗教性的礼仪活动，是古代礼学的重要范畴。孔子在《论语》中的观念，是试图恢复周礼，而礼是旧的道统。孔子的贡献，是以仁释礼，创造了仁这一新的道统，并且试图以“中”，统一仁和礼。在孔子心目中，中与不中，是以礼为标准的。孔子之后，子思在《中庸》中提出“诚”这一德性概念，意欲统一主客观，即内仁和外礼，“合外内之道”。到了孟子，他是向内的，“尽心、知性、知天”，“与天地参”，确定了道德的主体性。这种向天道的超越过程，显然不能用“中”来衡量。而“隆礼重法”的荀子，是向外的，他视礼为是非善恶的标准和行为人伦的准则，并将“中”落实为“理”，把它作为礼的根据。

因此，宋明理学称中庸为“天下之定理”，恰恰来自于荀子。这样，荀子才是孔子中道思想的继承者。尽管作者提出的，儒家道统是仁学与礼学的结合，是内圣外王之道，也是泛道统的，与杨倞等并无二致。但他发现了“荀子”，这一点，是有意义的。

◎**书架**　周汝登、张伯行:《圣学宗传道统录》; 甘阳:《通三统》; 列文森:《儒教中国及其现代命运》; 王爱品:《道统》; 任锋:《道统与治体》; 张佩:《中国“道统”与“法统”在近代的转型研究》; 林聪舜:《儒家与汉帝国意识形态》; 陈苏镇:《中国古代政治文化研究》《两汉魏晋南北朝史探幽》《春秋与汉道》。

方朝晖 《为“三纲”正名》

小的时候，规矩很多。比如，家中来了客人，男女不同席，小孩不上桌，现在，全给“开放”掉了。说起来，一些人特别是女士觉得不可理喻，“礼”怎么可以这样呢？何止如此，自谭嗣同至五四，礼教乃至儒家，就成了“吃人”的代名词，而作为核心概念的三纲，更是饱受诟病。那么，三纲真的吃人吗？这本小册子就是为回答这个问题而写的。

作者分析了三纲的源变，认为三纲是春秋学的产物，是有感于天下大乱而开出的整治秩序和名分的药方。经汉代公羊学阐发，有了系统的大义（而非汉儒的创造）。三纲（君为臣纲，父为子纲，夫为妻纲）首先出现在《礼纬·含义嘉》中，班固《白虎通》最早进行了阐述，提出三纲是“张理上下，整齐人道”。董仲舒的《春秋繁露·基义》，通过阴阳说“纲”，以明辨君臣、父子、夫妻关系。在古人眼中，三纲“可求于天”，是“自然之理”“礼乐之本”“人伦之正”。

从董仲舒和汉儒到朱熹和宋儒，三纲从未主张无条件服从，也未主张绝对的尊卑贵贱，甚至三纲还认为只有君、父、夫“正”（以身作则），臣、子、妇才有以之为纲的可能。也就是说，纲是双向的，而非一维的。其本义是从大局出发，尽自己位分所要求的责任，只有这样，才能确立自己的人格。那么，三纲为什么变“坏”了呢？作者说，由于西学东渐，国人心态骤变，将一切罪恶归结于君权、父权、夫权，属于想象了一个敌人，以之为最大的糟粕和自由的枷锁。其实，这严重违背了历史事实，也让现代中国文化迷失了方向。三纲被妖魔化，是文化进化论的误导，也是近代社会危机在文化上的投射。

作者的基本观点是，三纲精神是一切社会秩序、人心秩序的保证，也是现代民主秩序的前提。由此，我们可以得出这样一个结论：旧三纲，可以开出新外王（秩序、人伦和民主）。

◎**书架**　方朝晖：《“三纲”与秩序重建》《文明的毁灭与新生：儒学与中国现代性研究》；徐广东：《三纲五常的形成和确立：从董仲舒到〈白虎通〉》；何怀宏：《新纲常：探讨中国社会的道德根基》。

刘　宁　《汉语思想的文体形式》

文体也是一种思想。“说什么”和“怎么说”，都暗含了道的内在规定性。我们知道，语言是具有描述性、行动性和评价性功能的，文体作为一种独特的语言或语言的独特的表达方式，同样具有上述三种“圣因文以明道”的功能。

传统士人重立言，立言要靠立论。在古代思想世界，立论有三个传统：经学传统中的注疏、经义、语录，子学传统中的论著体，文章学传统中的论、议等说理议论文体。它们各有渊源，又彼此互涉，共同构成了传统士人立言和学术思想立道的重要方式。《汉语思想的文体形式》以汉唐子学“论著”和“论”

体文这两种文体为核心，深入探讨“文”与“道”的关系。作者指出，汉唐子学“论著”在体制上源自《荀子》，思想上与荀子哲学的述圣关联莫大。“论”体文与《荀子》也有牵扯，至中古吸收佛教影响，成为理论化、思辨化文体。子学“论著”、论体文与经学解释文体在思想表达上，有明显的区分。

汉唐时期，“论”体文着重于根本义理的阐发，子学“论著”则更多地体现经验化特点。魏晋玄学兴起后，学者通常采用的文体是经典注释和“论”体文，以其大谈玄理，抒发己意，实现哲学意义上的“世事洞明”，从而做出深度的思想建树。而此时，子学“论著”则渐渐消没。随着宋代理学追求内在性的思想转型，“论”体文和子学“论著”退出了思想表达的中心领域，具有鲜明“拟圣”特点的简约的语录体、札记体大行其道。迭至近代，随着社会文化的巨变和学术体制的转轨，古今中西交融，注重逻辑、讲求体系的论著和论文，走向思想表达的核心地位。这里举几个例子。比如康有为的著述，受“拟圣”思想影响颇深，其文章格局与宋学颇为接近。章太炎虽一身“毛病”不合时宜，但学术根基以考据学和诸子学为核心，代表作《国故论衡》接近中古子学“论著”。

总的看来，传统士人乃至今天文人选择什么样的文体表达自己，是有自觉的思想意图的。

◎**书架**　吴承学：《中国古代文体形态研究》；许嘉璐：《古代文体常识》；谭帆等：《中国古代小说文体文法术语考释》；雷蒙·威廉斯：《关键词：文化与社会的词汇》。

推荐一本专业性闲书，杨伯峻、何乐士：《古汉语语法及其发展》。

杜维明 《现代精神与儒家传统》

该书为杜维明1988年在台湾大学的讲稿集，学术水准不高，很多观点似是而非，我是随手翻阅的。作者核心的关注点是现代化中的传统问题，他认为，现代化可以拥有多种文化形态的可能和必要。杜维明特别指出，西方的现代化虽在历史上引发了东亚的现代化，但没有在结构上规定东亚现代性的内容，儒家传统在塑造东亚现代性中起的作用显而易见。在杜维明看来，西方发展出来的思想，恰恰是儒家欠缺的。因此，儒家创新必须培养自我批判的智慧和能力，以充分吸取西方现代精神为发展的渠道。

我比较赞同作者在《儒家第三期发展的前景》中所说的，孔子不是儒家的创始人，也不代表儒家人格最高的精神体现。孔子之于儒家，类似于犹太教的先知。这就意味着，不能从发生学的角度了解儒学的起源。孔子的贡献在于他把儒家传统提升到一种知识分子群体的批判的自我意识的层次，并且，先秦儒家基本上是通过教育，通过思想的努力来发生极大影响的，而不是通过实际的政权形式，以由上到下的控制来影响社会的。在思想层面，作者对孔子和孟子、荀子进行了区分，认为，孔子的思想体现了对人的反思，孟子的思想体现了知识分子的自觉，荀子则从礼、法等方面鉴定人文价值。这说明，儒家不

从归约主义，不从动物性（理性的或政治的）的角度定义人。

◎**书架**　狄百瑞:《东亚文明》; 渡边浩:《东亚的王权与思想》; 崔大华:《儒学的现代命运》; 萧振邦:《儒学的现代反思》; 吴飞:《现代生活的古代资源》; 秋风:《儒家式现代秩序》; 景海峰:《经典、经学与儒家思想的现代诠释》。

《黄帝内经·素问》

因《黄帝内经·素问》是一本（现存最早的）中医理论著作，非个人兴趣所至，只是草草翻过几遍，谈不到研究，虽其语言通畅，奈何小子体味不深，此处略书几笔。

该书相传为黄帝创作，当为妄言。体例上，假托黄帝与岐伯对话体而成，实非出自一时一人之手。据推断，大约春秋战国时期初具规模。素是根本之意，问是问答，合起来是对万物根本的问答。

《黄帝内经·素问》原9卷，古书已亡佚，后经唐王冰订补，改编为24卷，计81篇，定名为《黄帝内经·素问》。此书馨惠七家，秀越三坟，实乃“医学之宗”。《黄帝内经·素问》内容十分丰富，以人与自然统一观、阴阳学说、五行说、脏腑经络学为主线，论述摄生、脏腑、经络、病因、病机、治则、药物以及养生防病等各方面的关系，可以说集医理、医论、医方于一体。

《黄帝内经·素问》虽是医书，却含有丰富的学术思想，此书可观黄老之一斑。书中倡精气说，以气为世界的本源，精气化阴阳五行之气，阴阳二气升降交感，五行之术掺杂和合，生成宇宙万物和人类。书中认为，“阴阳者，天地之道也，万物之纲纪，变化之生母，生杀之本始”，这意味着，阴阳之对立统一是万物变化的根本原因。尤为值得关注的是，其以五行解释人体内部和脏腑之间的关系。由此，以相生相克来认识、解释和探寻世界及宇宙变化，亦即以人体小宇宙，透视世界大宇宙。也就是说，人与外界是统一的，自然界三阴三阳、五行之变化，与人体十二经脉、五脏之气相呼应。

某日，向中国现代文学馆客座研究员刘涛兄请教，其云：内经以阴阳为本，强调要法阴阳。爱精重施，食饮有节，起居有常，不妄作劳，估计就不会生大病，出大问题。

这本书核心的施治思想是辩证的，言曰：“调气之方，必别阴阳，定其中外，各守其乡。”这一思想，奠定了中医临床的基调。

◎**书架**　张志聪：《黄帝内经集注》；张登本、孙理军：《全注全译黄帝内经》；柯琴：《伤寒论注》；南怀瑾：《小言〈黄帝内经〉与生命科学》；张仲景：《伤寒论》。

胡水君　《内圣外王——法治的人文道路》

中西问题，一直是大陆学者心里永远的痛。在复兴儒家无望的情况下，他们的药方，大都以古今之辩化中西之别，借以开出一个新的道统和治统。

胡水君的《内圣外王》就是在内圣外王的框架下，探寻中国政治和法律发展方向的一次尝试。

我们知道，尽管如作者说，法治在现代社会通常被认为是最好的治理方式，但在古代中国和西方，孔子恢复周礼，老子无为而治，孟子“不忍”仁政，柏拉图哲学王，都不把法治作为治国的第一选择——诸圣贤都把法置于善之下，即使是法家，其治道不是植根于法而是源于霸。作者指出，中国文化传统主要表现为一种立足德性或道德理性的、可以跨越古今的普遍德性文化，西方文化近300年间呈现的“自由帝国主义”“做错事的权利”等现代性问题，使仁义道德与自然权利、民主法治贯通起来成为一种可能。

本书从中西两种不同人文主义切入，沿着道德、功利、治理、政制四个层面，比较分析了儒家、法家、西方的三种法治方式，认为，可以整合历史上“作为武功的法治”“作为文德的法治”“作为宪政的法治”，形成兼具理性人文向度和道德人文向度的“道德的民主法治”。这种现代语境中的“内圣外王”固然醒目，但真的是可行的吗？

◎**书架**　郑臣：《内圣外王之道：实践哲学视域内的二程》；D. 布迪、C. 莫里斯：《中华帝国的法律》；高恒：《秦汉简牍中法制文书辑考》；孟德斯鸠：《论法的精神》；王人博：《法的中国性》；克卢格：《法律逻辑》。

干春松 《重回王道——儒家与世界秩序》

以没有实施过的、乌托邦式的王道思想或天下体系拯救世界，是21世纪的一个新幻想。做梦者不可谓不多，中秋的《国史纲目》、蒋庆的《政治儒学》以及这本薄薄的《重回王道》就是例子。

在他们看来，沃勒斯坦等人眼中1500年发轫的世界体系构成的全球化过程，导致了越来越激烈的超国家联系与依旧存在的民族国家体系之间的冲突。显然，“历史的终结”不是转折而是旧的模式的定型化。在这一前提下，如何建构起一种有预见性的人类未来秩序呢？以康有为《大同书》为精神导师，这些学者的方案显示：王道是由现实的政治实践通向乌托邦式的天下的一个最为重要的连接处。

干春松认为，王道是对霸道的对抗和反思，它可以最大程度地反映出“利益”政治的弊端，因而构成对于现有政治秩序中矛盾的化解之方。作者“回想”王道思想，还真不是有论者指出的儒家普遍主义思想。在作者看来，王道思想的出现，是实际统治权力与其背后合法性之间紧张冲突的结果，其试图垄断合法性的解释权，并提供一种拨乱反正之道。

个人认为，这种王道思想（天理的现实化），以圣人为标志，以天下为境域，在无限扩大的伦

理——道德关怀中，构成了理想社会的理论基础。尽管近乎完美的设想包括康有为的“三世”论没有实现的可能，但随着罗尔斯的万民法、哈贝马斯的商谈理论和贝克的世界主义对超越民族国家的普遍的世界正义问题的提出，王道思想被巧妙地嫁接成某种理想制度体系的源头，因为，同情（仁者爱人）是政治的基础。那么，如何回应亨廷顿悲观甚至邪恶的“文明冲突论”呢？干春松说，这只不过是西方文化中心论的另一种表述，夸大了冲突，忽略了国际社会的结合力。

在我看来，正是这一点成为世界主义或普遍主义的死结，在一个西方将非西方视为他者的世界里，在一个“自我的对象化”和“世界的外化”的潮流中，以王道思想构建“极乐世界”，是不是另一个版本的《等待戈多》？

◎**书架**　干春松：《制度化儒家及其解体》《经学与建国》《国学与民族国家》；黄朴民、梁涛：《国学与民族国家》。

〔美〕萨义德　《知识分子论》

萨义德一直在战士和知识分子、外乡人和公民、流亡者和顺从者的角色中挣扎。作为一个巴勒斯坦的阿拉伯人，且又是一个美国学者，他“必须协调暗含于自己生平中的各种张力和矛盾”。不过，对于这种矛盾，他的态度是明确的，“流亡是过着习以为常的秩序外的生活。它是游牧的、去中心的、对位的”。而且，他坚信，“习惯了这种生活，它撼动的力量就再度爆发出来”。

作为一个闻名世界的知识分子，他是如何看待知识分子或者说如何看待自己的呢？这样一本关于知识分子问题的演讲集，给出了明确的答复：知识分子的公共角色是局外人、“业余者”、搅扰现状的人。传统上，关于知识分子的定义有两类。在葛兰西看来，知识分子分为传统的和有机的，前者比如教师、牧师和行政官员，后者则与阶级或企业有关。他相信，有机的知识分子会主动参与社会。而在班达眼里，知识分子是苏格拉底、耶稣、斯宾诺莎、伏尔泰这类人，是一小群才智出众、道德高超的哲学家——国王，他们构成人类的良心。显然，萨义德更倾向于班达的解释，亦即“知识分子在受到形而上的热情以及正义、真理的超然无私的原则感召时，叱责腐败，保卫弱者，反抗不完美的或压迫的权威，这才是他们的本色”。

萨义德认为，知识分子总是处于孤寂与结盟之中，但并不总是要成为政府政策的批评者，而是把知识分子的职责想成是时时维持着警觉状态，永远不让似是而非的事物或约定俗成的观念带着走。知识分子的这种特点，“并不使人特别受欢迎，却是因而更丰富”。因此，萨义德在另一本名著《世界·文本·批评家》中，对知识分子的“批评”进行了界定：批评必须把自己设想成为了提升生命，本质上反对一切形式的暴政、宰制、虐待；批评的社会目标是为了促进人类自由而产生的非强制性的知识。正因为他内心饱含这种理念，他才将自己定义为一个流亡者，也就是他在《寒冬心灵》里说的：大多数人主要知道一个文化、一个环境、一个家，流亡者至少知道两个。

在萨义德的笔下或嘴中，知识分子是一种特殊专业，尽管他们身不由己，可能成为各种权力结构中的一员，但在去国离乡的移民逐客中，在甘居异端的业余者、外乡人中，方能得见其不屈不移、卓然特立的风骨。

◎**书架**　萨义德作品系列（三联书店版）。

〔美〕马克·里拉　《当知识分子遇到政治》

海德格尔、卡尔·施密特、本雅明、科耶夫、福柯、德里达，这些闻名世界的大师级知识分子遇到政治会怎么样呢？马克·里拉在《当知识分子遇到政治》中说，“自柏拉图《理想国》以来，暴政对政治生活的挑战由来已久，21世纪也没有丝毫消失的迹象”，而这些知识分子是以僭主的“思想上的支持者”的形象出现在世人面前的。

关于作者，国内可能了解得比较少。他是参与型知识分子，面对暴恐、屠杀特别是知识分子遭遇政治问题，总是洞见迭出而不失分寸，他的研究重点不在于他们是否应该参与，而是如何参与，以怎样的立场，比如海德格尔和施密特的纳粹行为。马克·里拉拿这些名人开刀，不是“污名化”或“反智”的。他声称，写下相关文章完全是受“失望感”的驱动。因为他发现，这些思想者在政治上存在着瑕疵，而这些瑕疵对于知识分子肩负的使命而言是致命的。

马克·里拉丝毫不掩饰自己对米沃什《被禁锢的头脑》的敬意和模仿，该书截取了四名作家的精神肖像，借以揭示“是什么诱惑他们在为现代暴政提供合法性辩护”。在作者看来，整个20世纪欧洲的自由民主被用魔鬼一样丑恶的字眼描绘成僭主的真正家园——资本的、帝

国主义的、尊奉资产阶级的、“形而上学的”、权力的甚至是语言的僭主政治。在此情况下，知识分子在政治中寻找什么呢？作者将知识分子对暴力暴政的态度，作为判断的关键性标准。在这一标准下，六位知识分子被很不宽容地排除在自由主义文化之外，因为，他们是有辱使命的。

马克·里拉指出，法西斯主义和某某主义的政治制度在整个20世纪被许多欧洲知识分子张开臂膀大加欢迎，正如无数的“民族解放”运动很快转变为传统的暴政，给全球不幸的人们带来灾难。以海德格尔为例，当这位阿伦特的恋人、雅斯贝尔斯的朋友委身纳粹时，我们该如何理解阿伦特“他以对真理的激情抓住了假象”，以及雅斯贝尔斯“请对你自己的天赋负责”的批评和警示？在我们满足了对伟大思想家隐私的窥探时，是否面临着“叙古拉诱惑”？是否意识到，20世纪的事件仅仅是以极端的方式展现了知识分子的亲暴政思想，其根源在不那么极端的政治情绪下并没有完全消失，因为它们原本是我们灵魂的一部分？

这真是个问题。

◎**书架**　米沃什：《被禁锢的头脑》；卡尔·雅斯贝斯：《时代的精神状况》；陈赟：《现时代的精神生活》；许纪霖：《启蒙如何起死回生：现代中国知识分子的思想困境》。

〔美〕弗兰克·富里迪　《知识分子都到哪里去了：对抗21世纪的庸人主义》

弗兰克·富里迪说，知识分子完全可能是自命不凡、傲慢自负和夸夸其谈的，

这正是他们成为人们打趣和嘲笑对象的原因。

时下，我们正享受着互联网带来的知识“利润”，但不要过于高兴，因为这本书告诉大家，我们所处时代的这一平民主义的社会改造潮流，将其主要内容概括为“联系现实”和“向公众开放”。表面是人人有所建树，实质则是水准的不断下降，富里迪将这种情形称作“弱智化”。知识分子在此过程中一反传统的社会批判立场，对庸人主义社会改造过程乐观顺从。也就是说，使今天弱智化文化空前泛滥的，是艺术和教育世界从内心里接受了媚俗文化。富里迪的思想，无疑是以现实情况为依据的，因为在当代人的头脑中，知识被赋予了一种肤浅的、几近平庸的特性。当知识被当作产品时，它越来越被视为技术性操作的产物，而不是人类智慧的结果。如果我们把作者对知识分子的批评当作是一种愤世嫉俗的冲动就大错特错了，因为变弱智化并非是少数人的问题，他暗示我们，当今社会的庸人工程貌似保护大众，其实是把大众当作儿童，降低他们的要求。

那么怎样才算是知识分子呢？

作者指出，定义知识分子的不是他们所做的工作，而是他们的行为方式、他们看待自己的方式，以及他们所维护的价值。这显然是说，追求思想和真理是知识分子的核心价值观。与我们动不动提高等院校、科研院所或某某中心、智库不一样，作者将职业化当作知识分子的“癌症”，职业作风现在正成为一种意识形态，支撑着统治精英的权威，这恰恰使知识分子不再具有独立性，失去提出重大社会问题的能力。相反，它获得了管理方式的或技术官僚性质的智能。这种贬值，让知识分子成为顺从的群体。当然，我们也不能对知识的开放或社会推动的知识机构如博物馆、图书馆等的建设沾沾自喜，特别是不能对把讨好大众而将他们和儿童等同的、以解决政治或社会问题的平民主义方案报以热烈的掌声。这一切，是塑造公众的品位，将它标准化并最终控制化的工具。

这本通畅的翻译作品让我们很悲哀：真正的知识分子究竟哪里去了呢?

◎**书架** 戈登·塔洛克：《官僚体制的政治》；谢勇：《书生的困境》《逝去的年代》；格里德尔：《知识分子与现代中国》；林贤治：《五四之魂》；许纪霖：《中国知识分子十论》。

哨 兵 《江湖志》

哨兵是一个真正的诗人。他一直在一个叫洪湖的地方安静地写着，湖水、河堤、鱼虾、莲藕乃至生于斯的人们，构成了他的原生资源。

诗人的存在，首先是心灵的存在。正是诗人“逃脱人类的中庸状态”的姿势，让他所面对的时代分行、断句，从而构成了肉体之外的精神空间。以我的眼光看，哨兵的诗是质朴的、温和的，这和动不动就拿现代性、先锋化、反传统、去中心说事、叙事的无病呻吟者形成了强烈的反讽。如果说现代性是一种病，那么，这本《江湖志》显然就是内在世界的良药：他以文字，抚摩着洪湖以及我们心里生活的皱褶。如果说现代性以做作的批判为基础，那么，哨

兵的文字是自然分泌的对现实的矫正，亦即身处时代之江湖，“要使这个社会变成人的社会，就必须听听诗人们的声音”。

在他的诗里，看不到政治化的身体和商业化的心灵，他唯一的先锋就是怀疑，怀疑洪湖会不会是一声陌生的鸟鸣。当然，他不是没有痛，他的痛，“寄存在一条波纹消失的部位 / 平静如水”。更多情况下，哨兵使用水一样的文字，借助对生活和环境的质疑及解构，呼唤着我们对自身价值的审视，从而实现精神上的超越。也就是说，他的诗里，洪湖的“万物”由宾格上升到主格，而本人则退居幕后，成为一个“节制的自我”。我很幸福，赖中国远洋海运集团公司马鸿瀚兄和中国社会科学院近代史所赵庆云兄之助，得了哨兵同本书的两个签名本，正是他们，帮我完成了对融入自然的参与感。

录一首哨兵的诗歌《分洪区》：

这样一个事实必须表述：洪湖
这座县级市，只是大武汉的分洪区

我们就这样，守着长江
活着，仿佛守着
自己的灵柩

事实的确如此。在我
刚要被怀上的深秋，恰遇
洪湖决口，泄洪。小城
灭顶，绝望
如难产妇

未曾出世

我们已分担了世界的不幸

◎**书架** 哨兵：《清水堡》；李少君：《自然集》；余怒：《主与客》；张执浩：《宽阔》；谷禾：《鲜花宁静》；顾城：《顾城的诗》；昌耀：《昌耀诗选》；路也：《山中信札》；清平：《一类人》；海子：《海子的诗》；桑克：《转台游戏》；徐芜城：《一个青年的肖像》；雷平阳：《诺基山》；李瑾：《孤岛》。

徐梵澄 《孔学古微》

《孔学古微》是介绍孔子之学的，内容简约，半小时可翻完。我一向留意构建“孔子学”，故于本书特别用心。作者徐梵澄以哲学（尤宗教诸类）名世，儒家恐非所长，但以精神哲学释古典，也算别开生面。

作者说，较于其他伟大思想体系，儒学自身较少色彩和激烈性，关于人类活动，儒学不提无为、苦修，不炼丹，没有全能的宙斯和上帝，流行的观念认为，儒学是世俗的。作者不同意这种看法，认为事实恰恰相反，儒学本质上是极具精神性的，也就是室利·阿罗频多定义的：“精神性的含义是要人在知觉性和行为中具有

神圣性，并于内中和外部都生活在神圣生命之中。”作者还颇有洞见地指出，和佛道相比，儒教平和而冷静，无法牵曳住炙热的性情，此类人物自然较易转入其他宗教。不过，儒家教义对于维护生命非常重要，无论个人还是群体在生命中遇到的所有困惑，都可以在其中寻出答案。也就是说，孔子及其弟子的思想重在人文，在尘世或精神文化之域，着力在于转化人类的低等自性，锻造其品格，擢升人类至更高层度。这，就是文化的神性。故而，作者说仁是神圣之爱，是牟宗三式的“感通为性，润物为用”的“全德”。由此，儒学和瑜伽三途也就是中印学问相比，二者尽管看待圣人的眼光不同，一重德性，一重神通，但在宇宙真理的表述上是相通的。

尤其值得注意的是，作者以古人三年守孝为例，认为其用意是将个人对父母之爱提升为伦理规范，以塑造良好的人格，“这点不同于古希腊，国家第一位，个人第二位（以斯巴达为典型）。在中国，国家第二位，家族第一位（这里主要是指春秋战国时期）。在家族中，个人仍然是第一位的”。另，需要指出一点，作者在分析颜回时，认为庄子可能师法了他的思想，即颜回身上有儒有道，这点其实并不奇怪。孔子虽然也倡导知其不可为而为之，但也说大道不行时，要归隐“何陋之有”的“九夷”，这说明儒学具有很强的包容性，与后来庄子之道一味指摘儒家，判若云泥。

◎**书架**　可自《徐梵澄文集》中挑阅；陈来：《孔夫子与现代中国》；顾立雅：《孔子与中国之道》。

陈文洁 《司马迁之志》

《史记》是一本私家著作，其著述动机显然更具个人化，而非经官家阉割篡改。通常以为，被班固誉为“良史之材”的司马迁，写作《史记》的目的是其自诩“绍明世，正《易传》，继《春秋》，本诗书礼乐之际”，然而，其中隐含的动机，是否如字面所示而无异议呢？

在《司马迁之志》的作者陈文洁看来，司马迁虽特别指出《史记》志在继《春秋》，但其实欲“究天人之际，通古今之变，成一家之言”，即“居今之世，志古之道，所以自镜也”，这意味着，司马迁著史的目的，是拨乱世反之于正。徐文洁通过两个方面论述了司马迁是如何拨乱反正的：一是文质之辩。徐氏认为，司马迁关于“三王之道”的议论，重在救时，即重申汉初高祖推行的“尚质”之政，以救当时武帝之弊。因为，在司马迁眼里，汉文之德化，与汉武之用兵，形成鲜明对比。二是君臣之际。《史记·夏本纪》载皋陶论治政根本：“在知人，在安民。”司马迁关于文质之辩是安民，而知人则关乎君臣之道。徐氏认为，司马迁欲借《史记》图救汉武承秦皇之“尊君抑臣”，重申“君臣朋友”之义。由上述可知，司马迁继《春秋》，不是思想上的传承，而是精神上的发扬。

那么，有意思的问题来了，司马迁的思想

究竟是道家的还是儒家的呢？

徐氏认为，从司马迁对司马谈《论六家要旨》的态度来看，其以该文为《史记》拨乱反正的基本纲领，而司马谈文是尊道贬儒的。司马迁作文质之辩、明君臣之际，是感于武帝政弊，有对症下药之意，与《论六家要旨》本末皆符。既然如此，司马迁宗《论六家要旨》，继《春秋》，理念上是不是矛盾呢？徐氏认为，《春秋》的背景是周室衰危、诸侯恣行以致君臣失序的世界，笔触针对的是乱臣贼子。而《史记》的背景是天下一统、尊君抑臣以致君臣失义的现实，词锋针对的是骄愎之君。一尊王，一谏主，事虽不同，其志不异，都是拨乱反正。

此书论述逻辑圆通，语言精当，其对《史记》之滚熟，令人叹为观止。

◎**书架**　司马迁：《史记》；班固：《汉书》；范晔：《后汉书》；陈寿：《三国志》；崔适：《史记探源》；张文江：《〈史记·太史公自序〉讲记（外一篇）》。

〔美〕克里斯托弗·布朗宁　《平民如何变成屠夫？》

德国后备警察101营500人，在二战期间屠掉了38000名犹太平民。这些警察和遇难的百姓一样，都身处于社会下层，其中有些与平民还是老乡关系，是什么原因让这些和你我一样普通的人或草根阶层，成为恶魔和“职业杀手”呢？美国学者布朗宁借助德国20世纪60年代对该营部分成员的审讯记录，故事性地还原了当时的场景。

在《平民如何变成屠夫》这本书里，作者试图以“日常生活史”作为一种研究方法，通过自下而上地看待大众经历，深刻地揭露了这样一个观点：屠杀与日常生活已融为一体。关于大屠杀的解释，各种理论不一而足，如鲍曼的现代性理论、阿多诺的权威人格概念、斯坦纳的沉睡者概念、津巴多的斯坦福监狱实验、米尔格拉姆的权力服从理论等等。在剥丝抽茧式的历史场景复原中，作者综合了各种概念、理论和实验，认为：战争，一场我们的人民和敌人之间的较量，创造出一个两极化的世界。在这个世界里，敌人被轻而易举地物化并排除在人性责任的范围之外。这也就是如约翰·道尔所说的：“对他者的去人性化，对形成促进杀戮的心理疏离起到了不可估量的作用。”

作者分析了意识形态部门接连不断地有意灌输，是101营成员和德国社会其他成员被种族主义和反犹主义洪流淹没而“洗脑”的主要原因：拒绝开枪，是一种自私的、懦夫的、不是男人的行为。作者认为，101营的集体行为隐藏着极其令人不安的含义，“每个地方，社会都使人们习惯于尊重和服从权威，每个地方的人们都追求事业的成功。在每个现代社会，生活的复杂程度和随之而来的官僚化与分工化，弱化了官方政策实施者的个人责任感。在几乎每个社会性的集体中，同辈团体对成员的行为都施加了巨大的压力，并设定了集体的道德规范”。

◎**书架**　戴维·M.克罗：《大屠杀》；阿莱特·茹阿纳：《圣巴托罗缪大屠杀：一桩国家罪行的谜团》；丹尼尔·希罗：《为什么不杀光》。

干春松　《保教立国：康有为的现代方略》

康有为因孔教、保皇之议，在“革命”叙事被国共两党共同视为政治正确的中国近现代史的线索中，被妖魔化成落后、保守的代名词。故而，其学术思想也因“抗拒”现代性而与德赛二先生格格不入。不过，近年来，以面向实践性和政治化而与高扬道德心性的港台儒学迥异的“新康有为主义”的兴起，似乎表明，康有为当年关注的问题至今仍是我们处理现代国家建构的未尽事宜。

干春松认为，康有为借助春秋战国的转型历史来认识当时的国际格局，并深入思考如下两个问题，一是中国如何从一个天下王朝国家转变为一个现代民族国家，二是以什么样的秩序和体系来治理这个新国。在《保教立国》一书中，干春松通过五篇专论讨论康有为对建国问题的思考。康有为基于公羊三世和进化论说，认为当下处于“新世”，必须提倡“霸国主义”，维持基于清王朝版图的大一统，才能“保国”“保种”，不被列强瓜分。他根据德国的经验，坚决反对联邦制和民族自治，而呼吁将各个民族统合在共同的国家观念之下而非相反。因此，康有为欲创立孔教，甚至以教主自视之，貌似有阻碍自由和汉族沙文主义的倾向。但究其实，是借力儒家资源为一个国家内部多民族现实寻

找一体价值的可能性。尽管曾站在“虚君共和”一侧，不过，他对在一个超大规模的国家里实施代议制是心存疑惑的。康有为的治理方案，是地方自治与中央集权相统一，他的思想中，如国家缺乏能力，则民权与福利无从谈起。

干春松认为，康有为对建国问题的思考，既是儒家面对新的国际格局的一种回应，也是儒家对于现代性问题的一种回应。因此，如果将中西问题理解为古今（古典与现代）问题的话，可以以康有为为节点，将儒学分为两期，因为在晚清的制度化儒家解体后，儒家才发现自己已无立身之地。

◎**书架**　康有为：《康有为全集》，重点是《孔子改制考》《大同书》《新学伪经考》；茅海建：《从甲午到戊戌：康有为〈我史〉鉴注》；汪荣祖：《康有为论》；桑兵：《庚子勤王与晚清政局》；萧公权：《近代中国与新世界：康有为变法与大同思想研究》。

陈　超　《打开诗的漂流瓶》

喜欢现代诗的，《打开诗的漂流瓶》是一个发现诗特别是先锋诗的意义和价值的优秀范本。不过，由于是一本论文集，很难抓住它的中心思想。话说回来，诗的美在于不求甚解。神秘，永远是诗的最高价值。

陈超的本事在于，他将诗的面纱揭掉了，却将它装在生命的漂流瓶里。在他看来，诗要有勇气和力量直接地、刻不容缓地指向并深入时代，创造和发现当代话语的全部复杂性，更广泛地占有词语的命名权而不是向权力主义者和庸众妥协退让。我个人猜想，他对纯诗甚至是无意义的文学书写是深恶痛绝的。

因为，他认为文学是至深者呼唤至深者的话语，是人类中个体内心巨大焦虑和怀疑的呈现。这意味着，陈超是认同文以载道的，只是这个道是“对那个唤作‘终极真理’‘绝对基础’‘铁的历史必然性’的庞然大物的不屈从”的道。我虽然不赞同他对诗的理解，但尊重他关于文学最动人的姿势是追问生存、生命的姿势的诉求。尽管他最后以跳楼的方式，给“回到个人的心灵体验的始源”一个桃红的注脚：在他眼里，诗人、生命乃至语言，都是纯粹的，而诗或诗人的功能，是发现人与生存之间真正临界点的语言。陈超对诗的解释，都是反传统的、反主义的，他以一种去中心的价值代替现代社会固化的价值。也就是说，他认为，诗人从借喻意义上说是刻写墓志铭的人，其内心的充实是虚无的母体，其内心的漂泊与定居是合二为一的。这种理解，直指恶化了的生存环境，并将诗提升到自由意志绝对统一的高度。

很显然，在陈超心目中，现代诗不是“我们”的梦幻之美。这种基于现实的认知，是他的悲剧之源，当然，也加深了我们对生活漩涡的理解和恐惧。

◎**书架**　陈超：《个人化历史想象力的生成》；张桃洲：《语言与存在》《现代汉语的诗性空间》《词语的探险：中国新诗的文本与现实》《内外之间：新诗研究的问题与方法》；胡戈·弗里德里希：《现代诗歌的结构》；玛莎·努斯鲍姆：《诗性正义》；耿占春：《失去象征的世界》《先锋诗：铁匠铺里的火》《先锋诗：语言，是一种开始》《沙上的卜辞》。

吴　飞　《自杀作为中国问题》

加缪说，自杀是唯一的哲学问题。青年学者吴飞，以研究自杀著名，本书是和他的《浮生取义》《自杀与美好生活》一起读的。

我的远亲家族里，出现过三例自杀的，除了两例是生活所迫外，其中一例很诡异。我的远房大爷叫李彦迪的，安排好了一切，很坦然地判了自己的死刑。这似乎印证了一个数据：中国的自杀者只有 63% 有精神疾病，而西方则高达 90% 以上。有心理学家说，每个人都有抑郁的一面，都在某个瞬间考虑过自杀问题。它是身体挥之不去的精神癌，是否如此，难以确定。不过，死，总归是一件迷人的事情。西方文明最典型的自杀者，是麦克白夫人和《悲惨世界》中的沙威，他们都是因良心发现而死，这恰恰符合基督教的基本德性。也就是说，西方现代自杀学的源头是其人性观，善恶的纠缠和存在，构成了西方自杀学的基本框架。人们一旦认识到了自己的罪，那种绝望是不可救药的。

而中国的自杀者呢？我们不相信创世神话，中国的自杀学因此需要另辟蹊径，比如梁山伯与祝英台，刘兰芝与焦仲卿，显然不是西方化的人性可以解释的。作者指出，自杀所追问的问题，既是一种过日子的道理，也是对做人之道的一种思考。自杀者要么是想尽节完贞，要么是为了逞其戾气。总之，是为了达到一种自以为好的人生境界，而做出的选择。

作者特别指出，自杀往往来自委屈或冤枉，而家庭中的冤枉又总是与感情纠缠在一起。这里，可以参阅下应星的《大河村移民上访的故事》和《气与抗争》，套用一下，中国式自杀是“气”的政治。某年，村里一个人因计划生育问题想不开，去我家赊了一瓶酒，喝了，又服了毒，母亲惋惜其死得不值。这一案例，真看不出救赎和正义。它似乎意味着，自杀不是一般所理解的疾病，而涉及人的尊严和权利。涂尔干《自杀论》出版一个世纪了，已经解释不了我们面临的问题。

◎**书架**　李建军：《自杀研究》；刘燕舞：《农民自杀研究》；托马斯·乔伊纳：《为什么要自杀》；埃米尔·迪尔凯姆：《自杀论》。

李泽厚　《论语今读》

李泽厚的《论语今读》我曾读过三遍。在单位担任读书小组组长时，还曾买过五十本分送同事，组织大家阅读。不过，以我的眼光，李泽厚不懂《论语》，他在后记中自称“本书颇为粗陋”，虽是谦语，却是事实。

我翻出来谈谈看法，是因为李泽厚是当代中国一段时间里唯一一个有自己思想体系的哲学家。

就《论语》水准而言，李泽厚还不值得批判。个人只是想告诉大家，他是持怎样的立场读这本万世经典的。在李泽厚看来，儒学具有半宗教、半哲学的特征，亦即儒学是个体安身立命、精神皈依的归宿，它是没有人格神、没有魔法奇迹的半宗教；又是不重思辨体系和逻辑构造的实用理性的半哲学：这是研究《论语》真正的关键和起点所在，其宗教性和哲学性是融合无间的。由此，将宗教性道德和社会性道德结合起来，形成中国式的“政教合一”。但儒学的教不是西方的教，它既是人文教育，又是人生信仰。解读《论语》时，李泽厚有意无意歪曲本意，将论述靠在自己早已阐述的“情本体”上，认为《论语》是真正活泼的、具体的人间情趣。李泽厚的野心是，以情本体代替气本体、理本体、心性本体，它以把握、体认、领悟当下的和艺术中的真情和“天人交合”为依归。李泽厚这种解读，与其说是还原《论语》的真实面目，倒不如说他在将儒学从源头上建构为生活性的，是一种生活儒。

在这个意义上，李泽厚的贬低也是一种抬高：他本人，也和康有为一样，内心隐隐约约有做教主的意图。

◎**书架**　不推荐，背诵《论语》即可。非要推荐，洪涛《心术与治道》《本原与事变》是必读精品。

侯旭东　《北朝村民的生活世界——朝廷、州县与村里》

农村，这个被文人称作诗和田园的心灵皈依之地，在精英取向和自我中心

的传统思想话语里，一直是一个被遗忘的世界。说起来令人汗颜，近代以来，最早注意中国农村的是来华的西方人,而尤以日本学者成果最显著。

在《北朝村民的生活世界》中，作者试图借助德国哲学家胡塞尔提出的“生活世界”这个概念,将农民与具体的生活空间——村落——融合起来。“村”首见于三国，一般认为是汉代的“里”被破坏后出现的。不过，村在北朝官方制度中没有正式位置，朝廷是通过三长制即邻长、里长和党长，以及乡里编制将村民统管起来。这样，村代表自然形成的聚落名称，里则为朝廷的基层行政编制，由此构成了官治与自治结合的世界。这个世界显然不是鸡犬相闻于巷而老死不相往来的，朝廷、州县和村里的联结，除了市、祠、庙之外，历法、赋役、司法以及佛教等也是官民互动的途径。此外，皇帝的文书如即位、改元、大赦等也会下达到村里。

作者指出，从村民的角度观察，帝国呈塔状结构，“底座仅仅包括村民的家庭、亲属、朋友乃至合村居民，范围有限。其上则是州郡令长与皇帝”，这种结构，依靠各方的交换关系来维系。而交换是不对等的，即村民贡献物质性资源，朝廷则将这些资源很少用于服务所有百姓的公共事业，其回馈的仅仅是地位、荣誉等符号性资源。这种不对等交换存在的基础是皇帝“为民父母”的观念及由此在百姓中产生的深远影响。在这个意义上，中国的帝国结构的再生产，是实物性资源的流动与符号性资源的流动糅合在一起的。

以上，就是作者解释中国历史的基本纹路。

◎**书架**　周一良：《魏晋南北朝史札记》；田余庆：《秦汉魏晋史探微》；何兹全：《魏晋南北朝史》。

黄仁宇 《中国大历史》

黄仁宇的《中国大历史》一度是史学爱好者的“圣经”，我也曾十分痴迷，收集了几个版本。不过，在专业人士看来，这本小册子不过尔尔。既然黄仁宇是从“大”的角度阐释中国历史，从细节角度讨论它自然没有意义。

一般而言，史书可分为私修史和官修史，也可以分为纪传体、断代史和通史。分法并不重要，过往，无论哪种史书都拘泥于时间、人物和事件三要素。落实到文字上，就是以史料罗列排比，究治论政，显出一个“王”字来，贯穿其中的，宽泛而言是“大一统”那一套。晚清以后，一些受过西方文化背景影响的史家，开始以史破经，以史释国，试图搞点规律出来。从这个角度而言，无论吕思勉还是范文澜，无论资本主义范式还是社会主义范式，都抛弃了很多细节，试图用一种新范式代替旧体系，笼统说来也算是一种大历史。新国肇始，历史的解释权归于一家一学，其他都不具有正当性和合法性，

黄仁宇的《中国大历史》一出来，其别致的写法将中国历史搞成了口袋书。如此平民化，易于消费，口味独到，一时间洛阳纸贵，就在情理之中了。说白了，《中国大历史》并不玄奥，所谓大，就是宏观而已。黄仁宇处理史学写作有两个秘诀，这个一定注意：一是以论代史，抽出几个关键点，深入挖掘价值和意义，一般

读者看了如醍醐灌顶；二是以文说史，注重文辞修养和结构建设，这种文学手法在本书还算隐约，在《万历十五年》却是显笔。至于其他，并无创建：数字管理，不过是明晰的产权；两个帝国的分法，是以西人写法取悦西人而已；至于其所评价的中国历史以道德代替法制等等，都是似是而非之论。

如果打开《中国大历史》的目录，就可以发现，黄氏此书是一个大杂烩。这种大杂烩的独到之处在于，历史的主角和书写历史的主角不再是大写的“王”，而是一个个普通的人（如黄仁宇，如你，如我）而已，此一降格是历史性的、翻天覆地的。一般说来，被称为家的人物，都有重构学科解释模式的野心，通行的路子是简化复杂问题，推导出一个放之四海而皆准的道理。

这种努力，以黄仁宇的成果最为卓著，他以一人之力挑战了大陆整个论史模式，让普通读者看到历史居然有如此写法，即使有过，却也是功莫大焉了。

◎**书架**　《黄仁宇全集》。可佐以许倬云种种。我收有白寿彝《中国通史》和《剑桥中国史》《哈佛中国史》、讲谈社《中国的历史》，供闲时乱翻。至于《二十四史》《清实录》《资治通鉴》则是必备资料书。

〔美〕马克·图什内特　《宪法为何重要》

对宪法问题的讨论显然是我们时代的乌托邦，正由于此，才更加重要和迷人。怎么说呢？辩论权是我们最重要的权利，只有允许辩论，我们才能明白任何权利是争取的而非赋予的。

本书是问题导向的辩论的典范之作，它和我们对宪法的认识大相径庭：宪法重要，不是因为宪法框范了我们的政府，而是因为宪法框范了我们的政治。作者认为，政治家和政党，而不是最高法院的裁决，才是我们的政治体系中宪法变迁的真正引擎。也就是说，美国的政治现状远非宪法条文所设定的那么简单，它是有总统制度、选举制度、法官制度等等博弈而成，是现实的运作状况而不是宪法直接规定着公民的权利，宪法的影响往往是间接的。明白了这一点，就会明白政治家和政党才是宪法与公民的中介。

由此，作者指出，政治家和政党采取直接的政治行动来界定和保护美国人的权利和自由。比如，当最高法院九个大法官以 5∶4 就某项基本权利进行表决时，你认为宪法重要是因为它保护了基本权利，那么你如何看待持反对态度的法官们？显而易见，骂他们是猪或者疯子并不解决基本问题，你必须承认这就是现实：有时候搬弄条文是无济于事的，现实会有另外一套说辞和解决方案。

作者建议，如果想让宪法变得重要，不必要搞学术研究或在法庭上辩论，而是在政治上“积极”起来，选举和你权利一致的总统；如不可得，则支持与你权利接近的民间组织，这样，你就会成为一个典范性的宪法公民。

◎**书架**　凯瑟琳·德林克·鲍恩：《民主的奇迹：美国宪法制定的127天》；刘易斯：《言论的边界：美国宪法第一修正案简史》；易中天：《费城风云：美国宪法的诞生及其启示》；肯特·格里纳沃尔特：《宗教与美国宪法：自由活动与公正》；亚历山大·汉密尔顿、詹姆斯·麦迪逊：《联邦党人文集》。

〔印〕克里希那穆提 《面对危机中的世界》

2009年，在陪友人游雍和宫之余，于斜对面的一个逼仄的书店里，买下了这本《面对危机中的世界》。那时，我还不知道作者是20世纪最受推崇的心灵导师。七年过去了，爱、美、慈悲等庄重的话题依旧让人悲伤、绝望却又无法回避。

克里希那穆提的伟大之处在于，他倡导人们只有洞察这充斥着暴力和冲突的外部世界，才能真正懂得自己；只有脱离尘世的法则，才能不为世俗生活所累。这位活了91岁、巡回世界演讲超过50年的智者的所有努力，就是帮助人们发现自己，帮助人们从恐惧中解脱出来，体会生活的真正乐趣。他比我们更清楚所面对的世界：教育、科学、政治、宗教无法消除人类的痛苦和冲突，相反，它们是奴役我们最重要的凶手；而恐惧，则造成了对信仰、教条、他人或者财产的执着。

在作者眼里，痛苦是人类生命中最重要的东西之一，迄今为止，没有找到完全解决方案。而我们的悲哀在于，生活如此混乱，充满矛盾，令人没有自由，不止在外部世界里缺少自由，我们还是自己内心的囚徒，甚至从孩提时代，我们的心智就饱受伤害。克里希那穆提常常用"我就是世界"来表达个人的自主性，这和蒙田"每个人身上都有整个人类"的意旨契合。他指出了整个世界和人类病态之源，并开出了自己的药方。这个药方就在你我手里，亦即不

依赖任何人，所以就有了能量：不需要任何一个人来解决你的问题。我很庆幸，作者在言明我们被来自物质的、生活环境的、社会的各种要求撕扯着的同时，没有给出统一的答案，他只是提示我们，要创造性地生活，要保持心智的宁静。这个提示的高超之处，是将我们的生活还给了我们。

◎**书架**　克里希那穆提“彩虹”之书系列。

黄进兴　《优入圣域：权力信仰与正当性》

“治教合一”虽是儒家政治理想，但在制度上却是统治者（人君）和士人阶层（人臣）各司其职。

《新唐书·礼乐志》曰：“由三代而上，治出于一，而礼乐达于天下；由三代而下，治出于二，而礼乐为虚名。”至宋儒，阐发韩愈道统说，以道自任，倚之与权要抗衡。正如王夫之所说：“天下所极重而不可窃者二：天子之位也，是谓治统；圣人之教也，是谓道统。”自汉代至唐，孔子形象由一个有教无类的夫子，逐渐成为帝王师甚至万世道统之宗，这其中，伴随着孔庙由私人性质的家庙演变成为官庙，并进一步遍布天下州县而成为国家常祀祭典的定制。定制之形成，实是权力与信仰相互渗透、反复博弈的结果，如元代曹元用言：“孔子之教，非帝王之政不能及远；帝王之政，非孔子之教不能善俗。”

在士人看来，治统的义理要根据道统的支持和疏解，吕坤的说法切中关节：“帝王无圣人之理，则其权有时而屈。然则理也者，又势之所恃以为存亡者也。”也就说，道统是人君权力合法化的来源。孔庙作为一种祭祀制度，恰恰位于道

统与治统之间。唐至宋，孔庙礼仪代有增荣。到了明代，太祖通过操纵孔庙祭祀礼仪，开始压制士人集团，其罢废代表道统的宰相，更改孔庙祭祀规格和礼仪，将圣人之权收归帝王手中。特别是到了世宗嘉靖九年，孔庙改制，祭祀礼仪大为降杀，帝王“自排廷议定大礼，遂以制作礼乐自任”，专制政治在义理上大功告成。康熙一朝，因其杰出治绩和文化涵养，在李绂眼中，今上圣如尧舜，“治统、道统萃于一人”，统治者于是使得“治教合一”，成为政治和文化的无上权威。正由于此，士人失去了批判政治权威的理论立足点。

◎**书架**　黄进兴：《从理学到伦理学：清末民初道德意识的转化》《圣徒与圣贤》《十八世纪中国的哲学、考证和政治：李绂与清代陆王学派》《皇帝、儒生与孔庙》。

葛兆光　《中国思想史·导论·思想史的写法》

“重写”问题是一个现实命题，它不仅是新的资料和范式催生的，也是知识分子或者说立言者挥之不去的立功的野心。葛兆光在构建自己的思想史时，毫不讳言是承接了李学勤的“冲动”（《简帛佚籍与学术史》）。

借由考古发现在思想史中的应用，葛兆光认为，思想史研究已经从注意中心到注意边缘，从注意经典到注意一般，从注意精英思想到注意生活观念。如此，可以改变思想史的新写法，使思想史更加注重知识背景的考掘和一般思想的叙述。在导论里，葛兆光全部的说辞其实是为一个知识分子写学科“史”的行动辩护。在他看来，我们习惯安心使用的文献，是不能撑起思想史的本来面目的。因为，它们在进入我们的叙述之前，已经在选择、编集、写作、评述的历史中，经过了意识形态、精英意识、道德原则的过滤。这种说辞，显然和福柯历史叙述中充满有组织的设计和有意识的改写，由于权力，历史变成我们的共识的理论是呼应的。

事实上，这种有组织的改写，既体现在萨义德所揭示的“东方学”建构中，也在《联共（布）党史》的五段论统制中得以实现。其实，不可否认，葛兆光在检讨过往思想史的写法，认为历史是一种“叙述”而与真实可能差距甚远时，他所选择的所谓一般性知识何尝不是精英遗留的资料？而他的新写法何尝不是一种特定立场的叙述？这种矛盾表明，写法作为一种问题，恰恰是他警惕的福柯式的“知识与权力之间关系变化的结果”。本书我曾经买过两个版本，可惜，第一个版本已下落不明。

注意，阅读本书，一定要参阅劳思光《新编中国哲学史》，才能一决高下。

◎**书架**　葛兆光所有书籍；金观涛（刘青峰）：《中国思想史十讲（上卷）》《观念史研究：中国现代重要政治术语的形成》《兴盛与危机：论中国社会超稳定结构》《开放中的变迁：再论中国社会超稳定结构》《中国现代思想的起源：超稳定结构与中国政治文化的演变》《历史的巨镜》。

丁 耘 《儒家与启蒙：哲学会通视野下的当前中国思想》

在我看来，古今中西问题是晚清至今唯一的大问题。这意味着，现代性依然困扰着我们的现时生活。如作者所言，中国现代思想，每当社会面临巨大的转变、历史在岔口歧途迷失之际，必兴起新一轮的古今中西之辩。换句话说，西学东渐以来，中国思想文化史上的重大起伏，都同知识界对海外学术文化的理解与态度密切相关。

本书买了以后才知道是一个论文集子，虽冠之以《儒家与启蒙》，实在是大杂烩，此处只能择一二关心的问题略微介绍。作者认为，五四运动最大的思想效果是彻底切断儒家传统与现代社会的积极关系，就是以现代的名义对儒家的祛魅、拒绝乃至公开蔑视。这其中，吴虞和陈独秀作为反孔的代表人物，一个反专制，在共和制度政治正确的前提下，指出专制国家的根源在于宗法社会的家族制度；一个反封建，认为孔子之道与现代生活不相容，其论调带有唯物史观和进化论色彩。这两种观点经由新民主主义论，成为描述秦汉直至晚清社会的标签。“封建专制，说作为新中国自我论证的一部分，构成中华现代国家自我理解的一种成见。”不过，有关的悖论却是，“救亡使命的实现恰恰释放

了原来已被儒家整合的法家传统。经过某种转化的法家的专制/平等因素正是中华现代国家与现代社会的构成要素”。

然而，不可否认的是，无论新儒家怎么努力，或者说“政治儒学”如何周备，儒学已由王官学消解为学术学，既不能资治也不能通鉴，梁漱溟儒家社会主义的失败便是明证，儒学已然失去了成为新道统的合法性与可能性。

◎**书架** 丁耘：《中国之道》；彼得·盖伊：《启蒙时代》；张申府：《什么是新启蒙运动》；以赛亚·伯林：《启蒙的三个批评者》；许纪霖：《中国启蒙的自觉与焦虑》；张光芒：《启蒙论》；舒衡哲：《中国启蒙运动》。

陈少明 《思史之间：“论语”的观念史释读》

本书是中山大学哲学系研读《论语》的合集。主编陈少明表示，经典是被解释出来的。这种阐释，既可通过知识评注，也可以通过故事重述。颇有意味的是，孔了在汉代成为圣人前，各家都托孔言己，这说明，儒学是最早的显学。

张丰乾认为，《论语》是以哲学的方式对待日常生活，比起远离日常生活而进行纯粹的哲学思考，更具挑战性。在他看来，“思”是一种意义重大，且富有趣味的活动，这种哲学之思的发生，在于“闲居”“不器”和“从吾所好”。也就是说，静和定赋予了中国古代哲学的内向性开掘。由是，张丰乾说，儒家的思想应该像孔子时代那样在诗书礼乐、洒扫应对以及今日的社会生活中重生，而不是“圈”起来：儒学是日常之学，不是超越的或泛道德化、政治化的。冯

达文专文梳理了曾点气象，认为其为超越时间、超越事用，直透本心本体的一种气象或快乐，或直白地说，是一种生命情调和生活方式。

特别需要研读的是黎红雷《子见南子：儒者的困惑与解惑》一文。作者指出，子见南子，不仅子路不曰，历代儒家学者都试图为孔子之行解脱。其实，子见南子，是为了“得君行道”的一种权变的结果。卫国和鲁国是“兄弟”之国，除了鲁国，孔子去卫国最多，前后四次，达四年之久。孔子是圣之时者，中庸本身包含了识时务、懂权变的内容，子见南子，是为了行可之仕，一旦此路不通，孔子绝不会委曲求全，便去卫了。

◎**书架**　陈少明：《做中国哲学：一些方法论的思考》；唐明贵：《论语学史》；闫春新：《魏晋南北朝〈论语学〉研究》；朱华忠：《清代论语学》。

王　博　《庄子哲学》

《庄子哲学》可能是目前气质上最贴近庄子的研究庄子哲学的作品，类似海德格尔和苏格拉底的混合物，诡辩而又虚无。这种富于阅读快感的充沛着个人体验和感悟的解说方式，契合德里达对诗性哲学的定义：非哲学式写作，从外部表达。也就是说，它是一种充满想象力的散文化的范式。

《庄子哲学》主要研究了公认出于庄子之手的内七篇，其以《人间世》为理解庄子的基点和枢纽，描述了庄子与世道之间微妙的张力。在王博看来，庄子非无救世之心，然处于乱世，此心不得实现，只好退求自处之法。也就是说，庄子对人世最突出的感受，就是保全生命是唯一的主题。由此，一方面形之委蛇，可以与物同其波；一方面心之逍遥，保持自由闲适的状态。这两个方面就是庄子围绕全生的主题对心和形提出的具体要求，生命是庄子哲学思考的中心。

王博指出，相对于形体的实，心可以是虚的，而且这应该是它的本性。心的虚无的本性决定了它可以摆脱有形物，但这种摆脱是以承认形体的有限性以及形体属于命运的世界为前提的。在庄子的世界里，心形可以统一，也可以心为形役。当然，也会出现二者的分裂，“这种分裂当然不足以呈现出一个健康的或者活泼的生命，它只是在畸形的环境中不得已的处境下的一种安顿生命的方式”。王博对庄子哲学的辨析引出了第三种隐士，他们在心灵和形体中做出了清晰的区分，然后选择了“心隐”。在庄子这里，他对万物形体抱着一种无所谓的态度，“天下莫大于秋毫之末，而泰山为小”，这是他给自己忘情的生活寻找的一种依据。

在《大宗师》中，庄子以大冶为原型（心灵）熔铸着整个世界。只是虚无的世界里，谁是庄子，谁又是蝴蝶？

◎**书架**　方勇：《庄子学史》；张文江：《〈庄子〉内七篇析义》；止庵：《樗下读庄》。

李欧梵 《音乐札记》

我从不敢说自己懂音乐，我所懂的，和大多数人一样是狭窄的流行歌曲，最多也是一些民器的现代化演奏方式或理查德·克莱德曼式不今不古的混合体。我和李欧梵的音乐之旅差不多，他是过了不惑之年才从莫扎特开始，而我则是妻子在孕时，翻出2005年友人所赠的十大古典音乐家的碟子开始一起“胎教”。当然，个人的音乐素养和天分，自然无法和李欧梵相比。

这本《音乐札记》入手很早，作者写得随性，我翻得也随意。作为一个发烧友，我只能将自己搁置在音符里，施特劳斯的圆舞曲、帕格尼尼的A大调大提琴奏鸣曲、德彪西的钢琴协奏曲、瓦格纳的《汤豪舍》序曲、莫扎特的《费加罗的婚礼》，这些都是日常生活中的情绪的再现和排解。在我看来，音乐家早生也早熟，早熟亦早死，个性敏感，命运多舛。如马勒所说，

当你从那个温馨而忧郁的梦中醒来，重新回到这纠缠不清的人生，你自然觉得这激荡不休的生命很难理解，而且有点怪诞。这种说法可以说是对音乐和人生的一种双向注解，在我看来，所有的音乐都是忧伤的，它是生命的一种变调和另一个不可抵达的天堂：音乐离死亡太近，一些欢快的曲子里也隐藏着自杀或自我消耗的气质。

由此，我对作者以莫扎特按摩心灵的做法

颇为讶异，或许，他和我一样，各自在五线谱上越走越远又越走越近。

◎**书架**　李欧梵：《音乐六讲》《情迷现代主义》《现代性的追求》；李皖：《多少次散场　忘记了忧伤：六十年三地歌》；田艺苗：《古典音乐的巨匠时代（1685—1897）》。

〔英〕罗伯特·扬　《白色神话：书写历史与西方》

白色神话是 White Mythology 的直译。该词是德里达创造的，在这位 19 世纪以来哲学终结的见证人和推动人之一看来，整个西方哲学史是一种以逻各斯为中心论为特征的“在场的形而上学”，他要做的就是开启哲学与文学的交融，宣告这种中心论为特征的哲学的终结。因此，他在《白色神话学：哲学文本中的隐喻》中探讨了隐喻在哲学里的地位。他发现，柏拉图的日喻是西方哲学史或理性主义传统中最根本的隐喻，而理性在西方人那里成为一种解释一切的神话。这种神话其实是西方人的“种族中心论”“白人中心论”，它奉行二元对立，即理性对非理性，西方对非西方，进而将西方人的理性 / 神话提升为世界最普遍的形式。在德里达这里，白色神话意味着白色是苍白的，理性是靠不住的，自然，西方中心论也是没有理论依据的。不仅如此，各种文化包括西方文化一开始就是五颜六色的、非理性的、多元交叉的。说到这里，我们该明白了，德里达的《白色神话学：哲学文本中的隐喻》是一部颠覆性作品。

显然，以后殖民理论代言人自居的罗伯特·扬不忍放弃“白色神话”所包

含的批判性隐喻，于是，他将自己这部日后成为后殖民理论标杆的作品命名为《白色神话：书写历史与西方》。学界公认，萨义德在1978年出版的《东方学》是后殖民理论的开山之作，不过，他只是探讨了东方主义而不是后殖民理论。关于后殖民理论，目前学界没有一个统一的标准，但大体认同如下表述：与其说它是一系列理论和教义的策源地，不如说是一个巨大的话语场，或“理论批评策略的集合体”。在其中，所有的话语实践都基于这样一个历史事实，即“基于欧洲殖民主义的历史事实以及这一现象所造成的种种后果”。也就是说，后殖民理论作为一种思潮，具有强烈的政治性和文化批判色彩。

一般认为，后殖民理论在20世纪80年代末90年代初，成为一种影响广泛的西方社会思潮。《白色神话：书写历史与西方》就是这个时候出版的经典之作。罗伯特·扬在书中一开始就借萨义德之口对历史进行重估，这也是本书的核心所在：“萨义德认为，应该产生一种新类型的知识，它能够分析多元的对象，而不是仅仅提供一种在整体化构架中简单理解对象的单一化方式。”他进而表扬后结构主义：“它自身就构成了质疑西方知识的范畴和假设的立场。”罗伯特·扬对西方知识的批判不遗余力，且是深刻的，在他看来：“西方哲学中，当知识或理论理解他者的时候，他者的差异就会消失，成为同一的一部分。”而“在20世纪末的今天，当‘历史’让位于‘后现代’的时候，我们正在见证‘西方’的解体”。罗伯特·扬审查了西方思想中的不同“历史”概念，特别是批评了马克思主义，他说，在20世纪的多数时间里，马克思主义文学批评垄断了文学理论领域。罗伯特·扬把马克思主义和欧洲中心论等同，显然认为其提供了一种单一、线性又理性的传统历史主义概念。而“历史无法提供一种无可置疑的知识基础，历史性同样不能声称自己具有充当存在的基本模式的先验特权”。

罗伯特·扬的根本出发点是挑战历史的基础性地位，避免时代落入欧洲中心主义的陷阱。作者认为，所有的单一陈述历史的尝试——单一的世界历史传统或者说欧洲中心主义则是拜黑格尔所赐，都注定会失败。

◎**书架**　阿吉兹·阿罕默德：《在理论内部：阶级、民族与文学》；比尔·阿希克洛夫特：《逆写帝国：后殖民文学的理论与实践》；巴特·穆尔–吉尔伯特：《后殖民理论：语境、实践、政治》；赵稀方：《后殖民理论》；佳亚特里·斯皮瓦克：《后殖民理性批判：正在消失的当下的历史》；德里达：《声音与现象》《论文字学》《马克思的幽灵》。

汪　晖　《阿Q生命中的六个瞬间》

汪晖的作品一向拗口，这次，他解读的是中国现代文学史上最著名的小说和最著名的人物。

自《阿Q正传》诞生之日起，其文本就被众多评论家赋予了革命与启蒙冲突的现代性诠释，国民性、精神胜利法则成为固定的标签。这是鲁迅的本意吗？汪晖通过对这篇承袭说书人叙事方式、暗含史传体价值体系的小说的分析，回答了评论家聚讼纷纭的三大问题：作品的叙述方式是否发生了断裂？主人公及其精神胜利法是国民性的代表还是农民阶级的思想特征？主人公真的会革命吗？在汪晖看来，阿Q身上表现出的作为秩序维护者和本能的抵抗者的共在，

是鲁迅对革命的探索的结果，这个探索的核心就是谁是革命主体的问题。汪晖认为，阿 Q 身上“未经整理过的”革命的本能被“意识”不断压抑和转换，是已经被自然化的社会体制的规训过程的产物。

汪晖指出，鲁迅对阿 Q 生命中六个瞬间的描写，是精神胜利法失效的可能性的挖掘：失败感、无所适从、无聊、恐惧和自我的片刻消失，可以帮助我们理解主人公是否会成为革命党这一问题。由此，与其说鲁迅创造了一个精神胜利法的典型，不如说是提示了突破精神胜利法的契机。汪晖认为，阿 Q 的历史是秩序的历史，他身上有两个革命，一是历史内部的革命，一是隐而未发的革命。革命不可能停留在直觉和本能的范畴里，不是向上超越，即摆脱本能和直觉，进入历史的谱系，而是向下超越，进入鬼的世界，深化和穿越本能和直觉，获得对于被历史谱系所压抑的谱系的把握，展现世界的总体性。因此，汪晖的结论是，这篇小说对辛亥革命的开端探索是中国革命开端时代的寓言。

◎**书架**　汪晖：《东西之间的西藏问题》《声之善恶：鲁迅〈破恶声论〉〈呐喊·自序〉讲稿》《文化与政治的变奏：一战和中国的“思想战”》《死火重温》《反抗绝望：鲁迅及其文学世界》《无地彷徨：“五四”及其回声》《现代中国思想的兴起》《汪晖自选集》；林贤治：《鲁迅的最后十年》《旷代的忧伤》《平民的信使》《胡风集团案：20 世纪中国的政治事件和精神事件》《守夜者札记》《自制的海图》《时代与文学的肖像》《午夜的幽光》。

金宇澄 《繁花》

2012年，一个被称为文学界潜伏者的作家冒将出来，携一本以沪语为基调、以话本为面影、以先锋为脉络的生活小说《繁花》面世，一时间获得大奖无数，并被王家卫买走版权，意欲拍一个上海版的“清明上河图”。这个人就是金宇澄。

坦白说，近几年我很少读小说，感觉时间稀释得太厉害。这部作品最初给我的印象是作者的秃脑门后面乱糟糟的长发，今日阴差阳错，借端午半日闲，偶然走进文字里，始领略《繁花》语言和故事宛如一衣一饭的琐屑，与长发相异，短而别致。

在作品的开头，作者这样打开了日常生活的主题：陶陶说，长远不见，进来吃杯茶。沪生说，我有事体。陶陶说，进来嘛，进来看风景。如此对话，引出饮食男女的基本情态，忽然想起了《三言二拍》《金瓶梅》《孽海花》，传统话本的主角们，也口语铺陈，意气渐平，以缓慢的语调，纪念和告别庸常。

《繁花》的主题并不大，随便翻开一页，都似乎在弄堂和改造过的软韧相间的沪语中缓慢地迂回着，这就是生活：在市井与庸常中展示、打开而不是营造、挖掘“意义”。小说和绘画、音乐、书法、建筑等艺术样式没有区别，它们都以两个符号，即外在的语言和内在的结构凸

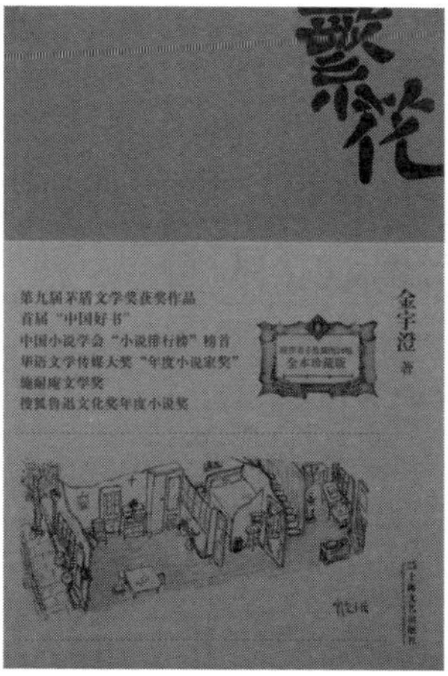

显个性。《繁花》的结构就是日常本身，而语言则是地方的，这种以新旧同体、雅俗交错为主打风格的语言叙事，像是一个沪语精致而通达的博物馆，一百年后，也许要借助这本书追述、还原甚至参观上海的古典主义的市民面相和风物记略。

个人猜想，金宇澄摆脱书面语的波长和无调性的努力是刻意的，他自己便强调："我的初衷，是做一个位置极低的说书人。"在陈旧故事和旧体语言中构建新故事、新生命的作者，显然实现了自己的理想。只是，作为一个读者特别是"陌生化"的读者，你必须忍受住金宇澄简练的絮絮叨叨，并在掩卷时放弃意义的重大追逐或剥离，在这个层面上，《繁花》之名，便带有万花筒的况味儿。

当你被语言和叙事方式搭建起来的结构缠绕而不能自拔时，这本小说的得与失、立与破就出现在读者面前而挥之不去了。

◎**书架**　贾平凹：《废都》；莫言：《红高粱》；铁凝：《大浴女》；王安忆：《长恨歌》；陆文夫：《美食家》。

郑永年　《通往大国之路：中国的知识体系重建和文明复兴》

世界越来越不了解中国，和世界对中国的看法越来越让我们不满意，其实是一个问题，即中国缺少一个能够向外在世界解释自己的知识体系。

郑永年指出，中国人自己不了解自己，尚不能回答"我是谁"的问题。郑永年进一步指出，西方认识中国的障碍，首先是价值观的问题，西方很难在认识和理解中国过程中“价值中立”，其认识中国的目的就是要改造中国；其次是方法论问题，以西方的概念和理论，亦即“看着苹果论述橘子”；但更为严重的问题是，中国学者在理解和认识中国上没有尽到最大责任，反而用西方价值观否定中国传统，使中国无法认识自己。也就是说，中国人曲解自己，是中西方相互“误解”的重要原因。郑永年所说，确实切中问题所在。

六十年来，我们的知识制造和产品制造两张皮。从某种意义上，经济基础和上层建筑已明显脱节。其中原因，不好分析，但表现却可以罗列而出，就是自五四以来，国人的思维和思想被殖民，他们生产不出自己的知识体系，只能使用外在的东西解释自己。从国家角度而言，则缺少了有效的意识形态，导致统治成本在迅速上升。作者的建议是，我们要确立能够和西方沟通的中国学，在此过程中，中国的知识分子要抛弃很多西方现存的概念和理论，返回原点，使用社会科学的方法重新观察中国现象，并再概念化和理论化。和新儒家的内圣整出新外王的观点不同，郑永年指出，自儒家成为官方意识形态后，儒家不仅完全依附于王权，而且其政治参与是犬儒主义的。由此，郑永年认为，知识就是权力，知识分子要对文明的进步负有责任，一旦人的思维受制于权力和利益，知识就没了想象力。换句话来理解作者的意思，中国的进步取决于独立的知识体系的出现，知识不能超越权力和利益。

知识保持独立，是可行的，然而是可能的吗？

◎**书架**　郑永年论中国系列、郑永年看中国系列；瓦尔特·米尼奥罗：《文艺复兴的阴暗面》；沃尔特·佩特：《文艺复兴》；盐野七生：《罗马灭亡后的地中海世界》；沈志华：《一个大国的崛起与崩溃》；唐晋：《大国崛起》；保罗·肯尼迪：《大国的兴衰》；亚当·斯密：《国富论》；戴维·S·兰德斯：《国富国穷》；贾雷德·戴蒙德：《枪炮、病菌与钢铁》。

止　庵　《风月好谈》

读止庵《风月好谈》，有两个问题值得注意，一是周树人的死因，一是周作人的变节，前者涉及阴谋，后者涉及操守，为学者不可不察。

周海婴在《鲁迅与我七十年》中转述叔叔周建人的话说，1936 年，鲁迅病重，须藤医生代表日本邀请其前往治疗，遭到断然拒绝：“日本我是不去的。”王元化为该书作序时说：“日本就此知道了鲁迅的态度，要谋害他是有可能的。”由此引出一个重大话题，鲁迅是不是和霍元甲一样，为中华民族宿敌日本所谋害。止庵查阅众多鲁迅亲友信件及本人书信、日记指出，鲁迅提及转地疗养，的确出于须藤的建议，但目的地并未指定日本。因“我的病时好时坏”“不能离开医生”“出国有种种困难，国内呢，处处荆天楚地”，因此转地搁浅。鲁迅辞世二十一天前，病情稍有好转，还在信中说：“现在暑气已退，用不着转地，要等明年了。”此可证明，周树人一死，似与日本人无瓜葛。

止庵在书中讨论周作人时说，对于一总被归入汉奸之列的，再做区分似乎没有什么意义。不过，其《关于周作人》一文似乎为周作人委身汪伪暗中还是作了辩护的。周作人经日本人邀请，出乎日本人意料地接替汤尔和出任伪华北教育总署督办，止庵引用国民政府教育部长朱家骅的话，指出周作人任期内“华北教育不曾奴化”，这是有贡献的。止庵认为，周作人对于气节的认识与他反对“三纲”的思想是一致的，骨子里追求道义之事功化，并且有根深蒂固的绍兴师爷的倔强，至死都没有忏悔过。而且，周作人还引克鲁泡特金为师，受虚无论影响甚大，重实证轻理想，对民族的前景极其悲观。也正是由于周作人汉奸的面具，遮蔽了我们对其超前思想价值的忽略。比如他偏向弱者的人道主义思想、怀疑群众的思想立场、允许少数人说话的宽容与自由的价值态度，放在今天依然是颠扑不破的。

由是，止庵指出，他们当年所讲的这些对于21世纪的中国仿佛还是新道理。

◎**书架** 周作人：《知堂回想录》；另，止庵编36册周作人自编集可自行挑选阅读；钱理群：《周作人论》。

〔日〕杉山正明 《游牧民的世界史》

1206年，铁木真率领牧民战士军团开始了远征之旅。由此，内陆草原文明全面向欧亚大陆东西方拓展。以杉山正明的目光，这一年，正是世界史的开端。其人所著《游牧民的世界史》旗帜鲜明地反对西方中心论和中国中心论，他认为，由西欧进行的世界化及全球化虽然是个事实，但它的副产品之一就是以西欧本

位主义述说人类历史。也就是说，世界史变成西欧进行整合的过程，将西欧史与世界史几乎置于同等地位进行叙述。与此相适应，游牧民史被偏见性地定义为残暴、粗俗和落后。世界史作为一种新兴的史学思潮，考察的是超越了民族、政治、地理或者文化等界限的历史进程，其把文明间的交往和互动视为世界历史的主题，而文明无法用任何一种明确的“生活方式”表达，“这里有的是差异、冲突和不明确的边界，一致性和统一性是不存在的”。杉山正明明确排斥国家、民族或者国界线这些西方概念，他在本书一开篇即指出，介于兴安岭和阿尔泰之间的蒙古高原构成了欧亚大陆的“主体”，游牧民以此为基点成为挑起国家的中坚力量，从而创造了“世界”。这样，如果以欧亚大草原为中心来俯瞰，不论过去或者现代，都更容易看清世界历史的样貌。这意味着，围绕着欧亚大草原，无论是欧洲抑或中国，都呈现出边缘、边界或者边疆的特性。如果沿着杉山正明的观点延伸，在欧亚大草原，分别在匈奴、突厥、蒙古和满洲的统治下，开启了四次世界帝国时代，尤其在蒙元的统治下，欧亚大草原有了游牧、农耕以及海洋国家的混合性格，并以重商主义的取向开启了资本主义的萌芽。这种观点，明显指出：现在还不是历史的终结，若打算要在美国之中找出近代西欧的极致姿态并将其当作人类文明的最终样貌的话，只能说是太过于不在乎、不负责任的想法。

◎**书架**　杉山正明：《蒙古帝国的兴亡》《疾驰的草原征服者》《蒙古颠覆世界史》。

南怀瑾 《历史的经验》

廿年后再读《历史的经验》，斯人已逝，斯书也浅，只是作者学问和行事有所争议，终是难免。这本小册子是讲课记录稿，言辞通俗，估计一些所谓大知识分子大摇其头，不过，依我看来，饭后、睡前、途中则是一本很好的休闲性知识小品。

作者开宗明义，不遮遮掩掩，坦言自己写的是谋略。我的观感，南怀瑾讲课的方式是道学的底子、儒学的表子、法学的衬子，所谓历史的经验还是突出实践理性，即以“用”为宗旨。南怀瑾讲谋略，还是有认真的态度的，他明确说，谋略是一把刀，本身没有善恶，用得好是救人的，用不好是害人的。

本书以经史合参方式读《长短经》《战国策》和《世要论》，着重分析正反相生、君臣相待、利弊相参等道理。在分析诸典时，南怀瑾强调三道（君道、臣道和师道）、两做（做人和做事）、一因果。我甚至觉得，行政机关或企业管理者可以师法之。比如，引用姜太公明察、明罚、明赏而谈治乱时，南怀瑾指出，凡事都对人看得很清楚，调查得很清楚，就会使人感觉到被扰乱、受干扰，为了避免干涉，不安其处，就容易形成社会的变乱。

由此，他说，中国的政治，过去总讲厚道，要包容一点。这就是《反经》的道理，任何一

个办法，正反两端，如不能平衡，问题就出来了。如果熟思之，这也是传统的辩证兼中庸之道。假设以其语验证当今国策，也许我们体会更深。我读的本子是增订版，增加了《对日抗战的点点滴滴》，这个尾续得好。

南怀瑾一生阅历丰富，识人无数，而且有道行，饱学问，他评价蒋介石、张作霖、张学良、孙中山等，一语便将一个人物立在纸上。至于他评价军阀混战、抗日战争、西安事变更是深具洞见，上述自然需要感兴趣的读者自行翻阅了。

◎**书架**　南怀瑾：《南怀瑾全集》；唐德刚：《李宗仁回忆录》《张学良口述历史》《胡适口述自传》。

〔美〕基辛格　《世界秩序》

任何一个政治思想家都有一种以天下为己任的抱负，基辛格也不例外，他的封笔之作指向了国际秩序。不过，和儒家的世界大同以及马恩的共产主义不一样，基辛格的出发点是人性论和利益论。在他眼里，自然从来不存在一个真正全球性的“世界秩序”。

《世界秩序》一书从《威斯特伐利亚和约》起笔，描绘了世界上不同区域奉行着的各自的秩序规则，即欧洲的包容的均势秩序观、伊斯兰宗教秩序观、亚洲的多样文化秩序观和美国的代表全人类的秩序观，这几乎是亨廷顿文明冲突的变异性翻版。基辛格认为，地区秩序观之间的冲突是当今最重要的国际问题。只是，他的论调是悲观的，因为每个区域各行其道，国际局势的紧张、混乱和无序日益加剧。基辛格指出，重建国际体系是对我们这个时代政治家才能的终极挑战。在他看来，建立“一种肯定个人尊严和参与式治理、遵照一致同意的规则开展国际合作的世界秩序”是美国的责任，因为美国在拥抱普世原则、接受其他地区的历史和文化现实这两个层面上追求国际秩序，且目标坚定。

坦白说，基辛格拿不出国际秩序治理的灵丹妙药，他所写的这本著作是大外交的系统阐述却少洞见。本书匆匆结尾，在哀叹人类社会无可救药地充满着变化和冲突的同时，寄希望于根据当下现实实现威斯特伐利亚体系的现代化。如是，则如何回应各大文明或各大利益体、各个大国之间的冲突呢？

◎**书架**　基辛格：《论中国》《白宫岁月》《大外交》《重建的世界》；李光耀：《李光耀观天下》；傅高义：《邓小平时代》；费正清文集。

〔美〕埃里克·施密特　《重新定义公司》

作为全球性的标志企业，谷歌颠覆了公司的组织形态。对我这样一个身处科层制机构多年的人而言，《重新定义公司》是震撼的，也是迟钝的。两位作者，一个担任谷歌执行董事长，一个担任首席执行官的顾问，他们现身说法，揭开

谷歌经营和管理的面纱：未来企业的企业之道，是聚集一群聪明的创意精英，营造合适的氛围和支持环境，充分发挥他们的创造力，快速感知客户的需求，愉快地创造相应的产品和服务。这意味着，组织的逻辑必须改变。

作者指出，现今的职场与20世纪相比有天壤之别，决定当今企业成败的关键因素，是能否持续推出高质量的产品，实现这个目标，必须吸引创意精英的加盟，并创造出让他们自由发挥的整体环境。事实上，创意精英是一个极其难以管理的群体，因为无论付出多少努力，都无法指挥这些人的想法。谷歌的管理之道似乎与一般跨国公司没有分别，也集中强调文化、战略、共识、沟通和创新，同时突出人才招聘是领导者最为重要的工作。但谷歌更尊重人之所以为人，按阿里巴巴集团副总裁曾明的解读，创意者最主要的驱动力是创造带来的成就感和社会价值，自我激励是他们的特征。这个时候，他们最需要的不是激励，而是赋能，也就是提供他们能更高效创造的环境和工具。谷歌组织和管理的不同首先是观念的不同，比如文化上认为拥挤出成绩，战略上信赖技术洞见而非市场调查，人才招聘上雇佣学习型动物，共识的含义是少做决策，创新上是聚焦用户。

谷歌奉行科技乐观主义，认为所有的大问题都是信息问题，作者对未来的展望豁达而富于激励：新新人类对科技的驾驭是我们无法企及的，置身生机勃勃的创意精英的环境中，是我们的命运。面对冲击和替代，有人或许不寒而栗，但我们却热血沸腾。

◎**书架**　拉斯洛·博克：《重新定义团队：谷歌如何工作》；布赖恩·罗

伯逊：《重新定义管理：合弄制改变世界》；辛西娅·蒙哥马利：《重新定义战略：哈佛商学院核心战略课》；郭士纳：《谁说大象不能跳舞》；杰克·韦尔奇：《赢》；彼得·德鲁克：《卓有成效的管理者》《管理的实践》《管理：使命、责任、实务》《公司的概念》；W.钱·金、勒妮·莫博涅：《蓝海战略》；吉姆·柯林斯：《基业长青》。

〔美〕艾伦·德肖维茨 《你的权利从哪里来？》

权利来自恶行，这是当今美国刑辩第一人艾伦·德肖维茨的理论，此人曾在辛普森杀妻案、克林顿弹劾案、泰森强奸案中担任辩护律师。这一观点之所以石破天惊，是因为他否认了权利来自造物主和自然法——这些都是美丽的谎言。

对权利来源的回答，决定了权利的地位和内容，按艾伦的说法，权利来自人类的历史和经验及其共识：绝大多数人都不愿意看到恶行再次重演，权利正是来自于人类对于过去经历的暴行磨难的反思，为了避免重蹈覆辙，人类创立和积累起权利体系来抵抗恶行的侵袭。基于此，艾伦认为培养的权利要比自然的权利来得实际而悦耳，它要比人类经验以外的来源为前提的理论更具经验性、可观察性与可争辩性，并且无须依赖无法证明的信仰、隐喻和神话。

艾伦的逻辑是，权利取向有两个步骤，首先是辨识出我们试图避免重演的最大恶行有哪些，接着则探问某些权利的丧失是否会导致这些恶行的发生，这种由下而上的取向，其基础在于现实——对于什么是重大不义，人们要比什么是完全正义更能形成共识。作者也指出，权利会产生恶行，不过，有权利的世界是个风险的世界，没有权利的世界风险更大。艾伦认为，在民主制度里，真正的统治者是人民，如果公民的深刻经验与司法判决相抵触，这样的判决不可能长存。并且，由于人类及人类组成的政府总是不断在其他人类身上施加新的恶行，因此必须持续构建新的权利。

艾伦作为哈佛大学史上最年轻的教授，其以鲜明的现实主义和经验主义撕开了政治或神学加诸法律身上华丽的外衣，这一点尤其值得称道。

◎**书架**　艾伦·德肖维茨：《最好的辩护》《致年轻律师的信》《合理的怀疑》；杰弗瑞·菲佛：《权力：为什么只为某些人所拥有》；阿希尔·阿玛尔、莱斯·亚当斯：《美国权利法案公民指南》；理查德·塔克：《自然权利诸理论：起源与发展》；L.W. 萨姆纳：《权利的道德基础》；达契尔·克特纳：《权力的悖论》。

韦　力　《古书之爱》

韦力因藏书丰厚，被很多媒体冠以当今私人收藏古书第一人，但他似乎不领情，声明“私藏是公藏的余唾……称我为古籍藏书第一人，感觉和骂我没有区别”。且不管这是谦虚抑或自傲，这本《古书之美》是白纸黑字的东西。

书分为三部分，一部分是讲稿，介绍古籍拍卖的历史（起源于18世纪的欧洲，苏富比和佳士得就是靠拍卖古书起家）和价格，重点分析了各种版本（通常分为写本和印本，但细分则有九种分类方式，有兴趣的不妨自己查阅）；一部分介绍了自己甲午春得十五种古书的笔记；还有一部分，以对谈的方式介绍个人及收藏史。我个人的见识，收藏古籍是烧钱的事业，一要起步早，越早越便宜且易得；二要有眼光，真假不说，起码知道古籍热点和冷门；三要懂经营，在古籍内外有些产业，以书养书或副业养书。除此之外，就是黄裳说的，想得好书的唯一渠道就是花大价钱。

古籍收藏是一门学问，收藏的过程就是读书的过程，浸淫其中之甘乐非寻常人懂得。梁小民曾在《东方早报·上海书评》发文称，韦力的这本《古书之爱》可作闲书来读，很有意味。我觉得评价有点儿过。韦力藏书水平和写作水平不在一个档次，平铺直叙罢了，我倒是欣赏他的胸襟。

韦力毕竟是读了书的，在冗长的文字里夹藏着知识人的通透。但本书屡屡登各种榜，让我不胜惊诧。

◎**书架**　韦力：《失书记》《得书记》；黄裳：《前尘梦影新录》；谢其章：《书鱼繁昌录》。

王敦煌 《吃主儿》

圆脑袋，胖肚子，王世襄给我的观感，不是玩蝈蝈，玩家具，而是一个地道的吃主儿。他儿子写的这本书，就佐证了我的直觉。坦白说，吃得有渊源或家学，比如我，虽然母亲做得一手好菜，翻翻炒炒，非一般老百姓可以比拟，但生在农村，长在乡下，巴掌大个天，毕竟世面少了些。像人家王世襄，祖辈高官，自然嘴巴阔些，鼻子长点。王敦煌给吃主儿的定义是会买、会做、会吃，这三会背后是世面和文化，论起来，王世襄一个“纨绔子弟”，能把“玩”玩成活儿，自然当之无愧。

《吃主儿》一书，记录的是王世襄和王世襄父亲的两个仆人玉爷、张奶奶，也就是这三个人买买、做做、吃吃的家长里短。关于饮食，这几年因了《舌尖上的中国》，一般黄毛丫头都流着口水说吃过这吃过那的，如果把这些四体不勤、五谷不分的当作吃主儿，那就白瞎了粮食和蔬菜了。美食背后，是一种恬静的生活态度和雅致的生活情趣，岂是一帮子吃快餐的或者蜻蜓点水的可以领悟的？比如，我常说自己最喜欢的几道菜是冰镇椰汁燕窝、乳鸽清蒸燕窝，其实至今只吃过一次，子丑寅卯都不明白，别说吃主儿，连馋鬼儿都算不上。

王敦煌在书中说了很多，但有三句话我记

得牢，一是头一步得上菜市场学去；二是吃主儿治馔，费琢磨，不甘心人云亦云；三是吃主儿讲究不糟蹋东西。这三条，尊重菜品，尊重技艺，尊重饮食，活脱脱和美食是朋友。事实上，你尊重美食，美食尊重你的嘴和胃，就这么简单。行文至此，我倒是想引用一个书中记载的菜谱，就是海米烧大葱，因为，我看完这个菜谱以后，立即去冰箱拿了一罐啤酒压了压口水……还是不引用吧，美食不可辜负，更不可泄了天机，有兴趣的不妨买了书，学个十年八年的——不要怕时间长，做一个吃主儿也需要天赋。

◎**书架**　王敦煌：《吃主儿二编》；赵珩：《老饕漫笔》《老饕续笔》；唐鲁孙：《唐鲁孙作品集》；逯耀东：《寒夜客来》；车辐：《川菜杂谈》；夏晓虹：《酒人酒事》；梁实秋：《雅舍谈吃》；汪曾祺：《老味道》《人间美味》《故乡的食物》《五味》；袁枚：《随园食单》；朱家溍：《故宫退食录》。

冯骥才　《俗世奇人》

说一个成熟的作家老辣，大体不离眼光毒、思想醇、文辞淡，整体风格质朴而刚劲，这些语词看似矛盾，但非如此不足以成就一篇如美酒美食之美文，文坛中，孙犁、汪曾祺以及尚在世的冯骥才俱是这般“妖精”。

《俗世奇人》有旧版，去年冯大个子凭此足本上了福布斯，就有些意思了。

内人王珊珊喜读小品，本书便是她的读物，枕头偶得，拿来读了，欲罢不能。话说，天津卫是水路码头，五方杂处，向来幺蛾子多，冯骥才记了些晚清民国的奇人妙事，每人一篇，且自绘这些人的嘎劲，便有了这个册子。说冯骥

才刻画人物栩栩如生，这得读者自行体会，没准还有人撇撇嘴，以为淡出鸟来。如果这样理解，显然是胸里没有丘壑，格局不高。好的作家是什么人？是王世襄一般，把一颗大葱简单烧一下，便让人垂涎欲滴。《俗世奇人》是“传奇”的筋、白描的骨、散文的肉，说白了，有冯梦龙“三言二拍”的意思。是否故意师法之，不得而知，但一言一语，不事雕琢，却又用心良苦，却是毫无疑问。他写酒婆，“她喝酒不吃菜，向例一饮而尽，喝完就走，从来没赊过账。”写死鸟，“贺道台给逗得咧嘴直笑，还说：‘这东西，连声音也学我。’”文白夹杂，佐以津言，传神而又生动。

我在想，冯骥才写的这三十六个人物，大里有小相，小里有大意，究竟是小说杜撰，还是真有其人呢？也许作家的本事就在这里，当他盯着你看的时候，你会成为下一个俗世里的奇人。

◎**书架** 冯骥才：《怪世奇谈》；陈鸿年：《北平风物》；李锐：《太平风物》。

止 庵 《旦暮帖》

山东画报出版社的格调一向雅致。这本集子之名取自《庄子·齐物论》：“万世之后，而一遇大圣知其解者，是旦暮遇之也。”典型的止庵风格。作者研究周氏兄弟起家，又以随笔名世，倒是符合我摘摘取取。

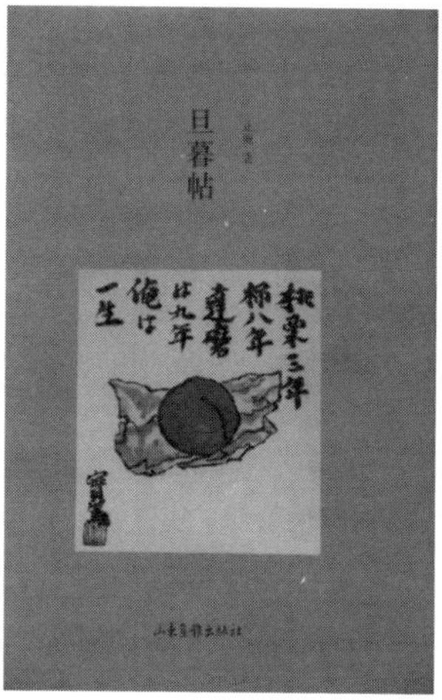

《十足的鲁迅举隅》云，鲁迅喜烟嗜糖，爱吃零食，但一般人无法避免的无聊游戏，如赌博、旧戏、妓院，未沾染丝毫。不过，依许广平言，鲁迅晚年爱看电影，往往趁孩子睡了，叫辆小汽车，买最好的位子，前去观影。1936年10月10日，去世前九天还看了改编自普希金小说的《复仇艳遇》，并在日记里评价甚佳。

《关于周氏兄弟失和》一文，作者梳理各方资料试图给这段文坛上的著名公案一些思路，从行文来看，经济纠纷系一大疑点。另据周作人自述，既不是思想分歧，也不是许寿裳所说的，鲁迅与歇斯底里的弟妻因琐事闹了别扭。

《“乍暖还寒时候，最难将息”》探讨金岳霖建国后的思想改造，金氏曾高调评价这一改造，视之为中国知识分子的必由之路，转头却称自己仍然是个实用主义者，彻底改造只是可能而已，却又耐人寻味。

《文学体制外的文学》探讨冯雪峰《回忆鲁迅》的思想倾向，按止庵的说法，冯氏是如此设计鲁迅的：显然，一方面他的心境更要开阔起来，一方面他和集体也要更紧密起来。这一论调，显然可以视为十几年后大规模的知识分子思想改造运动的前奏，由此符合《乌合之众》中自觉的个性消失了、形成了一种集体心理的描述。止庵指出，从鲁迅晚年的一些作品来看，假如多活些年头，恐怕不会完全如冯雪峰所愿。

◎**书架**　止庵：《罔两编》。

〔俄〕尼古拉·伊万诺维奇·雷日科夫　《大国悲剧：苏联解体的前因后果》

对苏联解体的检讨，已成为一门显学。面对这个莫斯科郊外曾经的“老大哥”，我们的心情是复杂的。譬如某日，我拿到一本久加诺夫的签名本时，尽管不认识俄语，读不懂其中的文字，却依旧感慨万千。

一般而言，我们对这个大国解体的教训的总结，集中在两个方面，一是外的，即帝国主义亡我之心不死；二是内的，即执政党被糖衣炮弹打败了。目前，任何一种反思都跑不出这两个调调。最大的指责，无非就是放大内因，将其之失败归结到哈耶克和阿伦特的论点上。

雷日科夫是苏联解体时的部长会议主席（总理），一个典型的“在场者”和当事人。他的回忆的主题，阎明复在前言中已经总结了：叶利钦为代表的民主派的崛起和戈尔巴乔夫为代表的执政者的垮台。不过，雷日科夫的归结点在内因：如果内部没有一个实际上完全奉行敌人所树立的目标的“第五纵队”，苏联是不会垮台的。作者对这场大变革持否定态度。在他看来，大变革的悲惨之处在于一种内心深处的迷失，而大众传媒却用尽了浑身解数来支持这种迷失。证据就是，苏联时代虽然不富裕，却可以得到基本的保障。现在，民主

派这些厚颜无耻的家伙欺骗了老百姓，他们承诺的天堂般的日子迟迟没有到来。这就是他要说出的“真相”。不过，作者有一句话打动了我：“历史不过是时代的‘人质’，人们往往只是简单地抄写历史，目的不外乎是再一次取媚于新一代统治者。”在我看来，历史的全部秘密就在这里。现在，俄罗斯还不是新的俄罗斯，它至今仍是一个新苏联。这也是历史的秘密所在。

新华出版社、中央编译局和社会科学文献出版社是苏俄问题出版的三大重镇，本书值得一读。梁艳玲女史赠送一套其购买的《苏联历史档案选编》（36册），甚是开心。

◎**书架** 沈志华：《苏联历史档案选编》（36册）、《冷战五书》《中苏关系史纲》《俄罗斯解密档案选编》；中共中央党史研究室：《共产国际、联共（布）与中国革命档案资料丛书》（4册）；康纳·奥克莱利：《苏联的最后一天》；安妮·阿普尔鲍姆：《古拉格》；米克洛什哈拉兹蒂：《天鹅绒监狱》；奥兰多·费吉斯：《耳语者》；尼·雷日科夫：《大动荡的十年》；盖达尔：《帝国的消亡》；大卫·科兹、弗雷德·威尔：《来自上层的革命》。

止　庵　《向隅编》

止庵此书名源自刘向《说苑》之《贵德》篇：“今有满堂饮酒者，有一人独索然向隅而泣，则一堂之人皆不乐矣。”既然作者声称其随笔写作遵循四句话：好话好说，合情合理，非正统，不规矩。那作为旁观者，大可不必正襟危坐规规矩矩地读。

比如,《谈骂人》篇说,鲁迅能骂人、会骂人,骂梁实秋占尽了文化和智慧优势,根本不把对方当一回事儿,精妙处,恐怕对手一生难以领会。依《谈邻女窥墙》观,止庵翻了不少书,他指出,蒲松龄《红玉》(《聊斋》)、司马相如《美人赋》、宋玉《登徒子好色赋》以及孟子《告子》对邻女的描写典典相承,只是侧重和详略有异。《鲁迅移居砖塔胡同以后》说,鲁迅以巴人为笔名发表《阿Q正传》时,尚以教育部官员之身份藏身暗处;1925年女师大风潮以及随即与陈源的论战,使鲁迅本人走向前台,由此,杂文成为其主要写作方式,论战成为其主要思想方式,以此终其一生。《鲁迅与废名》一文,勾勒了两位文学家由知音到论敌的一些细节。1930年,郁达夫和鲁迅领衔《中国自由运动大同盟宣言》引起了一些人士的批评,把此事归为文士立功,就是有政治野心。废名和周作人、俞平伯同属京派一员,认为鲁迅参加此同盟和左联是心灵变化的迹象,放弃了独立思考的立场,基于此,两人围绕周作人而交恶。

行文至此,忽然想起小时候读过而于今不见的一本杂志《随便翻翻》,随笔的好处在于读和写都可以随便一些,行于所当行,止于你想止。孔子所谓从心所欲,可能也暗含这个意思吧。

◎**书架** 止庵:《雨脚集》。

止　庵　《插花地册子》

止庵《插花地册子》中的插花地就是飞地，止庵用于精神概念，代指异己，贴不贴切不重要，这是他的调调。

就止庵来说，敢于写一本“读书传”，为自己的精神和肉体立碑，还是需要些勇气的。厨房和书房，一个是女根，一个是男根，敢拿出来晒晒，得有些底子。

编辑言：《插花地册子》所记录的，就是一个通过读书完成自我教育的实例，对于嗜好读书的人来说，这是一部关于书的《随园食单》。尽管止庵不认同书单的说法，但“我们于学校、家庭、社会教育之外，还需要一种自我教育；修养、品味、兴趣、爱好，很大程度上有赖于此”。这确实是作者的意旨。

本书除了附录了几首现代诗，以八章记录了自己的读书生活和思想轨迹外，特别以一半的章数开列了读国内外小说、诗歌和散文的单子并加以解释。读书是一种强烈的个人化事件，止庵的兴趣爱好未必是我们的，这一点，他倒是认了：影响别人的书未必能影响我，同样，影响我的书也未必能影响别人。所以书目还得自己来拟，书也还得自己来读。

话说回来，读书能否改变一个人，是否是自我教育的重要途径，是一个似是而非的问题。虽然于止庵而言，读书是他生命中非常重要的一部分，以他的记录，个人就是一个书虫，“活

到现在，差不多只做过读书一件事”。这样的生活，自然非一般人可以同情和理解。

不过，我虽然嗜好书，却认为它和油盐酱醋茶一样普通，并不是一件多么崇高的事情。读书，不外一个心理或情感问题，爱就爱，不爱就不爱，如是而已。

这话不是说我一向喜欢的止庵，就事论事罢了。

◎**书架**　止庵：《惜别》《神拳考》（此书有新版上市）。

〔美〕周锡瑞　《1943：中国在十字路口》

《1943：中国在十字路口》显然模仿了《万历十五年》，这一点，自两本书笔调一致的开篇即可看出。只是，编辑体例以专题论文为主进而组合出立体的历史，则明显带有剑桥史系列丛书的影子。

以《义和团运动的起源》声名大噪的周锡瑞希望将关注点集中在特定的一年，借此引出其对历史走向的梳理和把握。1943年，不平等条约废除，《中国之命运》发表，蒋介石和罗斯福、丘吉尔会晤，宋美龄在美国国会发表演说，新疆重新回到祖国的版图，河南灾荒持续发酵，中共开始抢救运动……本书借助这些历史性事件试图说明，在中国这个大舞台上，上述各方的冲突构成了中国政治的深层结构，失望和希望的交织，则根本上决定了中国的命运。

比如，1943年秋天，蒋介石放弃了武力解决中共问题的做法，转而采取包括向宪政过渡在内的政治途径，而知识分子希冀以此实现政治自由和经济民主的主张，因失去信心，转而支持中共提出的建立联合政府的主张，由此，历史中沉默的谱系清晰而明朗。这本书最大的亮点是，描述了在一个政治、军事如火如荼的社会里，沦陷区的牧师王明道坚持独立于日本支持的“华北中华基督教团”，反对他的教会与任何其他团体发生联系。而广州湾的法国租界地则变成连接国统区和沦陷区的走私通道，也就是说，在这里，走私超越甚至代替了抵抗。这一现象告诉我们，“政治生活和爱国主义并非对那时的所有中国人都很重要”。

历史如此复杂，当一些人在国家、民族问题上念念有词时，是否在从事着一种自娱自乐的少数人游戏呢？

◎**书架**　周锡瑞：《叶》《义和团运动的起源》；柯文：《历史三调》。

止　庵　《比竹小品》

“比竹”一词出自《庄子·齐物论》，乃竹制编管乐器，指代人籁，作者以之自况。

按《周启明颇昏……考》，鲁迅曾指责二弟作人“颇昏”，实则因为其与废名一个圈子。废名是周作人举为大学讲师的，曾在周作人散文钞序言中，指责鲁迅行文感情用事，流于意气，对西方文明和中国古代思想缺乏了解。这一指责，暗含了鲁迅与周作人、废名明为历史观念实则政治立场的分野。鲁迅认

为废名是替周作人这个主人吠叫。

《鲁迅与朱安》文考察了两人的夫妻关系。鲁、朱两人是包办婚姻，据仆人讲，一天也就三句话几个字，除非涉及家用，多说两句，但一月不过一两次。朱安曾说，老太太嫌她没儿子，大先生终年不同她讲话，怎么会生儿子？去世前，朱安唯一一次公开谈论鲁迅云：周先生对我并不算坏，彼此间并没有争吵，各有各的人生，我应该原谅他。在这件事上，朱安受害最巨，鲁迅也不能自拔。诸多研究认为，婚姻无疑为他的创作和意识蒙上了阴影。

此文集中，对张爱玲的研究也是一个重点。按《胡张初识考》，胡兰成的《今生今世》和晚于十七年张爱玲的《小团圆》对两人的认识有不同记载，均云“彼来看我”，各说各话。止庵考察了张爱玲晚年对朋友关系的淡漠和其在诸文中对朋友记载的差异，似乎倾向于《小团圆》的说辞过于主观，“作者希望他的生活就是如此”。

◎**书架** 止庵：《云集》；张爱玲：《张爱玲小说集》（5册）。

刘慈欣 《三体》

买了几套《三体》送朋友，大体翻了翻，黯然搁下，不惊讶于这样的文笔为啥获奖，而是感叹自己被流行文学抛弃。不仔细看，不代表没有资格谈谈这本被抬得很高的“天书”。无独有偶，给内人读，亦是抗拒。

《三体》将背景设置于“文革”，由此，在思想空白期衍生出替代性的未来史，这是整部书的基调。科幻小说是人类共同的童话，也是人类搁置在现实中的飞地，尤其关于异类生物或文明交流的叙事，总体上在探讨我们自己置身群体或社会的异质性孤独和焦虑。“文革”的这个接口，直接把政治、城市和建构性的社会转移到充斥着他者的黑暗领域，这显然是外在于自然、社会和内心的第四世界。

在这里，自由、正义和人性借助想象呈现出复杂性的、解剖式的面相。更重要的是，这个虚构的“新边疆”中，提供了解决现实问题的神话方案。红岸，地外生命搜寻……这些词语，与我们告别革命的语境有关却又深深纠缠在革命里。“在这宁静中，地球重生了”，重生多么像终结，外星人代替了人类的行为，却打上了殖民的深刻伤疤。这种科技的、新式的现实并不是乌托邦，它与规训、惩戒、征服以及我们最痛彻的帝国话语融为一体。

走笔至此，我的疑问是，黑暗森林中，我们和外星人谁是他者？谁又在救赎谁？作者不可能给出答案，因为，过去、现实和未来一直在歧义和经验中被反复构思、遮蔽。

◎**书架**　霍金：《时间简史》《果壳中的宇宙》《大设计》。推荐两本普及性杂志：《飞碟探索》《天文爱好者》。

〔美〕彼得·海斯勒　《江城》

兜里装着银黄颗粒和鲜竹沥液，在地铁中读《江城》，我突然增加了心病，一个名叫陆川的导演，怎么才能把这部世界“名著”搬上银幕？

久在书肆浏览，何伟（彼得·海斯勒）这个名字如雷贯耳，今日展读，才知道这书是一个二十多岁的外国人写了一个二十多年前的中国一角——涪陵，当今一个以榨菜闻名的地方。2003年，我在时任涪陵区委书记胡建康的陪同下，和时任湘西州委常委、吉首市委书记徐克勤等一行考察了涪陵。关于这本书，国内外好评如潮，在我看来，还是作者实在，他在前言中说，“不过小孩子的写作水平而已”。书中多是流水账，记述自己在重庆的生活，有事有评，无非是一个外国人的视角，如果这是一个中国人写的，恐怕出版都是难事。

由是我在思考三个问题，一、为什么外国人写中国的书容易火；二、如何评价一部作品；三、畅销或长销的就是经典吗？是的，我们大部分人置身自己的生活中，对各种程式性和仪式性的东西熟视无睹，但陌生人描写的就是新鲜的？熟悉的陌生和陌生的熟悉，这两种场景或者笔法真的可以提供一种社会性药方？书评家或读者在抬高这部作品时，究竟隐藏了多少或什么判断价值？叛逆的、政治的、自卑的、文明的……我都看不出。

坦白说，我尊重多元，尊重异己，却无论如何都对大众化阅读保持距离。

◎**书架**　彼得·海斯勒：《奇石》《寻路中国》。

刘小枫　《古典学与古今之争》

围绕古典学的评价势必会引发古今之争。在中国，这一源头是孔子，他的视域中，道行与不行，在于是否遵从“郁郁乎文哉”的先周之制。而按新文化运动主将们的观点，嘲笑古传德性，摈弃古典传统中最具根本性的教诲，则是培育新人、社会进步的必由之路，也就是说，新派智识人树立现代实证化人文社会科学新偶像的前提条件，就是终结经学。

以此观之，古今之争不是简单的学术问题，用刘小枫的说法，更关涉古代文明与现代文明的优劣，是古今政制原则的优劣之争。

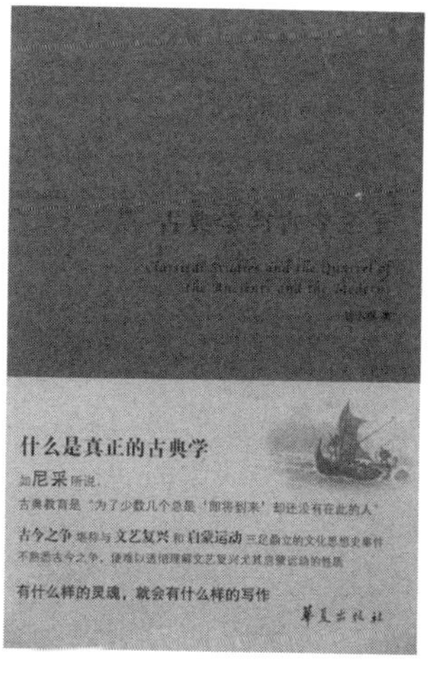

刘小枫这本读书札记《古典学与古今之争》中，核心一篇是《古今之争的历史僵局》。他指出，古今之争是搭起文艺复兴和启蒙运动桥梁并成三足鼎立之势的文化思想史事件。不熟悉古今之争，便难以透彻理解文艺复兴尤其是启蒙运动的性质，因为，“古今之争不仅使得西方国家中甚至有共同学问基础的知识人分裂，也使得整个基督教欧洲知识人共同体分裂”。

在这个意义上，古今之争始终是有价值的、政治的，也是一个新时代开始的序曲，因为，分裂意味着重构。

如此，学习古典学又有什么用处呢？也许尼采的一个说法可以作为注解，因为“现代人生活在一个相当不道德的时代”。

◎**书架** 刘小枫：《柏拉图四书》《重启古典诗学》《拯救与逍遥》；甘阳：《古今中西之争》。

张祥龙 《复见天地心——儒家再临的蕴意和道路》

本书以《易》言“复，其见天地之心乎”冠名，无非求天道、追人心、复儒学、兴继绝，一言蔽之，探讨儒学复兴的可能及其路径。

自西学东渐，“两希”文明以一个怪兽体制和魔戒帝国的形态，吞噬着一切异质文化和生命样式。相悖的是，撕碎民族文化的先锋不是西方知识分子，而恰恰是以拯救民族为己任的中国知识分子。这些知识分子，以“现在”时相为时之本、时之实，而贬抑乃至摈弃过去和将来时相之真实。企图建立儒教的康有为是反儒的，全盘西化的“新青年”是专制的。

据本书可以看出，张祥龙承西学、读国学，其语词和框架中多有哲学话语形式和宗教、文明冲突基调。其核心概念是时，而权又是时的表达，乃孔孟儒的最要害处，无它则无《春秋》，无公羊学，也无《诗》《书》《礼》《乐》《易》，稍有不诚则贼道莫大焉。在“时”这个概念上，作者以仁以孝作为注脚，仁者爱人，孝悌是仁之本，这种亲爱、亲子关系，是人类基本生存方式造成的根本关系，是任何现象学也无法还原掉的。“时”非物理的，而是胡塞尔内在意识的时间的生存化、非主体主义化和《易》化，是一种建立在孝慈经验和家庭体验之上的回旋时间观，这是尽心、知性、习艺、得天命和治平之本。

和港台、大陆新儒家一样，张祥龙研究儒学是有现实关怀的，其拒绝秦政，并力图与现代性的整个意识形态和历史形态划清界限。他认为，复兴儒学、复现儒教，不但不可师从康氏，而且要从中吸取反面教训。张祥龙虽然认同蒋庆的学说，不过，他指出蒋氏让儒教进入权力中心的上行路线和在民间社会建立儒教社团的下行路线，一个过于理想，一个不切实际，也有固化的危险。他的药方是，专注于儒教的人间生活化和亲子源头性的特质，以让儒教获得活生生的生活形态为第一要务，由此而焕发出儒教自身的潜在生机。张祥龙举“通三统”为例子，提议设立儒家实验区。

个人觉得，这种提议未免过于浪漫，且不说在现行制度下有无可能，即使设立了特区，这些桃花源里培养出来的不知魏晋的“儒家学子”，究竟是新民还是旧民呢?

◎**书架**　张祥龙：《从现象学到孔夫子》《拒秦兴汉和应对佛教的儒家哲学：从董仲舒到陆象山》《〈尚书·尧典〉解说：以时、孝为源的正治》《海德格尔思想与中国天道——终极视域的开启与交融》《思想避难：全球化中的中国古代哲理》《现象学导论七讲：从原著阐发原意》。

陈侃理　《儒学、数术与政治：灾异的政治文化史》

三千年来，灾异属于政治范畴乃不争的事实。汉儒说：非常曰异，害物曰灾。古人不作区分，认为是天意的表现，乃上天对人事的预兆或警告。《儒学、数术与政治》立足儒学、数术，进而讨论灾异的政治文化，归宿点是“史”，即灾异政治的源变和得失。就史的一面而言，天人之间在商代和西周已建立起联系，形成灾异天谴论的前提。春秋时期，史书记载灾异已成传统，战国时期，产生了对灾异论的质疑。早期儒家主张通过德政或改善政治应对灾异，不语怪力乱神，却保持对天的敬畏，这构成了儒家灾异说的源头。在数术和阴阳五行说的影响下，灾异论遂形成独特的数术传统。随着儒学与政治的结合，董仲舒以人伦解春秋灾异，以灾异论时政，建立了灾异论的范式。《洪范五行传》弥补了董仲舒的理论缺陷，建立起灾异分类体系和人事对应法则，由是有了学理化的严整模式。经向歆与班固，儒家灾异论和数术灾异论相互影响，表现出由史入儒的取向。

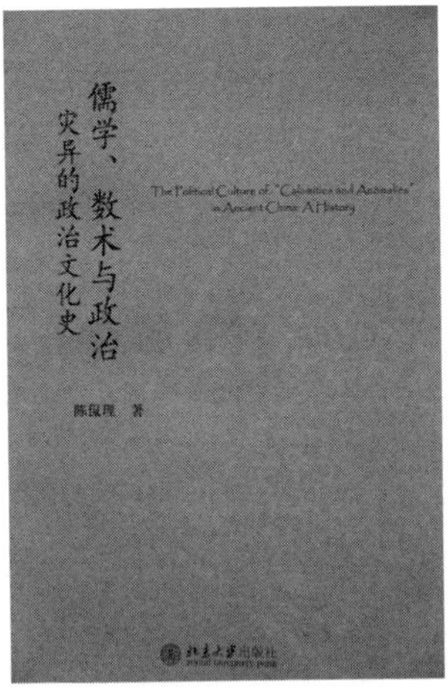

中唐以后，佛老大盛，天人之分说在宇宙上动摇了灾异论的根基，王安石提出天变不足畏，而二程反其道，以天理观重新肯定天人感应，把天置于人之上，作为理的依据。战国秦汉时期，

政治文化中的神道设教一般是指君主借助鬼神之事教化臣民。到了唐代，特别是在杜预那里，君主则成了教化的客体。这就是说，士大夫借助人君对天变恶兆的畏惧之心，将之导入儒家正道，劝诫、警惧人君。这一主客体变化，促成了道统、治统的分离和道高于势的格局。宋代以后，灾异政治制约人君的意义不断削弱，清代以治统兼道统，神道设教重新发生主客体转换，士大夫失去批评政治权威的立足点，灾异论退出政治和文化视域。作者在考察灾异文化史时指出，古代学术学理和实用两种取向之间的矛盾，折射出其面对集权政治时的尴尬。一方面，学理倾向导致丧失立场的技术化，消解天的权威，最终走向自我否定；另一方面，实用取向同样会偏离儒家之道，为权力所左右。

◎**书架**　莫里斯·布朗肖：《灾异的书写》；刘勒贤：《简帛数术文献探论》。

刘　翔　《中国传统价值观诠释学》

此书标名“中国传统价值观诠释学”，虽文不对题，但不掩其价值，内容实为中国文化核心词语的训诂和解释。

作者刘翔曾师从容庚和李学勤，古文字功底极为深厚，其以关键字、古文字为基础诠释传统价值观，不失为一种创见，与个人欲编写论语词典之念想也算不谋而合——所谓念想，不过自欺欺人罢了。作者以人与神、人与自然、人与人为主题，借助甲骨文、金文训释德、孝、仁、义、礼、忠、神等字词，继而考察相关的原始宗教、伦理道德、宇宙人生诸方面的价值之发生、发展和流变，尤为难得的是，他纠正了《说文解字》中的一些常识性错误。比如，他考证认为，

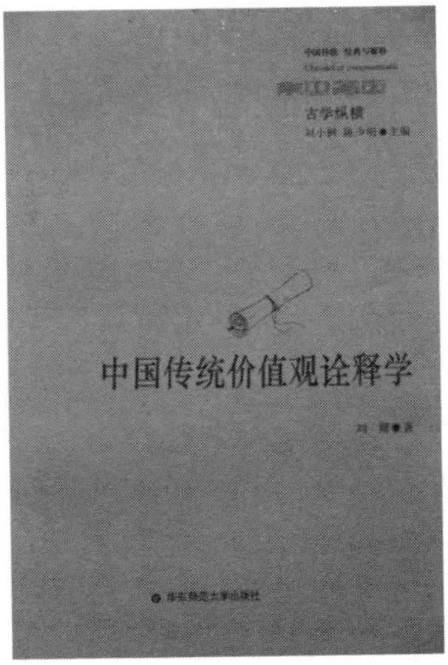

道的内涵滥觞于商周形成于春秋战国的一些基本道德观念。德的初义正见于心，其产生于西周初年，西周金文和相关文献都有统治阶级提倡德的记录，是商周革命的对天敬而远之的产物。孝字本义是子息承养年老的父辈，始见于商代金文，到了周代，与德发生联系。礼字初义是以鼓乐、玉器祭拜神灵的仪式，始于殷商，至周代演变为典礼的通名，后来发展为宗法等级制度。由此可以引申，商周之变实在是历史上最重要的一次文化性事件，在这一变革中，人们对人格神比自然神更加重视，人文高于自然，道德超越上帝，沿用至今的人伦、人文价值体系成型。作者的这一努力，实在是以中国古文字研究的成果，建立一个中国哲学论说的基础。

可惜，斯人英年早逝，则是莫大损失。

◎**书架**　文史哲编辑部：《儒学：历史、思想与信仰》；陈来：《中华文明的核心价值》；尼采：《重估一切价值》；唐凯麟：《重释传统》。

白谦慎　《傅山的交往和应酬》

甲申国变于社会结构冲击甚微，但华夷之辨每每萦绕士大夫心头而挥之不去。当此神器易主之际，士大夫的日常生活和文化创作是什么样的状态，则是观世变、采俗风的一个理想进路。晚近以来，白谦慎治傅山二十余年，以余忖之不过小有所成，却不期其以《傅山的世界》稳入艺术文化史个案研究的琼林苑，殊为可叹！

本书是《傅山的世界》的一个变种，主题集中在文化资本拥有者的傅山怎样在我域异族状态下讨生活。傅山素被目为反清人士，在梁羽生笔下还是剑术高手，不过，围绕“朱衣道人案”来看，傅山不但将自己与反清之士的瓜葛推脱干净，而且与清廷官员交往应酬十分频繁。此案件中，如非蒙大量折节仕清之明末士子的搭救，其是否能以完全之身脱罪离狱，是难以设想的。白谦慎指出，作为清初遗民的傅山与清廷官员的交往，其结果一方面是傅山可以安于生活，另一方面是贰臣可以稍有慰藉。不过，两者大都没有放弃夷夏之辨的思维，失身者以个人委屈成全遗民的气节，也算是文化上的一道独特风景。

中国文人艺术家向来声称他们的艺术是为了“适情自娱”，但傅山坦陈自己对世俗世界有种种牵挂，他在很多诗中明言，为了生存和难以割舍的世情，不得不花大量时间来写应酬书法——这就是杨联陞所谓的“报”。傅山应酬书法有的是别人代笔，有的是仓促而就，有的是批量生产，还有的故意避开自己最擅长的书体——傅山自认为自己的隶书水平极高，但因欣赏者寥寥，故意避而不书，由是，傅山以为不足贵：“使拙书不足观，即真者安足贵耶！”在这种情况下，如何理解“书为心画”？即一种说辞的字面意义和事实不一致时，怎么看待书法的这一修辞问题呢？这点我们要注意了，艺术家在应他人之请写作时，常会说客套话、写违心语，也就是说会根据具体情景和场合调整自己的修辞方式。

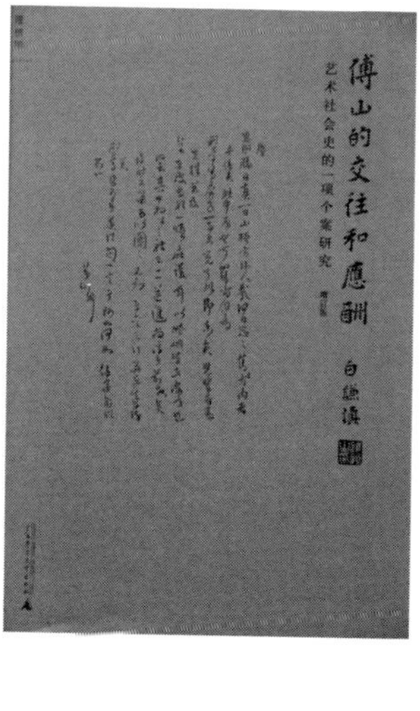

傅山的可爱之处，就是没有掩饰自己对应

酬的应付。聊城某知县请京城一郎中在万寿庄吃饭，余在座，郎中举杯晃了晃：我就是来应付应付，一会儿还一个场儿。想起某年这一则旧事，不禁笑了。

◎**书架**　白谦慎：《傅山的世界》《与古为徒和娟娟发屋：关于书法经典问题的思考》；柯律格：《雅债：文徵明的社交性艺术》《长物》；石守谦：《移动的桃花源：东亚世界中的山水画》；薛龙春：《雅宜山色：王宠的人生与书法》。有兴趣的，不妨翻阅高居翰、汉宝德和巫鸿系列作品。

林耀华　《金翼：一个中国家族的史记》

本书英文初版时，作者只有34岁。70年后，在大陆有两个版本的《金翼》已成为人类学经典著作。我初读此书时，感觉书中有虚构和腾挪的成分。读完才知道，作者采用小说体来记录自家的故事——以自己家族和自己父亲为蓝本，“逼真地描绘了东方乡村和家族体系的缩影，同时又汇集了社会学研究所必需的资料，展示了种种人际关系网络”。

本书曾三读。

新版以“一个中国家庭的史记”作为副标题可谓精准。小说中，生活在福建一个村庄里比邻而居的两个家族，既有亲戚关系，又有生意关系，其中一个家道中落，一个不断繁荣。

这一过程中，风水和命运交织在一起，表现出了强大的传统文化性格。作者似乎在说，真正的命运和善恶一样都在一念之间，且都暗存于各人心中。我个人揣测，作者于异国他乡采用小说体（兼有回忆录、报告文学、纪实文学风格）出版这么一部作品，极有可能是为了回避田野调查的不便，当然也是为了叙事铺陈的便利。

那么，如何将小说体裁作品当作一部学术著作呢？其根本点就是故事脉络及其生发的场域、规律、文化特质和所揭示的社会本相的真实性，就如同我们把《清明上河图》《儒林外史》看作是宋代和明代社会生活的写真和描摹一个道理。

◎**书架** 李振杰：《草根调查》；庄孔韶：《银翅》；黄树民：《林村的故事》。

胡 适 《四十自述》

1931年，中国最著名的自由知识分子胡适摊开了纸笔。在给自己40年的经历画一个句号时，这位文人墨客的内心一定是激情澎湃的，因为被媒体和学界捧坏了，他坦言写自传的目的是赤裸裸地给史家做资料、给文学开新路。这种激情，反应在文字上是轻浮的，以至于他在叙述自己的苦难童年和琐碎生活时尚充满了淡淡的喜悦。

40岁是一个学人的黄金年龄，此时，他还没有撞上政治和主义的南墙，依旧在社会问题中做一个意气风发的解剖师。当然，此时距离他就任驻美大使、

北大校长还分别差7年、15年，否则，以他洁身自好的性格不会在自传中记载自己酗酒袭警入狱的经历。胡适似乎没有爱情，他只是反复提了一个重要的女人——自己的母亲冯顺弟。母亲的影响如此巨大，导致他的自传出现了风格的分裂，《四十自述》序幕以小说的方式写母亲，余章以传记方式写自己。他把母亲传奇化了，似乎并没有意识到这个伟大的、年轻守寡的、身为第三房侧室的女人把受气的命运传给了儿子：胡适的孱弱是遗传的，在蒋介石面前的敏感是天生的。

在书中，我们可以看到，他的“适之”的表字来自于“适者生存”，他更名胡适是怕考不上学丢人；他搞白话文革命，除了实验哲学的影响，更主要的是和朋友一次次吵架碰撞而成。读他的自传，我似乎看到了命运这只巨手是如何捉弄人的：71岁时，他在孤岛上以遗民身份客死，其实是向童年追溯，他3岁离开台湾时，驻守的父亲看到了仅仅存在150天的“台湾民主国”的旗帜，如果再待几天，他从小就是一个遗民。（因《胡适全集》缓慢进读，这本研究胡适的最基本的小册子才于昨日在赴篡街的地铁中一个小时顺手读完。）有人说，20世纪是鲁迅的世纪，21世纪是胡适的世纪，多么荒谬啊！

◎**书架** 胡适：《胡适全集》；罗志田：《再造文明之梦》；唐德刚：《我们的朋友胡适之》《胡适杂忆》《胡适口述自传》；格里德：《胡适与中国的文艺复兴》。

许倬云 《知识分子：历史与未来》

许倬云是史学界的大师，其通史之眼光非一般史家可比。《知识分子：历史与未来》被广西师范大学出版社改坏了标题，看似迎合了市场，实则精义全失。两个主题演讲甚是平庸，九讲专题讨论——针对学生论文的点评才是大师级传道授业解惑之功力。因主题过于分散，此处只择几个妙处把玩一二。

许氏指出，知识成为商品的时代，新婆罗门追求知识不再是为了理性和心智，或是为了心灵和精神的需求，而是为了权力、影响力和财富，今日世界已经穷途末路。许氏认为，康有为自认为是孔教的圣者，章太炎则以当代圣人自居，两人都要回到原典，不过，一个托古改制，一个回到内圣，他们傲视天下，自认道统、圣统在他们身上，他们面对的共同问题不仅是国要亡，而是道要亡，所以，都拿自己去认同一个时代。

许氏提出，日本承认和中国的渊源，但自唐代始便不甘于屈居老二，而始终自认为东亚的霸主。福泽谕吉的脱亚论是文化转化成民族的必然，而竹内好的亚洲主义是一种反省，中日两国在救亡与觉醒下的启蒙问题上，既有知识分子数量和分类的区别，也有是否有一个足够自豪的传统回归的问题。

许氏谈到，中国的神圣不在国家，也不在世俗，而是要回到儒家信仰或儒家思考上面。

宋代儒家思想的重点，不具有神圣性格的转变，只是普世帝国国家本身的转变与解体，够得上有神圣性质的是道。宋人神秘经验的根本，不在荀子，而在孟子。道教和佛教的神秘主义，启示宋儒走上神秘主义的路，由是内圣而外王，知识分子代替皇帝治国平天下……妙处甚多，不一一摆出。

对传统文化有兴趣的，不妨购买细读。此次是二阅，启发甚巨。

◎**书架**　收藏许倬云作品较多，此处仅列出《说中国》《我者与他者》《万古江河》《历史大脉络》。

〔美〕布鲁斯·布鲁诺·德·梅斯奎塔、阿拉斯泰尔·史密斯　《独裁者手册》

有学者曾宣称，《独裁者手册》是《君主论》的新对手。我个人估计，梅斯奎塔和史密斯一定会窃笑甚至鄙夷此论。因为，在他们看来，孟德斯鸠、麦迪逊、霍布斯和马基雅维利这些人除了受制于他们的时代背景，也沉溺于大问题——人的最高本质应该如何，政府的正确形态是什么，或者在政治术语中正义到底意味着什么。这些都是短视行为。

作者认为，政治是极简主义的，无论民主国家还是专制国家，奥巴马还是萨达姆，政界还是商界，区别并不是很大。统治者们的自私算计和行为是所有政治的推动力，至于什么是最佳的统治方式，答案只有一个：采取一切必要手段先攫取权力，然后维持权力，并从始至终掌握尽可能多的国家或企业收入。这一前提下，凡是事关政治的地方，意识形态、国籍和文化远没有那么重要，因为，政治是致力于做对自己有利的事，而不是对他人有利的事。

在我个人看来，这本书是一种工具，从操作层面上，既有可以教人学坏的政治，也有可以教人避免坏的政治，不同之处在于理性计算或者说是出发点。作者的核心观点是，不管是国家、公司还是国际组织，其政治格局不能简单地以民主和独裁划分，而必须以名义选民、实际选民、致胜联盟人数多少来描述。如果致胜联盟的人数很多,那么这个国家(公司或组织)就是我们通常说的民主的；反之，就是非民主的。

作为一个领导人，通常要考虑这样一个问题，即抓住税收，把钱花在刀刃上。这句话的意思是，税率是高是低，钱花在公共福利上还是私人回报上，以及在位者怎么花、花多少钱，决定了领导人是否能够成功。有时候，明明对大多人有利的政策为何不制定或实施呢？这不是因为领导人不懂得体贴或尊重，而是他懂得大多数人只是他的名义选择人而不是致胜联盟。

由此，作者给出了在任何体制下都能获得成功的五个基本法则：让你的致胜联盟越小越好；让你的名义选择人集团越大越好；掌控收入的分配；支付给你的核心支持者刚好足够保持他们的忠诚度；不要从你的支持者的口袋里挪钱去改善人民的生活。说到这里，这么一本书只是让人学习坏的政治术吗？显然不是。作者是想通过这种剖析提出应对之法，不过，由于对策过于柔弱而被淹没在赤裸裸的厚黑术里，我们看不到解决的良策和方向。

话说到这里，这本书的正面价值在哪里？其实，让我们恐惧、颤抖、无奈的，就是它的正能量。

◎**书架** 古斯塔夫·勒庞：《乌合之众》；哈罗德·伊罗生：《群氓之族：群体认同与政治变迁》；汉娜·阿伦特：《极权主义的起源》。

蒋 庆 《公羊学引论：儒家的政治智慧与历史信仰》

张震佐版《东汉演义》中，跨虎登山的刘秀被王莽目为“妖人”。殊不知，王莽与刘秀皆以谶纬起家，五十步笑百步而已。

刘小枫视蒋庆《公羊学引论》为纬书，可说目光如炬。《公羊学引论》是蒋庆的代表作，出版于二十年前，其旨是追孔孟、继董何、接康崔，突出公羊学一脉为正宗，以之为政治儒学、制度儒学，试图振经学于当世，承绝学于未来。

蒋庆全部立论的基础是，坚定不移地认为孔子是《春秋》的作者。不需证明，这符合公羊学的一贯做派，至于是否谬误，能否圆说，他似乎并不在乎：孔子也好，儒学也罢，全是拿来用的、托的，目的是开出自己的救世新学。蒋庆承认儒学有心性儒学和政治（公羊）儒学，但后者是批判的、外王的和实践的，乃儒学之精髓和根脉所在。他的核心思想是，《春秋》乃孔子改制立法之书，非天子不议礼、不制度、不考文，《春秋》行天子之权为一新王，即以孔子为一新王，《春秋》“王正月”之王必为孔子无疑，大一统不统于前王和时王，

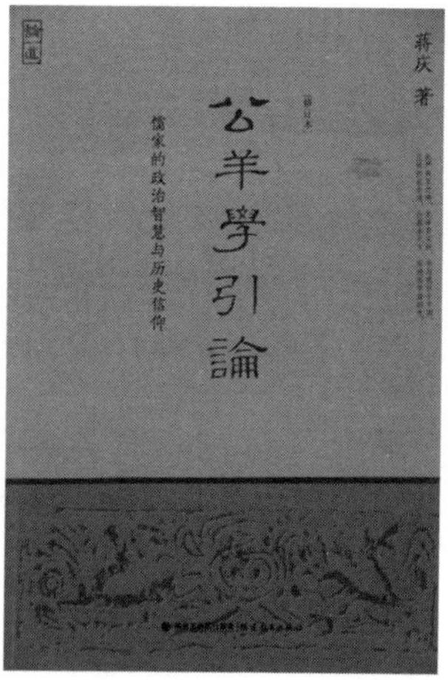

必统于新王孔子。此论便是托孔改制救时的命门所在。

需要特别指出的是，蒋庆认为自己的书是公羊学著作，而非公羊学研究著作，实际暗含了宪章和纲领之意，拿来即可以改政匡时，为今人之用。陈明评论其学“意义很大、问题很多”可谓中的，退而省之，蒋庆以身养儒，把儒学作为生命信仰的致用之学，也的确让人钦佩。

◎**书架**　庄存与、孔广森撰，郭晓东、陆建松、邹辉杰点校：《春秋正辞·春秋公羊经传通义》；陈其泰：《清代公羊学》；刘逢禄：《春秋公羊经何氏释例》；黄开国：《公羊学发展史》；阮芝生：《从公羊学论〈春秋〉的性质》。

〔美〕大卫·科泽　《仪式、政治与权力》

大卫·科泽推出的学界第一本研究相关现象的《仪式、政治与权力》指出，没有仪式和象征，就没有国家和政治。他通过跨学科研究后得出结论：仪式与人们的生活特别是政治生活息息相关，政治生活中的仪式层面和日常层面是一个硬币的两面。

作者认为，仪式是一种体现社会规范的、重复性的象征行为，重复性的仪式看似冗长，但却是引导情绪、形成认知和组织社会群体的重要手段，因为它构建了我们的现实感和我们对周围世界的理解，当然，更重要的是明了我们在世界上所处的位置。现实生活中，我们不要对一些稀奇古怪的仪式感到可笑，比如煞有介事的祭祀和跪拜，每个社会都有详述其起源和神圣化其规范的一套

方法，这些政治神话都是靠仪式实践滋养的，缺少了仪式和象征，现实世界是不可想象的，社会关系也不复存在。不过，政治仪式的悖论在于，统治者们一直努力通过设计和使用仪式，激发民众的情感以支持他们的权威，唤起大众的热情以支持他们的政策，但出于同样的原因，仪式对于革命群体同样重要，他们必须诱发强有力的情感以动员人们起身反抗。由此，我们可以理解梁山和大宋的矛盾和一致，前者替天行道，而后者恰恰便是“天”，他们的合法性和合理性来源于共同的基点。

作者还反驳了卡西尔和莱特的观点，因为后者认为，政治仪式的世界是一个政治偶像崇拜的世界，政治仪式和道德责任的丧失联系在一起，由此作者指出：如果假象（仪式）是一种诅咒，那它也是一种我们无法摆脱的诅咒。

◎**书架**　杰克·古迪：《神话、仪式与口述》；武雅士：《中国社会中的宗教与仪式》；王海洲：《政治仪式：权力生产和再生产的政治文化分析》；纳伊姆：《权力的终结》；米格代尔：《社会中的国家》。

赵汀阳　《天下体系：世界制度哲学导论》

天下与其说是一种世界秩序，倒不如说是一种精神或想象：这是赵汀阳的全部气质。刚刚到了不惑之年，却因为两篇论文成为当今世界上最著名的唯一的中国哲学家，这种蹿红程度一定连作者本人都叹出友邦之惊诧。

首先，需要介绍一下《天下体系：世界制度哲学导论》的主旨。按作者的话说，天下体系试图推荐一种世界制度，以便克服世界无政府状态导致的灾难，使旨在发展世界公利的世界集体理性行动成为可能。我们可以将赵汀阳的行为冠以新的托古改制，但必须明了，康子之托还愿意依据原典而伪之，赵子之托直接跳开原典而画之——这符合一切经世致用之某学家的特点，直接拿来，开出新的救世之学。

赵汀阳认为，目前的世界还是一个非世界，因为它一直持续着霍布斯状态，这种地理学意义上的全球以政治方式组成一个世界是人民最好的选择。作者没有经过严密的合理的论证，直接借用中国古代的“天下”概念，认为中国最早思考了世界制度的问题，即“天下理念”，其不仅超越了康德的世界共和国，也直接跨过了沃勒根斯坦的世界体系。在论述自己的理论时，赵汀阳的态度是自豪而又暧昧的。因为，他可以以思考的正当性回应乌托邦的指摘，也可以以天下的三重（地理的、心理的、政治的）含义模糊其理论来源。

虽然说他重新界定了“天下”的理论，提出了一个天下无外的、对话型的、非中心化的普遍论理念，当然，即便他关于“天下”的言说不需要合理性来源，那么，它真的可以应对亚当·斯密的自私自利假说和亨廷顿的文明冲突理论吗？在讲究夷夏之辨的天下观中，谁是夷？谁是夏？谁是四海？谁又是一家呢？即便这些都不是问题，那么，中心和诸夷又怎么样整合成天下呢？

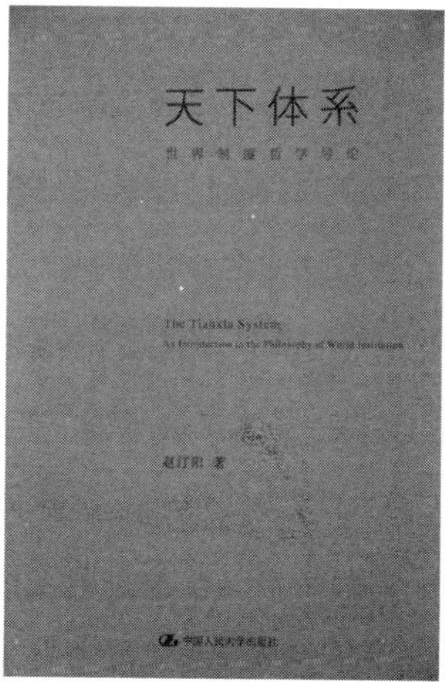

我个人觉得，这种想象的理论唯一的好处是超越了时人困守儒家的周伯通式的左右互搏的哲学处境，而以中西合体合用突出了中国文

化的主体性，只是，这是传统的、中国的和文化的吗？

◎**书架**　赵汀阳：《天下的当代性：世界秩序的实践与想象》《惠此中国：作为一个神性概念的中国》《论可能生活》。

朱雁冰　《耶稣会与明清之际中西文化交流》

当当误点，买了两本，多余的只能虚席以待有缘人。

1539年4月，西班牙人罗耀拉在罗马建立耶稣会，建立的初衷貌似很简单：他宣称自己见到了天父和耶稣，耶稣甚至说，我愿意你当我的奴仆。其实，其目的是遏制宗教改革运动，并试图通过布道以及教育、科学和著述工作，传播天主教信仰。耶稣会向非基督教地区传教，是它的核心任务之一。随着葡萄牙殖民主义的扩张，耶稣会士到达了中国，罗明坚、范礼安、利玛窦、龙华民等便是其中卓有成绩的代表。

耶稣会士的最大贡献是将中国文化介绍到了欧洲：一是自觉地将中国典籍译成拉丁文，如《大学》《中庸》《论语》《诗经》《礼记》等；二是直接以研究文章或信函的方式将中国相关情况发往欧洲，如郭弼思和杜赫德编辑的《耶稣会士书信集》。以利玛窦为例，他提出和推行了迎合中国儒家学说、尊重中国礼俗的

传教方针。他的努力，打开了明清之际中西文化交流的大门。

在《四库全书》收入的耶稣会士的十二部科学译著中，属于利玛窦的就有三种，作为“报酬”，利玛窦将四书译成了拉丁文。利玛窦对待儒学的态度，一是赞成儒家并以之反释道，二是赞成原始儒学并反对宋明理学。由此可见，利玛窦对待中国文化是实用主义的。在《基督教远征中国史》这部十年内六次译成欧洲语言的作品中，利玛窦从几个方面介绍了儒学，认为孔子可与西方异教哲人相比，儒学是一种道德哲学，儒家与佛道并列为一种教派。

这本书最大的贡献是用拉丁文、德文的文献资料研究了利玛窦、卫匡国的中国观以及莱布茨尼对孔子和朱熹的认识，同时，还披露了赫尔德、歌德和席勒著作中的儒家思想。

◎**书架**　安田朴：《中国文化西传欧洲史》；利玛窦：《耶稣会与天主教进入中国史》；谢和耐：《中国与基督教》；李新德：《明清时期西方传教士中国儒道释典籍之翻译与诠释》；布洛凯：《东方之旅》。

赵汀阳　《坏世界研究》

如果说《天下体系》是经，《坏世界研究》就是传。或者说，一个是论点，一个是论据。我在书中似乎看到了孔子的影子（尽管作者对儒学进行了有力的反思），其全部理论终点就是追慕周制，作者将之概括为天下体系，郁郁乎文哉，赵汀阳从周。

在他眼中，世界成为一个政治存在，天下成为一种政治制度，是周政治的

创造。赵汀阳立论的基础是，政治成熟的标志并非由社会变为国家，而是社会的制度化，而古希腊的城邦政治和周政治是最成熟的政治制度创新，前者创造了理性化的公共领域，后者开创了从世界问题出发的政治思路，两者具有一种良好的互补性。周制的核心是把家做成世界，同时把世界做成家，天下变成家的关键就是无外原则，唯有无外，才能大公、为公：天下体系是唯一能克服冲突的世界政治制度。那么，小周克大商，是如何证明革命正当性的呢？就是德治，而德治靠民心检验，民心靠兴利去害实现。

赵汀阳认为，秦扫六合是中国政治的分水岭。因为，周的天下体系是间接控制的普遍合作体系，而秦以后的中华帝国定义了一种新的政治，天下人的天下被一家一姓之天下取代，政治问题变为统治问题。由此，这是告别天下体系的反政治的政治。也正基于此，赵汀阳几乎一下子跳过漫长的西方中世纪和中国帝世界而不论，将视线直接拉入现代性，讨论如何创造一种世界制度以化冲突为合作，并超越民族、国家和消解个人主义。他的结论是，要发展出一种共建普遍主义，即利用各种文化和精神世界的资源共同创作一种普遍接受的而且普遍共享的新文化。因为，文化的权力才是最大的政治权力。这样一个合作最大化的和冲突最小化的世界是可能的吗？和所有提供方案的某某家们一样，赵汀阳论述过程宏达而滔滔，迭至最后气短而矛盾。

不过，作为一种政治理论比较读物来看，该书还是颇有购买意义的。

◎**书架**　赵汀阳：《每个人的政治》；梁漱溟：《这个世界会好吗？》；米格代尔：《社会中的国家》。

刘小枫 《儒教与民族国家》

35岁至45岁之间的刘小枫本来最有希望成为思想家中的第一人，其后来之转变或蜕变甚至引发了2014年的李泽厚之问。在《李泽厚对话集：廿一世纪（二）》（中华书局2015年版）中，李泽厚说：但后来一看，高度就没有了。现在看，他最好的书，还是那本《拯救与逍遥》。后来的再版，他说是修改，实际上是重新写过。我把两本书对照过，发现完全是重写。但是，再怎么重写，他基本的东西没变。他原来从孔子、庄子、屈原直批到鲁迅，这些人全部被他否定掉了。后来他觉得不能这样极端了，但基本观点在那里，都骂了，屈原、鲁迅也不行。“反传统”那是反得最厉害的，现在却又大讲中国传统。

本书一读，弹指已是十年。如果仅算收入其中且曾发过单行本的《儒家革命精神源流考》，一读则是十六年了——十六年会改变一种思想的气质吗？

在《儒家革命精神源流考》一书中，刘小枫的核心观点是，中国现代革命精神是儒教革命精神。孟荀和今文家将汤武革命圣化，并逐步推衍出孔子受命改制的素王革命论，迭至陆王心学，儒家革命精神实现法圣王到做圣王的个体转化。近代以来，帝制中国向民族国家的转变，促成公羊家孔子式革命精神的焕发。也就是说，公羊家的圣人改制精神与心学的成圣人精神是现代中国革命者的精神资源：这正是马克思主义的释义学背景。

本书收录的五篇文章中，还有两篇值得认真阅读。《纬书与左派儒教士》指出，纬书塑造了极具神圣品格的孔子形象。在作者看来，儒家经典的国家化不仅是儒家与其他非儒家思想争夺思想法权的过程，也是儒教内部不同派别争夺思想法权的过程。纬书后来被当作妖言或异端，是因为其意旨逐渐成为改制和革命的外衣。纬书神义化孔子信仰论，根本在于儒教士试图通过建立纬书的自然法圣典地位，实现受天命而王、以教化天下的政治目的，而其用心和影响，古今不绝。

在《游击队员与中国的现代性》中，刘小枫从施密特讨论游击理论说开去，指出，游击革命更多表达的是乡土性而非解放全人类，正是依托乡土的政治品质所内含的反资本主义和解放劳苦大众的理念，规定了真正的游击队员的政治品质。我个人猜测，这种说辞，也许暗含着刘小枫的如下逻辑，游击战争的乡土性是反现代的，反资本主义和解放劳苦大众是现代的，两者之间具有天然的张力和不可协调性，放弃前者，等于放弃了自身的民主传统（革命的技术），而放弃后者等于放弃了革命的正当性（革命的理念）。

问题来了，技术和理念是如何拧在一起的呢？答案可能就在《革命》和《纬书》一文中，现代国家的建立是另一种受天革政或汤武革命，立足乡土和反抗资本在知识人或革命家眼里本来就是一个问题。

◎**书架**　卡尔·施米特：《合法性与正当性》《政治的概念》《政治的神学》；刘小枫：《施特劳斯的路标》；石约翰：《中国革命的历史透视》；陈建华：《“革命”的现代性》；卡希尔：《国家的神话》；朱爱岚：《中国北方村落的社会性别与权力》；魏斐德：《中华帝国的衰落》（邓军译本）、《中华帝国的衰落》（梅静译本）；金观涛：《毛泽东思想与儒学》。

阿　城　《遍地风流》

一个人会如何回忆“文革”或知青岁月呢？如果是老鬼，自然会痛斥匍匐在国家影子里的母亲；换作是杨绛，则以暧昧的情绪回忆干校里的花花草草。阿城不一样，他试图用模糊了真实和虚构边界的笔触将国家机器下暗藏的“小”轻轻挑出来。

不可否认，这次，阿城借助文集的新瓶重新让自己的旧文学酒眩晕了一回，奈何，文学仍旧是卖方市场。《遍地风流》是七卷文集中的第二本，因为英雄气短，不得不放弃了买全套的春秋大梦。

《遍地风流》是短篇小说集，以我忖度，纪实、自传、表意三合一。阿城的语言自成一派，古语、俗语兼而有之，喜用短句，长于简约，有汪曾祺大夫气、王朔痞子气和孙犁的隐士气，他的文字，读起来，远远近近的，像隔了什么，真切而又模糊。在集子中，阿城写的都是青春同路人，他们都以迷茫和萌动代替了内心的灰暗和悲伤。《小燕》中，主人公插队到吴村，习惯了妇女们骂街，嫁到村里后，“默默地等待自己于太行山的第一次天骂”。你分不清这个女人，究竟要骂天还是骂地，但第一次的骂，可以想象到是出于本能与酣畅淋漓。《专业》中，五个中学生插队，在农村修理起了土地。一次，

他们问一个北大的学的什么专业？北大的说，我专业对口，读的是地球物理。一问一答，阶级意识没了，但眼前的卑微与内心的高大、自大浑然一体。仅举此两文。

我不想作理论或文本分析，将骂和专业无限拔高到政治隐喻。生活，本身就是最大的隐喻。只是说明，在苦难面前，文学自有丘壑，任何政治都是无法摸平的。至于是王朔的直肠语还是阿城的腹中气，排不排，怎么排，是技艺，更是风骨。

◎**书架** 老鬼：《血色黄昏》；杨绛：《干校六记》；季羡林：《牛棚杂忆》；巴金：《随想录》；贾植芳：《我的人生档案》；顾准：《顾准日记》；聂绀弩：《自诬与自述》；韦君宜：《思痛录》《对镜检讨》。

曾亦、郭晓东 《何谓普世？谁之价值？》

某种意义上，孔门四科和儒学八派是一个伪概念，有多少个儒生就有多少派儒学，在诸子之学中，似乎只有儒学对成圣痴迷不已。比如这本《何谓普世？谁之价值？》，参与和被参与（据说有人是代言的）对话的，虽然谁也说服不了谁，但都是以师自居的。

本书的核心义是恢复中国文化的主体性，其心其理是振聋发聩的。中国新旧之分，也就是中国被断为两截，始作俑者是坚船利炮带来的所谓的西方文明。普世性作为一个基督教概念，被抽象出自由民主而被赋予了一种价值诉求，随着全球化的加速，自由民主被套上普世价值的光环，而西方列强俨然为人类道德的代言人。这种高度意识形态化的普世价值，已堕落为推行自己文化和价值的工具，成为全球扩张的一种手段。

学者们认为，中国自有其主体性，必须超越左右，才能回归传统。这个传统就是儒学，学者们理直气壮地把儒家的价值观拿来与西方的价值观等量齐观，并毫不讳言儒家价值观的优质性和历史合理性。学者们认为，儒家应该主动设置问题，而不是被动地回答西方人的问题，儒家首先要有一套自己的话语体系，自己设置我们的议题，并让它成为世界性话题。其实，我们的祖先早就为我们设计了一整套中国式的哲学的、伦理学的、政治学的、法学的体系，只是我们弃而不用而已。可以说，这种为儒学平反的努力，是可喜的。

不过，我们可以不考虑这种讨论的最大的弊病，在全球化大潮下人为地割裂和对立中西文化，制造一个实体的敌人。我们是不是也该设置这样一个疑问，我们提炼出来的儒学价值靠什么普世？

◎**书架**　汤荣光：《普世价值论辩缘起与走向》；曾亦、唐文明：《中国之为中国：正统与异端之辩》；王绍光：《理想政治秩序：中西古今的探求》；许纪霖：《现代思想中国的核心观念》。

蒋　庆　《政治儒学》

这本《政治儒学》集穿凿附会之大成，应是作者有意为之。盛洪在序言中说蒋庆自命清流，承担文脉，不是不理解蒋庆就是误会了本意：蒋庆其人是署理素王或教主的。在自序中，蒋庆毫不客气地宣称本书是公羊学，并提醒读者公羊学是当代儒学的新发展。

蒋庆认为，儒学存在两条并行不悖的纹路，一曰心性或生命儒学，一曰公羊或政治儒学。其从批判新儒学起步，认为其最大的危机是未能开出新外王。谁能开出呢？那自然是作者自己了，这意味着，他自己的公羊学才是真正的新儒学。蒋庆说，政治儒学是孔子开创的，这暗指自己才是孔子的传人，和韩愈当年宣称孟子后道统不继，论调及野心如出一辙。在蒋庆看来，政治儒学依据的是政治理性，开出的是政治实践，考虑的是完善制度，体现的是政治批判。如此对偶，有些许八股气息。

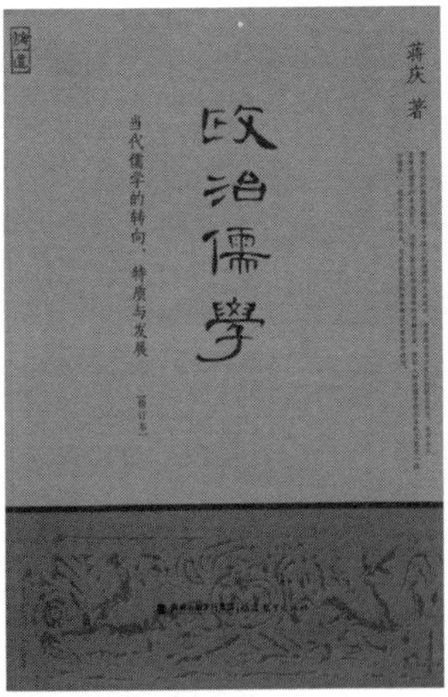

蒋庆指出，中国当代政治面临的最大问题是建立合理的政治秩序，必须从儒学中借资源，体现礼乐精神、王道思想、大一统智慧、三世学说和天子一爵。其前提是，复兴经学，重建以制说经的政治解经学传统。蒋庆对无根民族主义，亦即抛弃儒家传统、缺乏传统资源的民族主义痛心疾首，认为这样的民族主义不能解决认同危机、政治合法性、国家忠诚等问题，不能延续民族生命，职是之故，必须把儒家传统作为中国民族主义的根本，这样才能建成现代国家。

在蒋庆眼里，儒学是政治的十全大补丸。

◎**书架**　蒋庆：《再论政治儒学》《广论政治儒学》《政治儒学默想录》《以善致善》。

〔美〕萨拉·罗斯　《茶叶大盗》

1845年，罗伯特·福钧开始了中国之旅。此时，离他成为世界上最著名的植物猎人还有些时日，还是称呼他为茶叶大盗更为合适。他能担任本书的主角，是因为他不光彩的身份，受雇于东印度公司，专门负责盗窃茶叶（树）。谁也没有料想到，这一盗窃深深改变了我们的世界史。

18至19世纪，茶叶和罂粟的相遇重新划分了地球版图，中国用茶叶换来的钱购买鸦片，而英国用鸦片换来的钱购买茶叶。英国人突然意识到，既然印度可以种植罂粟，中国的土壤更可以，如果政府把罂粟种植合法化，那么，英国的税收将会枯竭。基于这种推断，有识之士认为最理想的将是尽可能地鼓励在印度种植茶叶——这是商人的逻辑。可惜，在虎门忙着烧鸦片的林则徐，一脑门官司而没有这种见识。

本书讲的就是茶叶的偷盗史。结果显而易见，在福钧的努力下，中国茶叶和印度茶叶杂交成新的世界之王，茶叶彻底改变了英国的资本和经济体系，其影响力通过在远东的商贸网络迅速扩散。戴着红顶子的大清官员们哪里知道，英国悄悄取代了中国在世界茶叶链上的地位，茶叶和鸦片的浩劫摧毁了大清帝国。作者萨拉·罗斯感叹说，没人能合理地论证出，这一幕幕历史演变都只是因为那些茶叶而起。茶叶除了引发了一系列地缘政治后果外，其贸易左右了地缘经济的每一个环节：当一个单一物种移植到故土之外，这个世界发生了永恒的变化。罗伯特·福钧，由此也成为最臭名昭著、最伟大的植物大盗。

假如让我对这本历史书《茶叶大盗》给出一句话评价，我会说：这是一部成功的侦探小说。

◎**书架**　罗伊·莫克塞姆：《茶：嗜好、开拓与帝国》；麦克法兰：《绿色黄金：茶叶帝国》。

〔德〕恩斯特·卡西尔　《人论：人类文化哲学导论》

《人论：人类文化哲学导论》是德国哲学家卡西尔的代表作，作为一个流亡者，他对人的问题始终放在哲学中体认。

卡西尔指出，科学技术的发达并没有真正解决人的问题而是仍旧处在深刻的危机之中。人的本质，就是人的无限利用符号创造文化的活动。由是，他将人定义为符号的动物而取代理性的动物这一概念。正是符号，区别了人和动物，因为动物只能对信号做出条件反射，而人能够把这些信号改造成有意义的符号。在卡西尔眼里，人总是生活在理想的世界，总是向可能性行进，而不像动物那样只能被动地接受直接给予的“事实”，从而永远不能超越现实性的规定。

书中，卡西尔从人类文化的角度给人下定义，认为，人是文化的动物。他从神话、宗教、语言、艺术、历史、科学的角度，论证人类的全部文化都是人自身以自己的符号化活动创造出来的产品。卡西尔的核心观点指向这里：人的本质是永远处在制作之中，人性不是一种实体性的东西，而是人自我塑造的一种过程。也就是说，真正的人性无非是人的无限的创造性活动。通过分析，卡西尔得出人的哲学是一种人类文化哲学的结论，产生文化和塑造人的，是能动的创造性活动，而符号活动将人和文化连接起来，人、符号、文化三位一体。

本书是甘阳翻译的，文字简单，不拗口，值得小读。

◎**书架**　卡西尔：《国家的神话》；徐复观：《中国人性论史》；瓦尔特·伍伦韦伯：《反社会的人》；卡耐基：《人性的论点》。

〔美〕蔡涵墨 《历史的严妆：解读道学阴影下的南宋史学》

这是一个汉学家创作的让人汗颜的高难度作品，其再次证明了史家水平的高低取决于史识。作者蔡涵墨以“历史的严妆”命名，就是想揭开人为地涂抹在宋朝脸上的层层包装，让我们看清它的本来面目。

作者试图证明，宋朝的史学作品经历了一个反复构建的过程。在这个过程中，有官私之别和党派之争的强烈印痕。他以秦桧和蔡京这两个奸人为例，论证了其形象是如何被打造出来的。如，秦桧曾借助对史学解释权的垄断，禁毁对己不利的材料，使时人对自己的评价出现空白，进而塑造个人的正面形象。而道学运动则致力于道德评价，通过文化性指摘，将秦桧置于千古不变的奸党之列。

11至12世纪是新儒家运动风起云涌之际。其时，出现了两个道统，一个是官方的，如秦桧在1155年所作的碑记，明确提出高宗继承古代圣往，集王师于一身，是政治与文化权威的化身；一个是民间的，如朱熹以道学的建构，对官方政治文化与文化权威发起攻击，庆元党禁，则是对这个攻击的回响。在宋朝的史书编撰中，道学的影子逐渐浓重，早于元代史家以道学思想统帅《宋史》编撰之前，其前辈的材料便充满了道学的政治关怀和教学关怀，如李焘《续资治通鉴长编》与李心传《道命录》等史家著作，便掺杂了道德倾向和个人意见。尤其需要指出的是，本书让朱熹及其后来道学家对历史文献大做手脚的事实浮出水面。朱熹的核心指向，似乎是作者可以随意改动、忽略或编辑他的史料来源以符合道学意识形态的考虑，特别是他对李焘的攻击，导致了“通鉴”传统这一宋朝对中国史学的主要贡献的最终消失。

这意味着，历史服务政统（政治）和道统（难道不是政治？）的观念，自古以来就是一个客观事实。

◎**书架**　李焘：《续资治通鉴长编》。

〔印〕阿马蒂亚·森　《贫困与饥荒》

《贫困与饥荒》是森的代表作。森开宗明义地提出，贫困和饥荒不是因为粮食短缺的问题，而是源于一种权利的失败。

在森看来，传统的贫困理论和饥荒解释的 FAD(food availability decline) 的观点是必须要修正的，需要从人与食物的关系的角度，也就是从建立在私有制与市场经济上的交换权利或权利体系中，寻找造成贫困和饥荒的根源。作者通过分析发现，即使在粮食获得丰收的情况下，仍然可能发生大规模的饥荒。

森认为，个人权利包括直接权利和间接权利，前者包括贸易权、生产权、劳动权、继承和转移权，后者很重要的一面是通过交换能获得的权利。一个人避免饥饿的能力依赖于他的所有权，以及他所面对的交换权利的映射，“饥饿

不仅仅依赖于食物的供给，还依赖于粮食的分配”。这就是森告诉我们的秘密。他的这种视角，改变了以往以总量多少来度量贫困与饥荒的方法，因为这一方法，解释不了为什么在总量供给不变的情况下，一些人会饿死路边，一些人酒肉肥臭，而是从社会结构和贫富差距的角度，衡量贫困之中蕴含的分配和公平问题。

虽然森没有给出权利被剥夺的根本原因，但我们通过对历史和现实的反思，依然能够找到蛛丝马迹。

◎**书架**　阿马蒂亚·森：《以自由看待发展》《伦理与经济学》《理性与自由》《再论不平等》《从增长到发展》；阿比吉特·班纳吉、埃斯特·迪弗洛：《贫困的本质》；亨利·乔治：《进步与贫穷》；速水佑次郎、神门善久：《发展经济学：从贫困到富裕》。

李佩甫　《生命册》

李佩甫曾以《羊的门》震惊文坛，此次获第九届茅盾文学奖的《生命册》，依旧冷峻。

这是一个很简单的故事，即“我”，一个吃百家饭长大的农村孩子，机缘巧合，进了省城做人民教师，因不堪养他长大的老姑父和父老乡亲找门子、托关系的电话骚扰，和骆驼下海，沉浮于股市和商场。最后，骆驼自杀，“我”被刺坏一目后，站在农村的土地上，却感觉再也回不去了。

小说中，“我”既像一个主人公，又像一个背景，依靠“我”的活动，穿插起了城市与乡村、商人与知识分子、传统与现代、物质与灵魂的多重纠葛。“我”逃离农村，却陷入城市；逃离文化（学校），却陷入商场（灵魂）；逃离现代，却陷入传统。一次次地背离，最后却发现，走入了自己的背面，在时代的巨变中，成为一个名副其实的孤儿。

小说的构建，是插叙和倒序相结合的，城市和农村始终互为背景和道具。以此，书写和揭露破财的人生和残存的信念。这种破财和残存，又是以一个个不由自主的个体异化为核心的。也许，正是在无奈和悲凉中，才蕴含着人生的真相和真谛。整体而言，李佩甫的功底在，但本书还有些拖沓，人物不太饱满，内蕴因过于宏达而显得失于轻浮。行文至此，我们需要考虑，这是一本自传还是自述？不管是与不是，以“我”为基点构成的树状结构，都暗示了无梁村的解读示意图：因无良，一个社会的精神结构终将以无梁告别传统。

多说一句，作品开头部分，一个个令人恐怖的电话追踪，多么像我们这些小人物真实而无奈的写照。

◎**书架**　李佩甫：《羊的门》《城的灯》；王跃文：《国画》《梅次故事》；柳建伟：《北方城郭》；阎真：《沧浪之水》。新时期以来，我只认可四本官场文学，即《羊的门》《国画》《北方城郭》《沧浪之水》。

苏　童　《黄雀记》

这部《黄雀记》带有明显的魔幻色彩，作者将一部中篇“抻成”一部长篇，不是注水，而是注入隐喻，给读者提供一个巨大的想象的场域。坦白说，有些读者观此书，除了感受到震撼，要想解读，还是非常有难度的。

故事设置在香椿树街，保润替祖父取“遗照”，错拿了被称为扫帚星的抱养女——仙女的照片，遂暗生情愫。祖父疯了后，父亲在疯人院守床，不幸魔怔，不小心受伤，保润替父值班，不久，成了疯人院一个捆人的好手。同街的屠夫之子柳生的姐姐疯了，求保润捆姐姐，保润不同意，柳生设局，保润捆了仙女，导致仙女被柳生强奸。十年之后，保润出狱，一个因青春荷尔蒙引发的荒唐而现实的故事在香椿树街上上演了一场离奇、惊悚的悲剧。

苏童惯于以少年视角回溯往事和布置情节，此次亦不例外。需要特别指出的是，作者以一根捆人的绳子，贯穿起社会、街道、精神病院和监狱四个坐标，而一连串“灵魂出窍”和“寻找灵魂”的疯人形象，不是作为配角而是作为背景，衬托出整部小说的精神品相：神经质的而又合理性的人物，始终是生活世界和精神领地的主角，身处变革时代，道德、情怀始终表现出系统性的变态和紊乱。作者在描写人物时，深受塞林格的影响，即间接地回到了自己的“本土”记忆，加之以情绪、画面、意象构建起故事的架构，这部小说表现出一种怪诞的诗性。

走笔至此，忽然想到了书名，究竟谁是黄雀？你，我，还是捉摸不定而又玩人于股掌的命运？而又是什么，将我们牢牢地捆绑在这个充满迷失和错乱品格的大地上？一部大师级佳作，值得小读一把。

◎**书架** 苏童：《米》《妻妾成群》《我的帝王生涯》。

傅　雷　《傅雷家书》

迄今为止，我尚不明白《傅雷家书》长销的原因。该书与《曾国藩家书》，并列为当今两大市场化家书。但细细读来，并没有多大收获。

个人猜想，其之“红”，可能是两个原因：一、表达了中国人独有的含蓄的爱。俗话说，疼儿不让儿知道，尤其那个年代，谁也不会把爱放在嘴边。傅雷不一样，对孩子的爱，不亚于蜜恋男女，动不动就死去活来。二、披露了两代知识人的情感世界。我们虽然不能以所谓成功衡量一个人，但傅雷父子的标签——翻译家、音乐人和自杀，显然击中了大时代里面一些小人物的心，他们的世界，原来也和我们一样，丰富而脆弱。

不能过分解读傅雷知识人的一面，他有自己独立的技艺。比如，傅雷把不关心时局，对社会主义改造事业很冷淡，作为与社会脱节的一个“大毛病”（一九五六年二月二十三日）；聆听毛泽东在中共中央宣传工作会议讲话时，真诚地认为，主席的讲话，胸襟博大，思想自由，和我们旧知识分子没有分别

（一九五七年三月十八日）。读懂了这种靠拢，我们才可以理解傅雷的绝望。当然，傅雷的绝望，根子在于其知识人敏感而易于崩塌的个人世界。

傅雷教子极为严苛，但常常纠缠在自责和后悔的边缘。傅聪出国当天，傅雷便写信，“我良心上的责备简直消释不了……我永远补赎不了这种罪过”。（一九五四年一月十八日）“孩子，孩子，孩子，我要怎样的拥抱你才能表示我的悔恨与热爱呢？”（一九五四年一月十九日）。而这种爱与痛，只能靠书信发泄、弥补和救赎。“你走后第二天，就想写信，怕你嫌烦，也就罢了。”（一九五四年一月三十日）。一旦写完信，没有收到及时回复，“真是望眼欲穿了”（一九五五年一月二十二日）。这种情绪，铺满了傅雷的信纸。以至于父子俩因艺术歧见，导致傅聪离家出走，最后以傅雷屈服而告终。

行文至此，可以得出一个简单的结论：性格成就一个艺术家的伟大，也会凸显一个艺术家的渺小。性格，会通过吞噬一个艺术家的一生人人而有可能使之涅槃，如是而已。

再画蛇添足一句。不能因为傅聪成了音乐家，就把傅雷归结为教子有方。个人认为，如果细读家书，会发现傅雷是一个失败的父亲：我们不缺优秀的家长，缺的是正常的家长。

◎**书架**　曾国藩：《曾国藩家书》；林纾：《林纾家书》；梁启超：《梁启超家书》。

〔美〕毛里齐奥·维罗里 《关于爱国：论爱国主义与民族主义》

众所周知，爱国主义与民族主义是人类历史上最为强大的动员力量。但在很多人眼里，两者并没有根本的分野。《关于爱国：论爱国主义与民族主义》貌似谈两者的区别：对爱国主义者而言其首要的价值观是共和国所承诺的共和制和自由生活方式，而对民族主义者而言其首要的价值观是民族的精神和文化统一，其实，落脚点还是谈爱国主义。

需要提请注意的是，作者所说的爱国主义与我们所理解的不一样，爱国主义是人民对其祖国的情感，这祖国不仅被理解为本地的国土，而且还是一个自由人为共同生活而在一起的共同体，对祖国的爱是对“使之得以自由和独立的宪法和政体”的热爱。爱国主义是一种高贵的激情，蔑视低级、无知、有限的对土地的情感依恋。

以这样的视角而言，专制主义的枷锁下，一个人是没有祖国的。作者指出，追求自由的爱国主义并不需要社会、文化、宗教或种族的同一性，要追求的是没有民族主义的爱国主义，也就是纯粹的热爱共和国，以及其所带来的自由与生活方式。这种良好的爱国主义若能与公民美德相结合，才是最好的爱国主义的形式。

也就是说，在公共生活极度衰退的年代，

有了公民美德，这个社会才是美好的，爱国主义才是善的。

◎**书架**　迈克尔·赫克特：《遏制民族主义》；科克—肖·谭：《没有国界的正义：世界主义、民族主义与爱国主义》；罗志田：《乱世潜流：民族主义与民国政治》。

梁启超　《儒家哲学》

晚近以来，思想界影响最大的两个人物，一是梁任公，一是胡适之，尤其前者，学问可以参天，百年时间，我们仍未走出两位学问家的视域。

不过，两个人的共同特点是学问轻浮，当此乱世，似乎皓首穷经没有出路，也正缘于此，不拘泥小节之“立大”，方能出格局，出路径。梁任公在书中评中唐经学家“认为不满，要脱去陈旧束缚，专凭自己聪明，另求新意”，似乎是给自己写的注脚。因本书系梁任公在清华大学任教时的讲稿，故能深入浅出、偏于概纳。总结他的说法，五四新文化运动的冲击和对传统文化的持守，催生了本书的儒家价值观。

《儒家哲学》一书，首先借助舶来的哲学一词，分析中西哲学之异，继而指出儒家哲学的主旨是修己安人，学问的目的是内圣外王。在他看来，儒家哲学的核心问题包括性之善恶、仁义之内外、理欲关系、行知关系。梁任公坦言以哲学冠之儒家头上容易发生误会，倒不如以道术名之贴切，但硬将儒学与哲学拉在一起，私下猜测恐怕是中了非形而上不足以立论的时毒。在书中，梁任公无论明善恶、析天命还是辨心体，都是“或为自己修养的应用，或为改良社会的应用，对于处世接物的方法，要在学理上求出一个根据来”，这是他分析问题的主基调。

梁任公还提出了儒家哲学研究的三个方法，即问题的、时代的和宗派的方法。此外，还分析儒道先后诸问题。前面说梁任公学问轻浮，不是无的放矢，其说老子在于孔后，属于臆测；其言孔子不言利义，更是妄语。不过，大学问家之言，往往有拨云见日之功效。比如，他说欲知宋学渊源，须看佛徒的《原人论》和儒士的《复性书》；说与宋学关系密切的，是几个道士或文人，都发人深省。

需要提及的是，本书责任编辑是包岩女士，其根据原文校对，纠正了前本三十多个错漏，可谓善莫大焉。

◎**书架**　徐洪兴、小岛毅：《东亚的王权与政治思想：儒学文化研究的回顾与展望》；任剑涛：《伦理政治研究：从早期儒学视角的理论透视》；黄克剑：《由命而道》；萧功秦：《儒家文化的困境》；彭国翔：《儒家传统的诠释与思辨》。

余敦康　《魏晋玄学史》

西方哲学关注一般与个别，中国哲学关注天人关系，这是余敦康的基本结论。自然是天道，名教是人道；前者是道家的，后者是儒家的。我们说玄学在

哲学史上引起了一场划时代变革，就在于它结束了统治两汉数百年的经学传统。

妄议玄学是道是儒皆不得要领。因为，玄学的主题是自然与名教的关系，其最终目的是追求内圣外王之道。这样看来，玄学是学者文人在一个悲苦的时代，试图克服自由与必然、应然与实然之间的背离，实现儒道贯通融合的一种努力。通观魏晋玄学史，正始年间，何晏、王弼根据名教本于自然的命题，对儒道之同进行了肯定的论证，此谓贵无论玄学。魏晋之际，嵇康、阮籍“越名教而任自然”，崇道而反儒，此谓自然论玄学。西晋初年，裴頠崇儒反道，一改虚无放诞之风，此谓崇有论玄学。元康年间，郭象论证名教即自然，自然即名教，认为儒道体用相即，此谓独化论玄学。

这种区分虽然是有意义的，但是，他们的共同之处是要推出一种天人新义，在理论依据上以自然为本，名教为末，偏于天道，抬高道家而贬低儒家；而在价值取向上又以是否重视名教为标准，偏于人道，抬高儒家而贬低道家。也就是说，玄学追求的文化价值是人们可以通过对天道自然的认识和理解谋划一种和谐的、自由的、舒畅的社会发展前景。

《魏晋玄学史》以西方哲学观点注解魏晋玄学而又立足中学，文笔通达，视野开阔，着实是一部值得反复展读的大书。

◎**书架**　唐长孺：《魏晋南北朝史论丛》；侯旭东：《五六世纪北方民众佛教信仰》；汤用彤：《汉魏两晋南北朝佛教史》《魏晋玄学论稿》《魏晋玄学论稿及其他》；汤一介：《郭象与魏晋玄学》。

杨奎松 《“边缘人”纪事》

杨奎松以“边缘人”为题，恐是误会。德国心理学家勒温提出这一概念时，本意是探讨社会性变动对个人社会心理的冲击，其特质之一为边缘人是精神上的先导，其虽然与主流社会存在隔膜，却是自我的流放者。这与杨氏《“边缘人”纪事》中的八个主人公格格不入，他们从旧社会走入新社会，一直苦苦追寻身份认同而不能得。一定意义上，本书命名为“夹缝人”或“悲剧人”也许更为贴切。

书中的八个小人物之所以可怜又可悲，在于他们进入新社会时忽然发现自己是社会性或政治性坏人，即使急于漂白，也被毫不留情地打入另册以彰显制度的纯正与先进，虽然其中不乏始作俑者遮蔽自己阴暗人性的变态行为。不过，谁又能否认这种遮蔽与变态是在建立绝对统治、清理异质人群过程中一种急于澄清、自我保护的无奈举措呢？这本书如果有贡献，在于杨奎松从档案中挖掘出了八个代表性小人物的履历，他们在塑造新人的社会运动中一个个被抛入了政治的榨汁机。

杨奎松坐过“制度”的牢，这点在书的代序中已彻底坦白。在学界，他向以快刀手著称，出手快，角度刁，观点新。但也正因为快，语言不节制，这在书中有明显的展示。单就材料学而言，本书还是成功的，这八个悲剧性档案第一次揭示了社会巨变绘就的心灵地图。个人比较震撼的是书末所附的各种划分政治身份及处理情况的统计表格。

◎**书架** 杨奎松：《忍不住的“关怀”：1949年前后的书生与政治》《革命》（4册）、《民国人物过眼录》；杨显惠命运三部曲；陈徒手：《人有病 天知否》《故国人民有所思》；张颖：《文坛风云亲历记》；舒芜：《舒芜致胡风舒心全编》。

赵 辰 《“立面”的误会：建筑·理论·历史》

对建筑理论书籍一向喜欢，原因很简单，个人既对极其功能性、理性化的现代垃圾——“高层方盒子”持批判态度，也对后现代风格以个性反人性的建筑风格报以疑虑。《“立面”的误会：建筑·理论·历史》作为一个小集子，其主要旨趣是从源头上检讨中西建筑理论的差异。

“自行车棚是房子，林肯大教堂是建筑”，佩夫斯纳这句话凸显的是一种古典主义的建筑观念，即西方文明史中，主流建筑与无名氏建筑（非主流）之间有清晰的界限：从古埃及一直到文艺复兴时期，古典建筑只是涵盖了那些陵墓、教堂、神庙和宫殿等反映君权、神权的尊贵建筑空间。经过现代主义思想的推动，西方建筑学界才对占数量统治地位的民居和原生建筑进行开拓性研究。而中国建筑则具有人本主义精神和世俗化倾向，官式建筑和民式建筑只有象征和符号上的高低等级之别，而没有主流与非主流两类建筑体系的对立性界限。

中国建筑史的研究起步很晚，并在西方中心论的影响下，一开始就打上了古典主义的烙印。

作者认为，以梁思成为代表的第一代学人身上的政治上的民族主义和学术上的古典主义，导致了中国建筑学体系几十年的悲剧性后果。一方面，政治上的民族主义导致了中国传统木结构体现了时下流行的以钢结构为主体的国际式建筑的基本原则，学术上的古典主义导致了用西方的学术观点寻找中国建筑的“文法”。这恰恰忽视了中西建筑的基本区别，西方建筑文化中完全对立的主流与非主流在中国建筑文化中并不清晰，西方主流建筑的尊贵空间与环境，在反映“今世”生活居住空间与环境构成中没有决然对立的局面。这种矛盾性的结局是，建筑学只关注宏大文法，关注主流建筑的神性纪念意义和永久性特征。只有到了二十世纪五六十年代，西方学者才开始认识到民居等人类居住的建筑也应该成为文明史的一部分，古典主义建筑理论才得以被成功突破。

◎**书架**　楼庆西：《中国古代建筑装饰五书》《中国小品建筑十讲》《中国古建筑二十讲》。

殷海光　《中国文化的展望》

《中国文化的展望》是殷海光的代表作。本书的精神源头是自由主义的，

论证方式是逻辑主义的，其虽然对思想的专制或框架持批判态度，但提供的却是另外一种强迫性框架：即试图通过规律性研究或逻辑性体系，论列中国近百年来的社会文化对西方文化的反应，进而导出中国社会文化今后可走的路径。在这个意义上，其批判传统的锋芒被构建现代的“野心”覆盖。

作者首先以剖析自我为中心的世界观为开端，推演传统中国文化的种种弊病，继而，通过解释什么是文化，揭示家是一切的根本，以人为中心的中国社会是通体社会。殷海光指出，中国文化价值系统的核心儒家体系崩溃后，种种本土运动应运而生。其以大幅篇章讨论西化和现代化诸问题，目的在于引介自由和民主。他的思想貌似在排斥传统文化，其实是在儒、耶、佛的中间区域开出民主与科学的药方，即科学的人本主义，其项目为自由、平等、幸福、友善、正义、合作、增进人群利乐，以及尊重个人的生命与尊严，而“爱”为最基本的出发点。而在新道德的重建过程中，作为时代的眼睛的知识分子则是开创者与批评者。这本书洋溢着作者气势磅礴的批判和爱的精神，其通过对传统文化深切的揭露和鞭挞，再现了一个有良知的知识分子慈悲的情怀和视野。

不过，坦白说，因时过境迁，而今读这部书显然没有了其初版时的冲击力。况且，他采用了行为科学者所重视的科际整合的方法，堆砌了大量的概念和词汇，导致著作过于冗长和驳杂，难免让一般读者望而生畏。

◎**书架**　殷海光、林毓生：《殷海光林毓生书信录》；张灏：《幽暗意识与时代探索》《危机中的中国知识分子》。

中央电视台纪录频道 《舌尖上的中国·第2季》

在每个人的灵魂深处，都有一些美食刺激着精神的味蕾。它们似乎提醒人们，在身体搁浅的时代，以一日三餐为代表的人生百味更能拯救日常的疲惫。我们必须承认，美食病比怀乡病更浓郁、更直接，也更加体现中国式人生和中国式伦理，它以和自然相互满足和搜取的方式，记录人类的迁徙和环境的变迁，并将舌尖打造成为聚散离合的记事本。

2012 年，在一个被怀疑为世界即将崩塌的年份，《舌尖上的中国》出来和在世俗生活中高度紧张的芸芸众生做一个顽皮的和解：原来，这些匆匆忙忙的脚步总是和温暖的栖息或者温饱之欲擦肩而过，他们缺少的不是物质、时间和眼睛，而是缺少发现和体验安逸的心境。这部由非美食家制造出来的视觉盛宴开启了美食启蒙的时代，人们抱着方便面通过各种视频追逐口腹之外的感觉。舔屏，这两个字生动地宣示了生活的乏味和深深的不满。美食，再也不是一盆大烩菜或者一场农家乐，原来，它隐藏在对现实的暂时性放弃和臆想性的远足中。

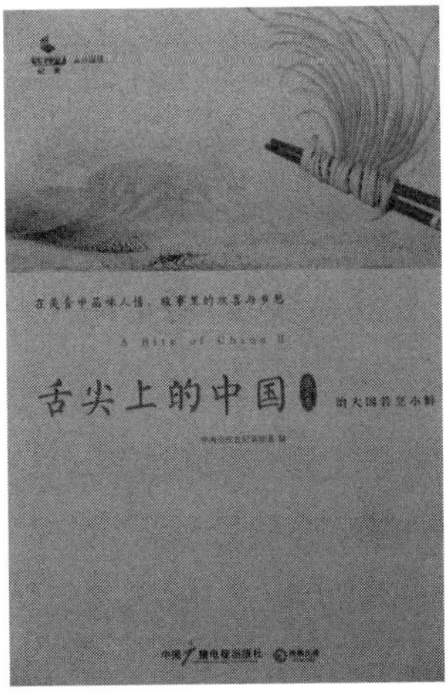

当然，这场美食的解放运动也昭示了通俗性美食家时代的到来，我们可以以记忆、乡愁、小资等标签替代美食的专业性评判。美食既是大众的，也是小众的；既是私属的，也是公共的。

也许，舌尖的解放更意味着我们生活在重重的束缚中。

◎**书架**　中央电视台纪录频道：《舌尖上的中国·第1季》；杰弗里·M.皮尔彻：《世界历史上的食物》；路易丝·福克斯克罗夫特：《卡路里与束身衣》。

刘小枫　《共和与经纶》

1951年间，留在大陆苦守文化根脉的新儒学开宗大师熊十力写了一封七万字的长信《论六经》，请林伯渠、董必武、郭沫若“代陈毛公赐览”。本书没有交代漆园老人呈送信札的初衷和结果，但刘小枫认为，《论六经》通过对儒家经典的革命性阐释，体现了其一生对共和革命始终不渝的关切。

理论上，熊十力的主要贡献在于创建了体用不二的本体论和宇宙论。从基督教转向施密特的刘小枫借助《论六经》和《韩非子评论》两文，给熊十力贴上了这样的标签：深究唯识、弘阐《大易》《春秋》微言的十力儒学，绝非空玩心性之学，而是有着深切的政治关怀。他进一步提出，熊十力一再强调，他之所以深入形而上学洞穴，为的是完成辛亥革命大业，其要让形而上学成为宗教或启蒙哲学，也可能出于救亡的理由。也就是说，熊十力此举是要以自己的学问为共和革命提供精神基础。《共和与经纶》甫一出版，学界即哗声一片，认为刘小枫是曲解熊十力原意，硬塞给他一顶革命的帽子，实在是以己心度人心。

暂且搁置刘小枫是否故意为之不语，熊十力此信函如果不是主动接受新的共和话语，那么，又该如何理解他写信这种举动呢？

◎**书架**　熊十力：《熊十力全集》；郑绍昌、朱小平：《解〈周官〉》。

李泽厚　《美的历程》

这是一代人的启蒙读物。一本谈美的书，不仅让李泽厚一度与朱光潜、宗白华并称为现代美学三大匠，而且将他推到了青年导师的主席台上。《美的历程》今日读来了无新意，但当年却是一声炮响送来了李氏主义。余英时言李泽厚将一整代青年知识分子从意识形态之中解放了出来，就本书而言可以看出端倪：李泽厚采取了“告别革命”的范式，将文艺和美学纳入时代精神的框架中。

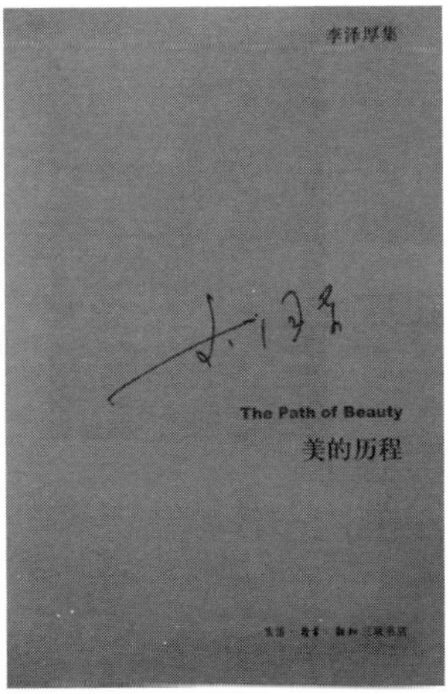

在这个意义上，与其说《美的历程》是一部美学发生史，不如说是一部思想解放史。作者借助美学的平台，构建了人类学本体论的思想观，从而突出了人的觉醒和美的觉醒。也就是说，他的逻辑是历史的和实践理性的。书中，虽然提及了奴隶和封建，恐怕还是一种不得已的托词。李泽厚将数千年的美学提高到艺术解放的层面，将其概括为龙飞凤舞的原始艺术、狞厉的美的青铜艺术、儒道互补的先秦艺术、浪漫主义的楚汉艺术、人的觉醒的魏晋风度、青春自由的盛唐艺术、山水意境的宋元艺术和市民世俗的明清艺术。作者的核心思想可以归纳为，艺术品位和审美理想的转变并非由艺术本身决定的，起主要作用的仍然是现实生活，故而考察一个时代的文艺，必须考察那个时代的社会经济和政治情况。

依个人看来，一个成功的知识分子最卓越的技艺在于批判核心价值、引领社会风气，这一点上，李泽厚做得是不错的。

◎**书架**　朱光潜：《西方美学史》《谈美》；宗白华：《美学散步》；鲍桑葵：《美学史》；叶朗：《中国美学史大纲》。

〔法〕卢梭　《社会契约论》

每个思想家心目中都有一个理想国，古今中外概不例外，理想国中有他自己悲切而崇高的向往。

卢梭的理想国是根据契约建立起来的，他认为，一个理想的社会建立于人与人之间而非人与政府之间的契约关系，政府的权力来自被统治者的认可而不是征服或者暴力。这位启蒙时代最著名的思想家声称，一个完美的社会是由人民的“公共意志”（公意）所控制的，而公民团体组成的代议机构作为立法者，通过讨论以产生公共意志。这种乌托邦式的理论既是神话的，又是科学的，也许不符合现实实际，却有其内在的规定性。正如卢梭所言：我探讨的是权利的道理，我不要争论事实。神话的或理想的理论，就在于揭示了一个触手可及却又不切实际的美好愿景。话说到这里，我想起来一个问题，契约论也好，理想国也罢，这样耳熟能详的词语几乎贯穿了每个读书人的头脑，而大部分人却几乎没有接触过原著，这可能是知识的一种悖论，当然也是经典的一种“可怕”之处。

夹在其中的购书小票和航班显示，购书时间为2006年4月12日，阅读时间为同月21日，地点为飞往三亚的航班。这里，不妨摘抄译者何兆武的总结，本书的中心思想是：人是生而自由与平等的，国家只能是自由的人民自由协议的产物，如果自由被强力所剥夺，则被剥夺了自由的人民有革命的权利，可以用强力夺回自己的自由；国家的主权在民，而最好的政体应该是民主共和国。在书中，卢梭有两个核心观点，一是自然权利论，一是主权在民论；前者通俗的说法是人是生而自由平等的，后者通俗的说法是政府是人民自由意志的产物。本书通俗易懂，短小精悍，是典型的经典作品的面目。作为一种理论武器，其启迪了《独立宣言》和《人权宣言》并孕育了美法两国的宪法。

由此而论，《社会契约论》是思想史上最伟大的作品，应该没有多少异议。

◎**书架**　卢梭：《爱弥儿》《忏悔录》《论人类不平等的起源》；柏拉图：《理想国》；约翰·穆勒：《论自由》。

朱光潜 《谈美书简》

《谈美书简》是美学大师朱光潜以书信方式和青年人谈美的一本集子，收录13封书信，独立成章却又合成一个逻辑体系。很多人评价本书为作者晚年汇聚一生心血写成的经典之作，在我看来，却不尽然。

朱光潜晚年的思想深受马克思主义的影响，他说，在他所走的弯路和错路之中，后果最坏的还是由于很晚才接触到马列主义、毛泽东思想，长期陷在唯心主义和形而上学的泥淖中。由是，他自我批评深受康德的影响，并形成了美是主客观统一的核心观点；同时，他从实践观点出发，认为文艺也是一种生产劳动，在这种创造性活动中，人与自然相互改造，互相提高，离开了实践观点不是片面就是唯心。

在书中，他还有一个著名的观点，即提出运用马克思主义的思想武器，冲破文艺创作和美学的禁区，这个禁区里面有人性论、人道主义、人情味以及共同美感。正由于服膺了马列主义，他批判了很多西方美学大家和思想大家的观点，认为一切从现实的生活出发，实事求是，才是正道。

◎**书架** 黑格尔：《美学》；宗白华：《艺境》《美学漫话》。

〔美〕邹谠 《美国在中国的失败（1941—1950年）》

《美国在中国的失败（1941—1950年）》是一部出版50余年却依旧在中美关系史上占有重要地位的作品。本书的标题，在理解上可以是反向的，即苏联在中国的胜利。

作者从1899年的门户政策开始叙述，认为美国对中国的态度是高尚而理想的，即维护对方的领土和主权的完整。何以50年后一个庞大的敌人——社会主义国家却不期然在亚洲崛起呢？作者的解释是，美国的外交政策的根本失败之处在于同一时期奉行自相矛盾的政策并且致力于无法实现的目标。这句话的潜台词，我个人总结，是美国对中国的政策一直是被动的。在传统上，美国的外交传统是不轻易在国际事务中诉诸武力。

太平洋战争前后，美国企图制造一个强大的中国，使其成为四巨头之一，以此作为自己的代理人遏制日本和苏联，但是，它错误地估计了中共与苏联之间的互动关系，错误地估计了意识形态对共产党的行动所起的运用，错误地估计了共产党与国民党之间矛盾（权力斗争）的不可调和性。

由是，蒋介石利用美国担心其倒向苏联的恐惧感迫使美国提供更多的援助，而毛泽东则看清了美国在一个中国政策中扶持国民党政府的意图而走向苏联。至此，美国基于对世界形势的估计和自身利益的考量而企图调停中国内部矛盾的努力无可救药地失败。这种失败，则进一步通过朝鲜战争加重了中美关系的恶化，并左右了至今的亚洲乃至世界格局。

邹说本书尽管语言风格啰唆，某些地方逻辑混乱，史料有些讹误，但叙事客观，观点深邃，视角新颖，至今不失为一本可以阅读的名著。

◎**书架**　邹说：《中国革命的再阐释》《二十世纪中国政治》；陈永发：《中国共产革命七十年》；裴宜理：《中国社会：变革、冲突与抗争》

杨立华　《宋明理学十五讲》

某种意义上，思想家和阐释者都是天生的，杨立华就是一个天生的读书种子。在我接触过的宋明理学讲本中，能读通读透且能说得浅白晓畅的，就是杨立华和他的《宋明理学十五讲》。不过，略微可惜的是，杨立华自觉服膺程朱理学，而以辟陆王心学为己任，难免态度和力气有所偏颇。

杨氏此书，最重要的是围绕唐宋儒学复兴运动的主题，力图展现其发展过程中各个环节间思理的连贯和递进。从哲学史的角度而言，

自中唐开始，以韩愈为首的儒家面对佛道的冲击，开启了为儒家生活方式奠定哲学基础的时代课题。经由北宋五子特别是程颢才真正发现了儒学复兴的关键，二程区分了形而上、下。迭至南宋，出现了孔子之后“一人而已”的朱熹，理学的逻辑体系才得以建立或者说理学的复兴终于完成。杨立华认为，任何一种哲学一定要指向一种生活安排，在朱熹的系统中，最高的概念就是太极也即天理。也就是说，理学发展的历史脉络是太极这个“万物之所以然”的确立过程。太极不是一个具体的有形有象的东西，而是始终作为一种动态的倾向作用在我们身上的，这种动态的倾向根源于天地生生之理。本书虽略显简单，但作为入门之书，读之妙不可言。

◎**书架** 姜广辉:《中国经学思想史》；汤一介:《中国儒学史》；陈祖武:《中国学案史》。

张维迎 《改革新启蒙：思想市场驱动中国变革》

张维迎师承经济学界的“西北王”何炼成。何和北大陈岱老、武大谭崇老、南开谷书老一样，不“强生事”，骨子里是经济学传道授业的不世楷模，其门下魏杰、刘世锦、王忠民、邹东涛俱为时俊。张维迎和林毅夫之争甚是热闹，但不好评价，因为其中有没有价值观和利益观的冲突一时难以判断。窃以为，一个知识分子学与问的三重境界，一为天理，二为良心，三为知识。关于第三点，意味着要按照自已所学的老老实实说话，学了啥就说啥，说错了那是道行问题。

至于很多人做奏折派、口水派特别是代言派，则是小人儒，不足论。

张维迎在这本随笔集《改革新启蒙：思想市场驱动中国变革》中，始终贯彻了自己的一贯思路，即伟大的变革由观念的变革引发，改革的理念比顶层设计更重要。其潜台词是，中国还要继续思想解放，还要继续深入改革，让市场变得自由，这是最本质的东西。张维迎认为，没有好的、正确的理念，以及强有力的领导力，中国的未来就会问题重重。读至此处，一般人可能会迷糊，领导力和自由之间是存在巨大的鸿沟的，他为什么在理念也就是思想之外强调领导力呢？其逻辑的基点是现实主义的，“全世界都没有自由市场”，领导一种体制变革的人，必须敢于冒险，有突出的领导才能。由此可见，他不是否定顶层设计，而是否定监管太多，把改革作为一个口号的顶层设计。

◎**书架**　文中诸公代表作，可关注林毅夫早期作品：《制度、技术与中国农业发展》《再论制度、技术与中国农业发展》；杰瑞·穆勒：《市场与大师：西方思想如何看待资本主义》；科斯：《变革中国：市场经济的中国之路》。

陈　来　《宋明理学》

因各种境遇，本书断断续续读了两个月，时间跨度上也算一个记录。冯友兰以后，以新儒学概指宋以后儒家思想的较多，但传统上，还是以道学和理学名之。五四以后，关于宋明理学的研究有两种倾向：一种是历史化，宣称儒学死亡，抹杀其文化上的主体性；一种是政治化，唯心和唯物之辩成为主要问题，不过，这倒是确立了气学的地位。晚近以来，儒学研究承接20世纪三四十年代的余绪，开始追问传统思想的启蒙性和近代性，以谋求与西方哲学家和神学家的对话。这个意义上，儒学三期说，还是很有道理的。

我们习惯上以程朱陆概括宋明儒学的成就和派别，其实是一种大而化之的说法。在宋代，即有濂洛关闽之分，五子、二程之间其实区别很大。儒学发展到宋明之际，其讨论问题是通过概念范畴表达的，如理气、心性、体用、敬静、知行等。但总体而言，这些主要概念来自于四书，其以实现圣人的精神境界为人生终极目的，进而为儒家思想提供宇宙论、本体论的论证。在这里，存天理、灭人欲则成为道德实践的基本原则。作者的整体评价是，宋明理学一方面强化了社会所需要的价值系统，并将其抽象为天理；一方面在排斥佛老的同时吸收二教的精神内核，建立了基于人文主义并具有宗教性的“精神性”。

书如教材，可供入门者反复琢磨。

◎**书架**　陈来学术论著集；钱穆：《宋明理学概述》；张君劢：《新儒家思想史》；列文森：《儒教中国及其现代命运》。

梁柏有　《思文永在：我的父亲考古学家梁思永》

儿子追忆父辈，极尽文事渲染，可以理解。比如，这位公子将梁思永的名字嵌在《思文永在》一书标题里，套用下《诗经》，也无不可。只是滥用起来，就可能是错误。查，“思文”一词，出自《周颂》，原文是：

> 思文后稷，克配彼天。立我烝民，莫菲尔极。贻我来牟，帝命率育，无此疆尔界。陈常于时夏。

按，《周颂》中的思文是动宾词组，意思是追思功德。标题中的“思文永在”之思文，当是名词词组，恐是斯文之套用，否则解释不通。掉书袋是个很难的事情，搞不好就贻笑大方。

也许我理解错了，求指教。

◎**书架**　“我的父亲”系列收读颇多，可自行查找，不一一列出。

陈　来　《宋元明哲学史教程》

我始终认为，儒学是士子学，与帝王学、经济学有勾连但却各成体系。儒学虽与政治如影随形，却从来不是南面或治人术，称其为意识形态纯属误读。

传统观念中，我们常常以一个主流思想形态命名该时期的思想，如先秦子学、两汉经学、魏晋玄学、隋唐佛学、宋明理学和清代朴学。其实，这种分野掩盖了文化的多元性和复杂性。就理学而言，虽然师承孔孟，却包含了佛老经玄学思想，也就是说，在针对佛老二家过程中，通过扬弃，建立起了儒家的本体论。但理学内部也是千差万别，从论证方式和运思方向来看，即有气学、数学、理学和心学之分。其中，理学和心学肇造二程，完成朱陆，显于王胡。两者的根本区别在于，前者理被当作强大的客体权威，主体建立道德自觉性的能动性被限制了；后者则追求形而上的空虚的本体世界，脱离实践基础，流于禅道。之所以说儒学是士子学，以宋明理学即可以看出，朱王都曾被当作伪人而贬斥之。

这本《宋元明哲学史教程》，是以作者的《宋明理学》为蓝本讲述的，属于课程体作品。对于有志于自学这一领域的爱好者是一个福音，可以按部就班地根据课程设置进入理学博大精深的内核。置身其中，也不得不感叹作者对于理学概念之熟稔和理解之透彻。

◎**书架**　张岱年：《中国哲学大纲》《中国伦理思想研究》《中国哲学史》；胡适：《中国哲学史大纲》；任继愈：《中国哲学史》。

檀上宽　《永乐帝——华夷秩序的完成》

每一本书都需要知音，本书《永乐帝——华夷秩序的完成》尤其是。在盛行的历史学谱系中，我们通常把明代作为专制的起点和近代的起点，前者是说皇权从此时起对社会有了压倒性优势，后者则意味着对应西方资本主义国家，从明朝起在经济比较发达的江南有了近代的萌芽。檀上宽也是这么认为的，他指出，明代（明初）既是中国史的归结点，同时也是新时代的出发点。他在解释归结点与出发点的矛盾时说，不能断定明朝的体制就此固化了，因为从它完成的那一刻起就意味着国家与社会的分离。那么，上述种种与永乐帝有什么关系呢？作为一本介于专业和通俗之间的读物，作者强调的是永乐在历史中的主体地位。永乐帝通过篡权上位，实施了海禁、朝贡政策，借此形成了以明朝为中心的国际秩序。众所周知，中国、中华和天下这些词语中暗含了华夷之辨，这种内外之分本质上是一种由文化而政治的上下尊卑之别。作者放弃对汉武、唐宗的推崇转而推重明成祖的历史地位，其实是想放大中国对东南亚

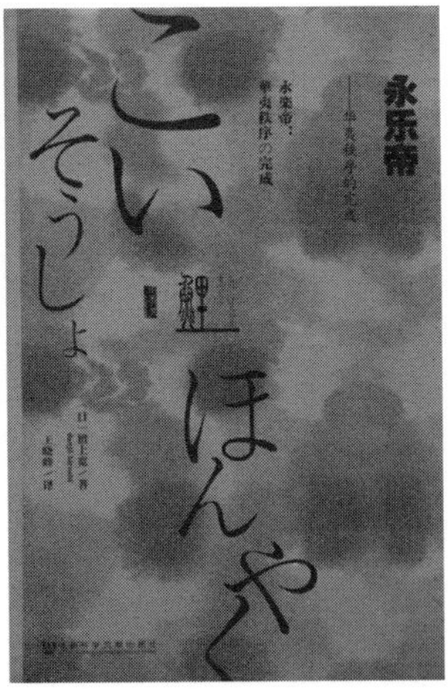

地区的影响。在作者看来，永乐帝在完成华夷秩序的过程中是不完美的，因为，他倒在了征服蒙古诸部的路上。

◎**书架** 加藤徹：《西太后：大清帝国的最后光芒》；黄仁宇：《万历十五年》；蔡石山：《永乐大帝》；宫崎市定：《雍正帝》；李俭：《接班的战争》。

陈 来 《朱子哲学研究》

《朱子哲学研究》是作者在博士论文基础上扩充而成，代表了朱子学研究的最高水平。众所周知，孔子和朱子是儒学史上的两座巅峰，按通行的观点，朱子的出现，儒学才成为一个宝塔式的庞大的哲学结构。其中，理气论、心性论、格致论是这一体系的主体部分。我们知道，在宋明理学中有朱陆之别、心性之分和尊道之辨，此三者一为天人一理，万物皆有此理；一为天人一心，宇宙即是吾心。前者理是强大的客体权威，但限制了主体在建立道德自觉上的能动性；后者则强调树立主体的道德自觉，这又导致其无法成为一种可资遵循的普遍规范。但无论如何，朱子提出的主敬穷理，使理性主义在理学中占了主导地位。必须指出，朱子在理气观上，最终落实在逻辑在先说；朱子在心性论

上，强调性为未发情为已发，心统性情；朱子在格致论上，即物、穷理、至极是其精义。总而言之，朱子学的一个明显特征是把认识伦理化，也把伦理认识化。很多人强调，朱子学第一次使得儒学成为政治建构真正意义上的一部分。那么，如何看待朱子学曾被斥为伪学？如何看待心学特别是阳明学的反动？

其中，一定隐含着这样一个价值系统，即帝王学与士子学是对立交叉的。

◎**书架**　束景南：《朱熹年谱长编》；王健：《在现实真实与价值真实之间：朱熹思想研》；钱穆：《朱子学提案》《朱子新学案》；周予同：《孔子、孔圣和朱熹》；黎靖德：《朱子语类》。

蓝诗玲　《鸦片战争》

当我们把鸦片战争塑造为近代爱国主义的开端时，英国——不论是有意还是无意——已经忘记其鸦片战争的历史。客观上讲，这似乎并无不妥，因为在任何国家或文化视野中，历史叙事都无一例外地被赋予了政治意义。正如作者所说：不存在绝对的“历史真相”……在“集体记忆”中，必然有许多不同的“个人记忆”。在任何情况下，历史学家都不可能重建历史事件的全貌和复杂性，留下的史料也永远不会是完整的。

目前，出版界有这样一种被利益驱动而生的滑稽现象，在国外没有印数、毫无影响的学术著作，一旦被引进中国，就会成为著名的第三只眼，甚至会成为各领域的圣经式作品，炙手可热。好在《鸦片战争》还是有质量的，其最大的价值是，让我们透过英国人的视角，重新思考鸦片战争是一场怎样的战争，至少在作者的眼中，英国似乎并没有蓄谋已久的侵略计划。作为“民主”国家，向中国派遣远征军，是主战派和主和派在议会斗争的偶然结果。因此，第一次鸦片战争结束时，媒体欢呼：与世隔绝的中国将重新加入国际社会，享受更多的文明和自由，进入到不可限量的辉煌前景。而在中国的历史叙事中，从孙中山接受苏联援助后，则开始构建反对帝国主义压迫世界的价值体系，至今犹是。然而，英国推行的鸦片战争真就是其所说的正义之战吗？这就需要在鸦片、白银、茶叶的三角关系中寻找，在鸦片贸易的巨额利润中寻找。由此，我们必须明白，不同的视角，与其说是个人观念、价值或事件局限造成的，倒不如说是政治形塑的。

◎**书架**　茅海建：《天朝的崩溃》；裴士锋：《天国之秋》；胡绳：《从鸦片战争到五四运动》；蒋廷黻：《中国近代史》；徐中约：《中国近代史》；林满红：《银线：19 世纪的世界和中国》。

〔法〕雅克·朗西埃　《对民主之恨》

阿甘本提出：“当我们谈论民主时，我们在谈论什么？”通行的回答是，民主是政府的最佳组织形式，民主意味着全民选举、代议制、协商、自由、市场，

也就是说，民主几乎等于“良善”，以至于福山把民主的胜利作为历史的终结。显然，这种把民主视为是“好东西”的论调已成为一种普世价值观。真的是这样吗？

《对民主之恨》的作者朗西埃悲哀而不乏洞见地指出，社会，还是一成不变地按政治寡头们的剧本来排演，所以准确地说，根本没有民主政体这回事。那么，什么是民主呢？朗西埃说，民主不同于政治，不是一种制度类型，也不是一种社会形式，而是那些既无权统治也无权服从的人们所特有的权力，其目的在于支持善的统治。这句话的意思是，民主是一种对现存秩序的破坏，只有当破坏进行时，才能产生政治、产生民主，这种观察是耐人寻味的。在作者看来，柏拉图所痛恨的民主之弊病，在现时代一一出现，只是，民主和资本主义结合在一起腐蚀了人们的日常生活而不被认知。在本书中，作者指出民主通过全面打击一切建立在精英特权之上的权力形式来进行治理，由此对民主的恐惧乃至憎恨就植根于新的统治阶级之中。

本书分为两个部分，一部分是学者的导读，一部分是作者的正文。某种意义上，导读更具有破坏性和煽动性，其隐含的观点对我们无疑是一种颠覆和挑战。有意的，不妨找来细读。

◎**书架**　迈克尔·曼：《民主的阴暗面》；王绍光：《民主四讲》；戴维·赫尔德：《民主的模式》；俞可平：《民主是个好东西》；刘瑜：《民主的细节》；罗伯特·A. 达尔：《民主及其批评者》。

〔美〕塞缪尔·莫恩 《最后的乌托邦：历史中的人权》

今天，人权被视为最后的乌托邦，它象征着某种国际正义而为无数理想主义者们所青睐。本书致力于澄清这样一个问题：尽管人权被认为是一种植根于历史与文化深处的普世价值，但它的出现是晚近的。也就是说，自1968年之后，人权才作为正义的诉求而对民众产生影响的。

作为一项极其晚近的发明，人权的核心原则是个人权利超越国家主权，是为了代替业已破产的政治乌托邦的道德伦理。按照《最后的乌托邦：历史中的人权》作者的观点，人权是从对于“无权者的权力”的主张中诞生的，所以其必然会与有权者的权力紧密地联系在一起。如果“人权”象征着千万种互相竞争的政治计划的话，那么不管怎么样，其依然是在利用政治在道德层面上的超越性，这种超越性在人权取得最初的成就时就相伴随至今。在这里，我们必须明白，人权最初是道德的，其诞生时就怀着超越政治的渴望，如今，也确实成为新的人类政治的话语。不过，人权发誓要刺破牢不可破的国家边界，并逐渐以国际法的权威取而代之，且要为受害者们打造一个新的世界，实现那里的生活更加美好的愿望。

不过，这一宏愿在暴力和资本，特别是佯装推介普世价值的战争面前，该如何实现呢?

◎**书架**　詹姆斯·格里芬：《论人权》；迈克尔·佩里：《权利的新生：美国宪法中的人权》；林国荣：《历史上的人权》。

刘梦溪　《陈寅恪的学说》

陈寅恪学成为显学，首先得益于陆健东《陈寅恪的最后二十年》，其时的热，在于一种隐蔽的情绪转移：借陈寅恪的际遇缓解或伸张内心莫可名状的家国个人之痛。正由于此，陈寅恪的学说最主要的还是一种价值观，其为观堂所铭碑文“惟此独立之精神，自由之思想，历千万祀，与天壤而同久，共三光而永光”，是一种真实的内心写照和期许。在我看来，除了其精神脉络，陈寅恪学值得注意的是其历史研究。

陈寅恪幼承家教，以乾嘉朴学打底，滋以西方学养，形成了在史实中求史识的理路。如果说《隋唐制度渊源略论稿》《唐代政治史述论稿》是借材料书思想的典范，《柳如是别传》则是借传书史的尝试。坦白说，刘梦溪《陈寅恪的学说》以八章概括陈寅恪学力不从心，也缺少新意和深度，但其对陈氏阐释学的六条系统解读，确是别有见地。我比较赞同刘某人的说法：陈寅恪的学说的力量源泉，不只在于博雅的考据功夫和深沉的家国之情，还在于陈氏一家三代的优美门风。

纠正一个旧观点。陈寅恪不是一个书呆子，其不仅怀有家国梦，而且富有世事心。

◎**书架**　陈寅恪：《陈寅恪全集》；刘梦溪：《现代学人的信仰》《中国文化的狂者精神》《大师与传统》；陆健东：《陈寅恪的最后二十年》；王国维：《观堂集林》《王国维文学论著三种》《王国维遗书》（10 册）。

〔美〕牟复礼　《中国思想之渊源》

《中国思想之渊源》是二版二读。出版社加点插图，抬高价格，又传道又谋利，是流行加时尚，似乎已无可厚非了。

关于中国文明或思想起源的著作可谓汗牛充栋，但蓝眼睛怎么看我们，一直是一个自傲又自卑的事情。和其他学者不同，牟复礼以跨文化研究的视角，审视中国思想的起源。他放弃神学的或神圣的故事，直接从《易经》入手，认为它“昭示了一种令人惊异的宇宙观，一种关于人的潜能的哲学”，进而指出与其他民族尤其是西方的创世说不同，中国古代世界观“本然自生”，类似李约瑟说的“没有主宰却和谐有序”。

我们都知道，如今看待传统或说反传统的价值观是近代尤其五四的产物，专制、反动和僵化是儒家主导的中国社会的硬标签，而牟复礼却不这么认为。他指出，儒家社会是十分宽容的，“不论政权还是社会领袖都不会镇压非常规的思想和行为，哲学家和上层传统的捍卫者也不会声称他们代表了启示宗教的唯一真理”。并且，作者将传统中国思想定位为理性，这恰恰与基督教的神启文化是被“超理性”的“独断的权威”主宰的迥然有别。作为一名一流汉学家，在本书中作者提供了很多洞见，这些观点是否值得商榷不论，但无疑能刺激和推进我们对传统思想的理解与反思。

有意思的是，本书译者写了很多边注，或驳正，或补充，或提示，很便于一般读者的理解。

◎**书架**　史华兹：《古代中国的思想世界》；钱穆：《中国思想通俗讲话》；张汝伦：《现代中国思想研究》；小野泽精一、福永光司：《气的思想》。

刘述先　《朱子哲学思想的发展与完成》

本书以《朱子语类》《朱子新学案》《朱子年谱》和《心体与本体》为蓝本，梳理朱子理气二元与心性体三分之架局。

朱子基本思路是“心具众理”。心为一实然之心，并非本心，须通过庄敬涵养功夫，才能表现理，具此理而为心之德。此一脉思路有其源头。初，朱子承家学、师三先生，既从学于延平，不免抛弃二氏，浸淫危坐终日以验未发，此是回溯豫章、龟山、明道之静坐。道中，又一度折从南轩，后以湖湘“先察识而后存养”非是，几度转变，终归于伊川“涵养在用敬，进学在致知”之教。总体而言，朱子的思想是一渐教形态，讲求做格物的功夫。刘述先指出，此心静理明之要，颇似荀学的入手方法。但其突破处，是思想之贞定处在超越之性理，做功夫的关键则在于心之周流贯彻，涵养于未发，致察于已发。刘述先此作，虽卖价148元，然其洞见多多，不但指出朱子辟二氏、建道统、分新学之历史地位，还专章评价王学气质类象山，问题似朱子，朱子与象山之异同，不过儒学内部分疏。

由此，轻率判定王学脱于禅或唯心论，都是错误的。

◎**书架**　刘述先：《理一分殊与全球地域化》《文化与哲学的探索》《理想与现实的纠结》。

〔美〕雷蒙德·卡佛　《我们所有人》

天空阴沉，复读《朱熹的历史世界》，竟起了文艺范儿。也许与心境有关，我们生命中总有些灰色的东西，一有因缘，便泛起沉渣。

雷蒙德·卡佛是以小说家名世的，在网上发现《我们所有人》，一时手

抖，下单了两本。其母语诗作没有见识过，就译本而言，卡佛的诗歌是复杂而缠绕的，有简约的一面，也有淋漓的一面；有欢快的一面，也有抑郁的一面。我宁愿相信，这是诗人在人性和世道的投射下一种本能的、痉挛的真实表达。《两个世界》一诗，写得朴素而又惊人：柠檬黄的太阳和橄榄黑的大海构成了世界的一部分，在这种色彩变幻的修饰中，一种现实的困境中，我和爱人睡下。可以猜想，他们的梦一定属于另一个世界，里面充斥着不可知的人性黑洞和暗物质。有时候，卡佛的诗通俗得感人，悲伤得迷人。《这个早晨》提供了一个舒缓的、自然的场景，但其中，“所有的事情这个早晨都会离开。我每天都要忍受的事物”。这种描述的和抒情的反差，揭开了生活提供给作者的一个撕裂性背景的一角，卡佛不得不借助文字，将自然主义的生命消解在现实主义的裂痕里。结尾，鸟儿“飞翔在我需要行进的方向”，更是以替代性的解脱诠释个人不得出离的困境。也许卡佛在暗示，是生活收缴了我们的翅膀。

录一首雷蒙德·卡佛的诗歌《蜘蛛网》（舒丹丹译）：

几分钟前，我走到屋外的
露台上。从那里我可以看见和听见海水，
以及这些年发生在我身上的一切。
闷热而宁静。潮水退了。
没有鸟歌唱。当我靠着栅栏
一只蜘蛛网触到了我的前额。

它绊进我头发里了。没有人能责备我转身
走进屋子。没有风。大海
死一样沉寂。我把蜘蛛网挂在灯罩上。
当我的呼吸碰到它，我望着它不时地
颤动。一条精美的线。错综复杂。
不久之后，不等人们发现，
我就会从这里消失。

◎**书架**　策兰：《保罗·策兰诗选》；安妮·阿赫玛托娃：《我知道怎样去爱：阿赫玛托娃诗选》；奥登：《奥登诗选》；里尔克：《里尔克全集》；阿多尼斯：《我的孤独是一座花园》；西尔维娅·普拉斯：《未来是一只灰色海鸥》；盖瑞·斯奈德：《盖瑞·斯奈德诗选》；帕斯捷尔纳克：《第二次诞生》；罗伯特·哈斯：《亚当的苹果园》；聂鲁达：《二十首情歌和一首绝望的歌》；巴略霍：《人类的诗选》；萨拉蒙：《蓝光枕之塔》；茨维塔耶娃：《我是凤凰，只在烈火中唱歌》；瓦夫什凯维奇：《微光》；布洛克：《布洛克诗选》；特朗斯特罗姆：《特朗斯特罗姆全集》；泰戈尔：《生如夏花，死如秋叶》。

余英时　《朱熹的历史世界：宋代士大夫政治文化的研究》

《朱熹的历史世界》是余英时代表作，书名已意味着，自历史之角度为理学家（或时人所称之道学群）在世界中寻找一个位置，即在宋代特别是庆历、

熙宁和孝宗末年政治场域中，理学家成为秩序重建的自觉的主体。扩充一下，可以如此表述：理学家以三代为号召，上起古文运动，下至王霸之辩，全面推动了宋代的政治革新，对理学家而言，“内圣”之学不是重点，在“外王”或“秩序”的领域内显出“全体大用”，才是他们的终极关怀。这一观察，显然别于顾炎武贬斥理学家“以明心见性之空言，代修己治人之实学”的说辞，也与天理、良知之说划清界限。

余英时指出，宋代理学家都以家国天下为己任，其间，既有朱子抬高道学以抑君权设想，也有陆九渊“得君行道”的期许，至于君臣“同治天下”之念更是“国是”法度下一种新形态（心态）。作者还特别指出，宋代理学家有儒佛互渗之现象，两者在世道关怀上并无二致，区别是遵奉孰之道而统之。而且，在权力世界中，理学家面临和职业官僚集团的竞争，其内部也派系纷繁。然而，虽然党同伐异不断，君子也罢，小人也好，都在君权的框架和范围内。个人看来，衡定本书是历史的、思想的作品意义不大，模糊的界限下，其价值观是明晰的，就是张大理学家的政治主动和权力参与。简体版九百余页，抓住这一枢纽，便好读了。

本书与刘述先、陈来、陈荣捷等人作品参读，可全面把握理学内圣外王、形上形下等整体价值。

◎**书架**　广西师范大学出版社和三联书店余英时作品系列。

释泽道 《佛是自家人》

我比较欣赏这样一句话：你灵魂的欲望，就是你命运的先知。也就是说，种下什么因，就会收获什么果。我不懂佛法，但尊重其所提供的一切去我执、消烦恼的理念。佛是自家人，就是佛心即我心，我心即佛心，“大地众生悉具佛性”。什么是佛呢？释泽道说，佛就是心中不再有贪、嗔、痴的毒素，不再有七情六欲的烦恼。这个定义不再深奥，所以才接地气。

释泽道谈佛法去繁就简，不故作高深。在他眼中，佛性就是觉性，觉性是众生觉察宇宙、人生实相的一种本能。既然觉性人人都有，为什么有些人会丧失呢？是因为被欲望遮蔽了。“不怕念起，就怕觉迟。”释泽道说，凡俗之人，不起心、不动念是不可能的，但恶念起时，能及时觉悟，善念就生了；不能觉悟，就会变成恶性。在我看来，保持觉性就是管理自己，管理自己的初心和本心，这样，才能解决当下遇到的问题。

管理自己，首要的一点，就是不要过于执着。释泽道说，《金刚经》所云“凡有所相，皆是虚妄”是佛法的根本原则。也就是说，一切有相的事物都是虚妄不实、因缘假合的。一旦执着有相的东西，就会使我们分别和烦恼，而分别和烦恼恰恰阻碍智慧的生起。而身处有相世界，难免不被相所累，故而，不执着的法门就是在实践中修炼，也就是了解事物的无常性、可变性，增强预见性、理解性。

那么，怎么修行呢？释泽道似乎不支持“顿悟”，而是建议踏踏实实地走。很多人认为，修行是出家人到山里去，或者关在寺院里。他纠正说，其实，这是一种误解。修行每时每刻都在我们生命中、意识中、行为中。所谓的修行，就是把错误的身、口、意调整为正确的。这就回到了本书的名称：佛不是高高在上、虚无缥缈、遥不可及的，只要修行，我就是佛，佛就是我。就普通人来说，不要琢磨普度众生，而是先要把自己度好。

这本书，是作者也就是武夷山天心永乐禅寺住持释泽道大师送我的签名本。

2005 年、2011 年、2014 年，我曾经三次拜谒武夷山和天心永乐禅寺。2011 年和 2014 年去寺院，与李俊言有关。话说 2014 年拜谒武夷佳境时，望崇山峻岭，闻梵音四起，顿觉空门大开，显出自己的小。古人云：“空门不必关，净地何须扫。”我们都是一般人，到不了这个境界，似乎也不必拘泥于是否学佛，但瞅个时间，读读《佛是自家人》这样的书，也能少些个烦恼。

◎**书架**　释泽道：《禅释武夷山》；星云大师：《迷悟之间》（12 册）、《百年佛缘》（9 册）；宗萨蒋扬钦哲仁波切：《正见》；吉噶·康楚仁波切：《无我的智慧》；华智仁波切：《大圆满前行》；多识仁波切：《爱心中爆发的智慧》；罗伯特·比尔：《藏传佛教象征符号与器物图解》；扎雅·罗丹西饶：《藏族文化中的佛教象征符号》。

陈　来　《有无之境：王阳明哲学的精神》

陈来在《有无之境：王阳明哲学的精神》中指出，宋明理学的一个基本主题是如何在儒家有我之境的立场上消化吸收二氏的无我之境。通常认为，王阳明晚年“四句教法”的有无之辨，不仅构成了王门的一大公案，引起了学派的分化，而且由之派生的本体、功夫、心体、性体的争辩，贯穿了整个晚明思潮。

从王阳明的哲学状态看，其境界是“以有为体，以无为用”，这种“以有为体”，表明价值关怀具有优先性。

在王阳明的实践功夫理论中，有两个基本的进路：一是以内统外，完成道德境界；一是以有合无，实现合一境界。和陆子宗《大学》不同，王子宗《中庸》，其先期倡格物，晚期倡良知，宣称“我的灵明便是天地鬼神的主宰”，极力鼓吹良知作为主体性的意义。王阳明虽为心学，但他“以天地万物为一体”，这既是境界，又是本体，思想目标指向社会责任和现实，将明明德和亲民勾连起来。也就是说，在逍遥和拯救之间他选择了后者，这可以王阳明一生的事功佐证。自孟子开始，就提供了一系列“心”的工夫观念，至王阳明，“须从自己心上体认，不假外求”，用道心统率、贯穿十六字诀及孔孟仁学。当然，这种观念的弊病是，为道涵盖了全部精神发展的方式。王阳明之学倡有倡无，

又教人静坐，修习引导之术，难免张大了神秘主义倾向。

需要特别指出的是，王阳明认为朱子“言益详，道益晦；析理益精，学益支离”，而本书论证详细，体系驳杂，概念繁多，意义冲突，难免支离，以子之矛，攻己之盾，这也算是作者的一个无奈吧。至于全部领会王阳明心学之要，还是读《传习录》为好。

读王阳明，切莫被“心学”二字遮心蔽目。试举例。正德十三年（1518）五月初一，上《添设和平县治疏》：

> 在夫盗贼之患，譬如病人，兴师征剿者，针药攻治之方；建县抚缉者，饮食调养之道。徒恃针药之攻治，而无饮食以调养之，岂徒病不旋踵，将元气竭绝，症患愈深；后虽扁鹊、仓公，无所施其术矣。臣等窃以设县移司，实为久安长治之策。伏愿皇上鉴往事之明验，为将来之永图；念事机之不可失，哀民困之不可再；俯采臣等所议，特敕该部早赐施行。及照建县之所，地名和平；以地名县，以为得宜。乞从所奏，并将该设职官印信即与铨选铸给。简员以省费，均地以平徭；移巡司以据险要，宽赋役以苏穷民。如此，则夷险为易，化盗为良，可计日而效。不惟臣等得以幸逃日后之谴责，朝廷亦免再役之勤，百姓永享太平之乐矣。

王阳明设县的目的，是使“三省残孽，有控制之所而不敢聚；三省奸民，无潜匿之所而不敢逃。变盗贼强梁之区，为礼义冠裳之地。长治久安，无出于此”。晚明学人曾评价说：“自设县以来，此地冠盖相望，家诗书而户礼乐，盖彬彬称化国哉。先生此举，不特可以弥盗，亦可以变俗，允为后事之师。”

这意味，法和礼才是王阳明治世的中心关节，把王阳明一生功业归之于“心学”，是大谬也。

需要特别指出的是，一种学问的出现，都是一种思想解放或者对前代思想的反拨，时势转换，可能会移为利器。被斥为袖手谈心性的心学，却与日本的兴起关联莫大。梁启超在《论宗教家与哲学家之长短得失》中曾说：

吾国之王学，唯心派也，苟学此而有得者，则其人必发强刚毅，而任事必加勇猛，观明末儒者风节可见也。本朝二百余年，斯学销沉，而其支流超渡东海，遂成日本维新之治，是心学之为用也。心学者实宗教之最上乘也。

无独有偶，张君劢在《比较中日阳明学》中也认为：

呜呼！阳明学之在吾国，人目之为招致亡国之祸，而在日本则杀身成仁之志行，建国济民之经纶，无不直接间接受王学之赐。……在吾国则为心性之空谈，在日本则实现近代国家建设之大业。

又，补读高全喜《理心之间》，颇为惊讶，感叹当初为什么会买了这本书。有时候，我们对一本书的嘲弄，不是因为自身知识增长了，而是因为书本档次原来就很低劣。对比陈来之于张岱年，不得不说，高全喜辜负了贺麟。在一个不再讲究师承的时代，我们该如何看待学问、道和师的关系，如何在汹汹而印的书籍中遏制制造黑字垃圾的冲动，这是一个大问题。当我们挑灯夜读时，一定是因为两个别有用心的人在夜以继日地爬格子，一个是作者，一个是编辑：他们都被某种东西掏空了身心。

当然，这本书不足以否认高全喜在其他学术领域的巨大成就。

◎**书架**　王阳明：《王阳明全集》；钱穆：《阳明学述要》；秦家懿：《王阳明》；杨国荣：《王学通论》《心学之思》；高全喜：《政治宪法学纲要》《思想的界碑：西方政治思想史讲稿》《休谟的政治哲学》。

陈　来　《诠释与重建：王船山的哲学精神》

谭嗣同曾说：黄出陆王，陆王将瓒庄之仿佛；王出周张，周张亦缀孟之坠遗。

这一观察，是将王船山之渊源，追到周敦颐和张横渠那里。王船山，明末清初最著名的三大家之一，其身处乱世，心系苍生，思想又破坏又建设。他的思想，一切从气上讲，不离气而言理，其把朱王两家抛开，走横渠“知礼成性，变化气质”的路子。陈来在《诠释与重建：王船山的哲学精神》中指出，船山思想的主导意识，是如何克服佛老的影响，建立正确的儒家人生价值观。在此意义上，船山是一个一心重建儒学正统以排佛老而正人心的儒学思想家，这源于人对于宇宙的责任意识。上述思想反映在船山的学术道路中，是以《春秋》大义为安身立命之首，初在《周易》和《老子》，中岁留意《四书》，晚年归本《正蒙》之学。其既坚持了儒家个人修身的道德理想，又纠正了宋明理学反功利主义的倾向。

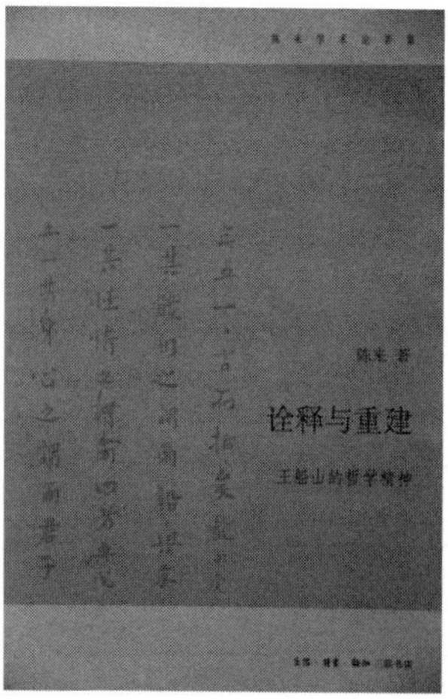

陈来认为，这实际上是主张道德主义与功利主义的统一，也是儒家在内圣之外同时重视外王思想的必然趋归。

◎**书架**　王夫之：《船山全集》。

林语堂 《苏东坡传》

个人陋见，传记之写法一是历史的，注重资料检索排列；一是文学的，强调性情舒张投合。林语堂这本《苏东坡传》，是一个文人为另一个文人画像。其中，穿插颇多赞美同情之语，往往以尊崇之笔触展开，“我认为我完全知道苏东坡，因为我了解他。我了解他，是因为我喜欢他”。实在而言，这是一本道尽世间冷热的自传，一本作者写给自己的个人史。从文学的角度讲，这部传记颇多想象的色彩，其中之评论，固然是主观情绪的自然流露和写意，而从历史的角度讲，则缺少严谨而洞察的记述和观察。比如，作者站在苏东坡的角度，评论一时之政敌王安石是个怪人，是不切实际的理想主义者；而评论同为保守阵营的司马光，则赞其道德才智乃当代罕见其匹，由始至终是风光霁月胸怀，争理不争利；又常常站在某一立场，断言党争中的某某是小人或君子。这种点评，不仅不符合历史事实，缺少必要的张力和见识，而且有悖于常识情理，缺乏基本的“同情之了解”。这也难免，作者对苏东坡倾注了太多个人化的东西。相较于传记初创期的其他作品，本书是最具文学色彩的，读之如散文又如诗，但林语堂写的是真实的苏东坡吗？恐怕未必。这也难免，我们述写和评论别人时，何尝不是在表达自己！

◎**书架** 吴晗：《朱元璋》；朱东润：《张居正传》；梁启超：《李鸿章传》。

陈　来　《中国近世思想史研究》

道学和心学是宋元明清的核心价值思想。一定意义上，宋明理学其实是概念学，其理论探讨是通过概念范畴展开的。也就是说，理学内容虽博大精深，但就体系而言，并不难懂。难就难在同一概念或范畴在不同学者和不同时代的含义不同，一般人接触理学，很容易被这些熟悉而陌生的概念绕晕。

在《中国近世思想史研究》中，作者认同唐宋转型说，其语义所指“近世”是介于中世纪与近代之间的一个形态，即宋元明到清前期。作为一本论文集，作者最重要的贡献是对理气心性及衍生的概念进行了分疏，即通过研究前人表达或构成相关理解的概念、命题、体验、论证，研究文化的经典，研究前人对理论、价值、信仰的建构方式及其对社会文化的作用，目的是使今人能站在前人的思想平台，回应我们所面对的挑战。

这种对概念范畴的论证，对于理解宋明理学关系莫大。比如，通常而言，学界主张“性是理，心是气”，但陈来认为，在朱子的全部文集和语类中，没有一条材料断言心即是气。不仅如此，朱子从“已发”上反对把心归于气，因为如果心是气，心之知觉在内容和根源上都变成了与理无关的气心，等于否定了人有道德的理性。

这就说明，对概念范畴的分析，既有学术意义，更有价值意义。

◎**书架**　张君劢：《新儒家思想史》；黄克武：《近代中国的思潮与人物》；王人博：《中国的近代性》；闾小波：《近代中国民主观念之生成与流变：一项观念史的考察》；岛田虔次：《中国近代思维的挫折》。

〔美〕亚力克·罗斯　《新一轮产业革命》

在阅读阿玛蒂亚·森的相关作品时，我一直考虑贫困诸问题。个人认为，贫困看似是资源、制度、机会和分配等问题引起的，其实在这些表象背后，存在一个现代性陷阱，即贫困是现代化的必然产物。

这本书，进一步印证了我的思考。《新一轮产业革命》主要探讨了未来二十年能够主导我们经济和社会的产业，如机器人、尖端自然科学、财富代码化、网络安全以及大数据……同样还有使它们衍生的地缘政治、文化和时代背景。要知道，科技革命和地缘政治结构一样会孕育出新的工业，未来的工业也会发生逆向影响。这意味着，它们将给我们的生活方式带来巨大且不平均的影响。何况，一些发展机遇会增加居心叵测的人打击国际经济的能力。我们都知道，在过去三十年中，全球化深度影响了中国贫困的面貌，同时期的贫困率从 84% 降到了 13%，但工业化却成了美国和欧洲衰败的力量。

本书导读篇的观点，和我的粗想暗合：我们欢迎科技的进步，但是如果普罗大众的技能、社会组织的演进跟不上科技前进的步伐，那么其中产生的冲突将是未来世界的一大悖论。因为，科技的发展可能会加剧不平等和贫困差距，颠覆普罗大众现在的生活，令许多人难以适应。

这个意义上，新一轮的产业革命与其说将改变商业世界和商业版图，倒不如说让我们加深了对贫困、冲突和变革的认识。

◎**书架**　克劳斯·施瓦布：《第四次工业革命》；罗杰·奥斯本：《钢铁、蒸汽与资本：工业革命的起源》。

〔美〕兰德尔·柯林斯　《暴力：一种微观社会学理论》

柯林斯在《暴力：一种微观社会学理论》中指出，暴力并不是人的本性，也不是社会的常态，人群中永远只有极少数参与暴力的危险分子，这些人制造了绝大部分暴力，但他们绝大部分时候也不会实施任何暴力行为。

这种说法，让我们很容易理解一个平日里温文尔雅或者羞怯的乖孩子，一反常态实施的突发性暴力行为。以上似乎表明，日常生活中的暴力类似阿伦特视野中的“平庸的恶”，只是，这种恶的催生借助于环境而不是别的。柯林斯就说，没有暴力的个体，只有暴力的情景。也就是说，在特定情景中，一个人的表演欲，即潜意识中对他人如何看待自己形象的关注，压倒了人性中对暴力的本能排斥。我亲眼在工人俱乐部门口，看到两个人在围观者的叫好和催促声中打得不可开交、欲罢不能。本书的视角是微观的，其从社会学角度出发，借助视频录像、民族志调查，近距离研究暴力真正发生时的情况，引导读者进入真实而令人不安的人类冲突世界：从军队暴力、警察暴力、家庭暴力、校园欺凌、运动暴力到武装冲突，进而揭示了暴力动力学。

◎**书架**　道格拉斯·C.诺思、约翰·约瑟夫·瓦利斯：《暴力与社会秩序：诠释有文字记载的人类历史的一个概念性框架》；汉娜·阿伦特：《暴力与文明》；西摩·马丁·李普塞特：《共识与冲突》。

〔美〕戴维·麦克亚当斯　《博弈思考法》

我们生活在一个博弈的世界中，远在提出囚徒困境和约翰·纳什开创博弈论分析方法之前就是如此。戴维·麦克亚当斯企图借用本书帮助企业寻找占优策略，赢得竞争优势。一般而言，人们倾向于认为可以依靠法律、公正、常识等，就可以解决工作和生活中的疑难问题，这是一种偏见或错误的估计。要知道，几乎工作和生活中的每个有价值的事物、问题，都需要我们经过权衡后做出选择，政治不说，商业更是如此。

书中上部分提供了赢得博弈的六个方法，而下部分则梳理了赢得博弈的六

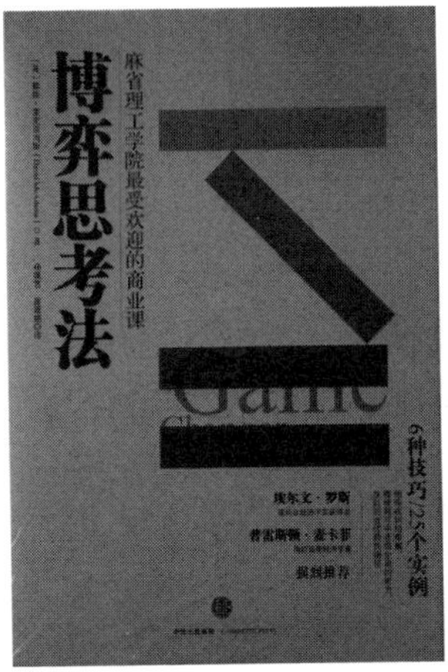

个案例。他提出的六种改变博弈结果的方法是，做出承诺、引入监督、相互结盟、威胁报复、建立信任和培养关系，联合其中五种，配合三种博弈论关键点——行动的时机、战略的演变和均衡概念，就可以逃离囚徒困境。作者指出，虽然单靠博弈论无法解决错综复杂的问题，但合理运用会为解决实际问题提供思路，并且提醒人们注意不愿意看到的后果。作为一门商业课程，博弈论如贝尔大西洋电信公司前主席史密斯所言，导致了各种各样的战略性动机。因为，这是一种不同于以往的协作式管理，既要灵活变通又要思维缜密，并且高度包容各种不确定性。

麦克亚当斯承认，在每个案例中，他惯于用博弈论的方法去界定问题的核心，并且用头脑风暴法降低潜在风险。对于中国读者而言，也许很高兴地看到作者借用了很多古代智者如诸葛和孙膑等人的例子。

◎**书架**　黛波拉·施洛德–索勒尼耶：《矛盾思考法》；约翰·F.纳什、劳埃德·S.沙普利：《博弈论经典》；张维迎：《博弈论与信息经济学》；白波：《博弈游戏》。

李晓斐 《民间权威与地方政治》

田野调查已成为一门显学，碎片化时代，社会分析的触角不深入到一个村落似乎不足以描述这个泱泱大国的复杂的面相。目前，学界关于农村社会学的研究似乎只有一个主题，即所有文化的、经济的、历史的研究都归向权力分析范式。

本书以路村百年来（其实是当代）庙会与村庙的实践——这一实践被作者化约为文化图式，试图理解当下村落的权力与政治。作者认为，文化不再是单纯与静态的元素，而被日益放入权力与历史的视野之下；权力的生产性与文化建构的特征被强调，“政治”更多地弥散在各种各样的“非政治性”场景及普通百姓的日常生活之中；历史也不仅仅是客观性的现实，更加是文化生产的产物。就个人的阅读体验和生活经验而言，作者的这种解释是简陋的，乡村的权力很大程度上与文化和历史无关，其政治活动与其说弥散在日常生活中，倒不如说与利益诸如经济的、符号的密切勾连。

不过，其在最后章节的观察也算比较实际，克里斯玛式人物逐渐式微、消失，痞子式人物日益出现在乡村公共事务的舞台上。这一点，恰恰是作者所强调的历史和文化分析解释不了的。也就是说，作者借用的很多国外人类社会学观点解释“中国问题”，似乎水土不服。

社会科学缺少本土主义的解释学，已是一大通病或者一大问题。

◎**书架** 紫金人类学书系；罗衍军：《革命与秩序》；吴毅：《小镇喧嚣》；梁鸿：《中国在梁庄》。

陈　来　《现代中国哲学的追寻：新理学与新心学》

《现代中国哲学的追寻》与其说是追寻现代中国哲学，毋宁说是现代中国哲学家代表人物，也就是熊十力、马一浮、梁漱溟、冯友兰等人哲学思想的简介。

19世纪晚期以来，中国哲学在引入、学习西方哲学的同时，继承、借鉴并发展中国古典哲学的传统，以建立起与传统有联结性的新的中国哲学，始终是后五四时代哲学发展的一个重要方向。这方面可以冯友兰为代表，他在区分接着讲和照着讲的同时，致力于建立一个近代化的中国哲学，也就是在获得近代性的同时保持中国性。就个人阅读体验而言，对新理学和新心学并不推崇，这些代表人物的思想一面儒佛共融，一面引入西学，往往食之不化却又复杂难懂，在他们这里，儒学越来越表现出内倾化性格，而成为一门支离事业。一个书生恐怕穷一生之精力尚走不出新理学和新心学的迷宫，遑论接宋明承先秦而臻圣人之境界，恐怕这也是陆王求于心的本来意图。

以个人眼光，新理学和新心学的成就并不足取，只是徒增迷乱而已，欲治儒学，还是简单浏览把握再绕开为好。不过，冯友兰建立的哲学史学科和哲学体系倒是可以采取认真体认的。

◎**书架**　熊十力、马一浮、梁漱溟、冯友兰等学者代表作；童世骏：《中西对话的现代性问题》；陈赟：《困境中的中国现代性意识》；顾肃：《理想国以后》；赵汀阳：《现代性与中国》；罗荣渠：《现代化新论》；汪民安：《现代性基本读本》。

盘妙彬　《我的心突然慢了一秒》

我不认同地方性诗人这个说法。但路途中，常常带的广西盘妙彬、湖北哨兵、江苏胡弦三个人的著作，恰恰有与地方“想象中的对话”的内在回声。最初，通过网络读到盘妙彬的诗作，几经转折，才在孔夫子旧书网高价拿到了他的诗歌卷本。《我的心突然慢了一秒》自然不需翻阅便入手，这种文化性自信源于一种心安理得的判断。

本书中，盘妙彬前言、后记讲了很多，在我看来就是说了一句话，即用文字抵达一种放下和自在。明眼人一看就知道这是一个有故事的人，我不敢忖度他是否放下或自在，但他是有冲突的，恰恰是故事和冲突让他需要说出自在。

于是，他的诗歌便有了一种和前言后记不协调的张力。诗歌中，盘妙彬用得最多的意象是白云、蓝天、田野、山、风和水等，它们构成了诗人不在场的沉默式的自然，这种不在场恰恰又凸显了诗人的主体性。矛盾，文学上的矛盾便来了，中和谐、空灵、幽冥、无我的超脱体验中，塑造出了一个对生活反复观察却又念念不忘的文本。盘妙彬的诗歌里，有若隐若现的儒释道纠葛的气质，其精神脉络里有陶潜、寒山、王维、皎然的影子，以不存机心，自觉放弃表象的物镜，通过假于物而不役无物，直接实现象征性超越而通达我们的“本心”。这样一个诗人，显然不是一个天天沉吟于风月无边的摹写者所能比拟的。因为，在盘妙彬这里，诗歌通过不纯粹的人心实现了纯粹的诗心，吾心安处是吾家，这是一种高明的表现策略，其直接通过世俗化的“口语”，丰富了诗歌的表现和表达，张大了有无、对立的世界。

在这个意义上，盘妙彬即以当下的意趣自净心和复其性，并把自己视为天地之一部分的。

录一首盘妙彬的诗歌《似水流年，时光就是亲戚》。

在饭桌上
看到江水推开远山缓缓走来
到门口外突然止步
他披着晚霞，也落着路途的风尘和倦意
细细看，依稀是我的一位远房亲戚
时隔多年不见，他老了

赶巧了，看到我一家子正在吃饭
他一怔，不敢迈步进门
或许他看到我也老了，一时不敢叫唤
江水在门口外曲折
山头和树木遮掩它东去的身影
唯见千里外赶来的我的亲戚，怔怔站在门外
我们都老了
一时不敢相认，彼此心头起了忧伤

◎**书架** 胡弦：《春风斩》；李元胜：《无限事》；北岛：《结局或开始》；施施然：《柿子树》《青衣记》；清平：《一类人》；唐不遇：《世界的右边》；灯灯：《我说嗯》；雷平阳：《基诺山》；徐芜城：《一个青年的肖像》。

冯友兰 《中国哲学简史》

《中国哲学简史》实际上是一本政治思想史著作，追寻的还是治理之道。

作者在第一章即指出，既然哲学以内圣外王为主题，研究哲学就不是仅仅为了寻求哲学的知识，还要培养这样的品德。冯友兰采取如此理路，显然与中国政治大一统的格局有关。以本书便可以看出，子学时代，思想驳杂而深刻；经学时代，只有儒家哲学，是以作者不得不援引释道丰富之。显然，冯友兰并不熟悉古代地理和经济知识，他给出的海洋国家和大陆国家哲学发生背景的分疏也是简单化甚至偏颇的。然而，正是这种简单化，使得本书的观点更便于接

受和流布。也就是说，简史实际上是哲学史世俗化的过程。

今日看来，本书有很多不足甚至明显的错漏之处，但作为一个超一流的哲学和哲学史家，冯友兰很多论点往往让人有醍醐灌顶之感，某些地方甚至开启了相关学科的构据。比如，他对孟子和荀子儒家理想现实主义的划分，对孟子神秘主义的描述，对庄子和孟子学术渊源关系的衡估，对儒家形而上的分析及其与阴阳家关联的指证，都表现出了一个原创思想家的学识和见识。显然，如果对三家思想不熟稔且有相当深厚的“宇宙观”，一定得不出儒家成圣、释家成佛之区隔，以及道学和道家有区别甚至反向的观点。

冯友兰一直坚持哲学是为了提高人的心智的宏旨，他刻意树立“中国哲学”而规避“哲学在中国”，也正是出于如下一个目的：在民族危亡之际，通过寻找哲学的民族性建筑民族的主体性。

◎**书架**　胡适：《中国哲学史大纲》；任继愈：《中国哲学史》；张岱年《中国哲学史》，李泽厚：《中国古代思想史论》《中国近代思想史论》；沟口雄三：《沟口雄三著作集》。

冯友兰　《中国现代哲学史》

1990年11月，写完《中国现代哲学史》序言四个半月后，一代哲学大家离开了这个世界。在自序中，“文章自有命，不仗史笔垂”的自信可能实现了，但“海阔天空我自飞”的宣言则过于感性了。无论怎么评价都不可绕过一点：这部现代哲学史著作，以一种别样的方式给冯友兰的哲学讨论画上了一个奇异的句号。

本书是一部典型的革命思想史作品，其回应的是20世纪初中期为了满足当时的救亡需要而出现的，“中国向何处去”这一近代中国历史变迁的主题提问。亦即，冯友兰本书由于与时代精神的高度合拍、对近代史事的高度解释能力以及针对性极强的资治功能，表现出了一种高度浓化的革命范式。因此，冯友兰是不自由的，他以流行话语的二分法、阶级化将哲学建构成了马克思主义思想史。他把章炳麟和梁启超分为革命派和立宪派，把孙中山和毛泽东分为旧民主主义和新民主主义的领导人，把新文化运动分为左翼和右翼，把真正的哲学思考分为理学和心学，并附属于革命叙述之后，这已不是他所称的“哲学是人类精神的反思”，而是革命精神的总结了。

◎**书架**　冯友兰：《哲学的精神》；李泽厚：《中国现代思想史论》。

〔美〕威廉·伊斯特利　《经济增长的迷雾》

《经济增长的迷雾》的主题是以大量的实例研究贫困国家的经济增长问题。鉴于经济增长是减少贫困的重要动力，作者致力于解析流行的经济增长的一个个因素的“神话”。

无可辩驳的事实证明，增加外国对穷国的援助、增加国内投资、提高教育水平、减少人口、外债减免等，都没有起到提高贫困国家经济增长的目的。作者认为，这不是经济学的因素，而是关于人的激励问题不到位，亦即，如果政府的激励、私人部门的激励和援助者的激励搞不对，贫困国家将无法走出发展的迷雾。

作者特别提到，官员具有窃取他人利益的强烈欲望（腐败），这是最明显的损害经济增长的激励。作者区分了外延式增长和内涵式增长的区别，指出，一旦政府对人力资本的收益率进行干预，国民无法获得其全部收益，这种增长只能是外延式的。只有保护产权、让自由发挥作用的政府才能实现内涵式的经济增长。

本书虽然在某些地方属于老调重弹，但对如此众多的流行理论进行辩证，有助于我们清楚地认识目前政策的现实和发展的走向。

◎**书架**　乔治·索雷尔：《进步的幻象》；

许宝强、汪晖：《发展的幻象》；戴维·S. 兰德斯：《国富国穷》；贾雷德·戴蒙德：《枪炮、病菌与钢铁：人类社会的命运》；何清涟《现代化陷阱》。

〔美〕弗雷德里克·沃特金斯 《西方政治传统：近代自由主义之发展》

这本在极权主义兴盛的20世纪40年代撰写的著作，试图为自由主义找出一条悠久的历史传统以捍卫自由主义并解决其面临的深重危机。在作者看来，西方强调政治的核心是法理，而不是其他高度发达的文明所遵循的伦理及其对社会成员的培育。因此，法制下的自由，是西方政治生活中最明显的特色，也是人类应当享有的生存环境，自由之维系，有赖于政府成员对独立组成的公意机构的遵从。

沃特金斯虽然在书名中标明是探讨近代自由主义问题，但实际上在著作中对自由主义的源流进行了系统的挖掘，指出，近代自由主义是西方文明的世俗形态，其在传统上具有足够强韧的生命力。作者视野里，近代以来的政治运动是寻找限制专制统治者独断专行的工具的过程。在这一过程中，具有深厚历史渊源的自由主义恢复传统地位，成为西方文明的指导原则。不消说，沃特金斯的努力显然意味着，自由主义没有东西之别，而是普世主义的，自古希腊罗马至今都是如此，捍卫自由主义就是检讨极权主义并保护我们的生活。

◎**书架** 霍布豪斯：《自由主义》；约翰·罗尔斯：《政治自由主义》；迈克尔·J.桑德尔：《自由主义与正义的局限》；以赛亚·伯林：《自由及其背叛：人类自由的六个敌人》；菲利普·佩迪特：《共和主义：一种关于自由与政府的理论》；列奥·施特劳斯：《古今自由主义》。

冯友兰 《三松堂自序》

《三松堂自序》是作者的自传。在序言中，冯友兰虽称写作的目的是“欲使后之读其书者，知其人，论其世”，内心还是有供后人供奉的自信。

读罢此书，我更关心的是冯友兰在新社会中的表现。书中记载，1949 年 10 月，很多人向毛泽东写信表态，作者也写了一封（注：冯氏坦陈是主动），言“过去讲封建哲学，帮了国民党的忙，现在我决心改造思想，学习马克思主义”，毛泽东在回信中确认他“过去犯过错误”，并告诫要“总以采取老实态度为宜”。此后，冯友兰多次检讨自己的历史问题，批判个人所写的学术著作，并在“文革”时期，加入了“四人帮”主导的梁校班子。自传中，冯友兰简要回顾了这一段历史，认为，“我当时自以为是跟着毛主席、党中央走的”，“可是我当时确有哗众取宠之心。有了这种思想，我之所以走了一段‘极左路线’，也就是自己犯了错误，不能说全是上当受骗了”。

近日，通读冯友兰《贞元六书》，因不是旧版本，不知是否经过改动。单就新版本来看，冯友兰在新社会的表现有其一定的必然性：一、冯友兰在哲学上有偏向于辩证法和唯物主义的一面，较认同经济基础决定论。二、冯友兰对社会主义有亲和的成分，而且，他对20世纪40年代中国共产党的表现存在天然的好感。最主要的是第三点，冯友兰把“阐旧邦以辅新命”作为学术活动的志趣和方向，并在后来指出旧邦就是祖国、中华民族，新命就是建设社会主义。因此，冯友兰服膺新时代应该是有一定客观性的。这种服膺基本主宰了成稿于1981年的《三松堂自序》的调子。

这就提出了一个问题。同为经历“文革”的知识分子，周一良的辩护、艾芜的回避、巴金的忏悔以及冯友兰的紧跟，究竟哪一个才是真实和真诚的？如果出于真诚，如何衡定一个知识分子的品格？也许，对政治运动中的文化人采取去政治化的文化评价，才能看清个体和社会的复杂面相。

◎**书架**　周一良：《毕竟是书生》；钱理群：《我的精神自传》；韦君宜：《思痛录》；杨联陞：《哈佛遗墨》。

冯友兰　《南渡集》

《南渡集》书名与内容无涉，以“南渡”名之，大体采晋宋诸代南迁而不能北归之意。冯氏随西南联大南下而返，实在是以兹纪念正统复振。

书含上下两部分，一为哲学论文，一为各刊短论，书末附有书札和论辩。特别需要指出的是，上编有四篇对话题，模拟古先哲讨论现代问题，第一篇借朱子之口，说道德无所谓新旧，而道，则是人类组织之理。第二篇借朱子一口，指出，从前的君臣，是忠于君，而不是忠于君主个人，以君主为共相；至于人兽之别，在于人能依知识而知超乎具体世界的共相世界，依道德而入超乎具体世界的共相世界。显然，冯氏服膺朱子且发展朱子：我就是朱子的新继承者。

下编收文三十八篇，其中，《汪精卫的行为与先贤道德教训》值得注意。冯友兰认为，汪精卫投敌具有个性化缘由，“有些奔走革命底人，到后来没有得到什么本领，而只养成一个敢冒天下之大不韪的习惯。他革命时不顾一切，勇于为善，到堕落时也不顾一切，勇于为恶”。这种出于人心的勇，一发不可收拾，民初的人，反礼教，以勇任事，不管动机是什么，都是很危险的，因为这个致命的“勇”字，彻底与“先贤的道德教训”背道而驰。冯友兰指出，这恐怕是“利令智昏”。此说，恐怕是有新理学理念成分，即在乱世，应尊崇传统道德，不以“勇”字的革命招牌欺人。

◎**书架**　推荐名字关联但内容无涉的岳南《南渡北归》。

杜维明 《仁与修身：儒家思想论集》

如果按儒学惯例，从一个思想系统或场景中捻出一个语词概括这本书的主旨，则非“人性”莫属。一定意义上，在杜维明的视域中，仁与人性可以通用，《仁与修身：儒家思想论集》的前身之题《人性与自我修养》正印证了我的观察。

这是一本论文集，作者从古典儒学、宋明儒学和现代儒学三个维度来讨论儒家思想的核心关切：成人或成圣。古典儒学部分，作者认为儒学的中心问题是精神不断的自我转化的完全成为一个真实的人的过程；宋明儒学部分，作者探索了宋明儒学中人的概念，借以说明，儒家学说真正关心的是日新又新的自我，而不是他处身的社会；现代儒学部分，作者则通过儒家思想的创造性转化，解释儒学是如何形成新的象征和实质的。这是一种典型的精神考古学，作者和清末民初的那些儒学大家借西方学建构中国学不同，而是表现出了一种深刻的挖掘和对话意识，并在发现人的过程中，将儒家学说的出发点限定在修身而不是社会责任，尽管必然会推导出后者。

作者眼中，儒学虽然不具备正式宗教的性质，却起着类似的倾向，正是这种论调将其儒学研究更多地引入内在规定性而具有了神秘主义气质。由是，他在论证仁与礼的关系时借用了基督教的比拟便顺理成章了：礼是此岸的标

准，仁意味着对选择和责任感的召唤，仁和礼之间的创造张力意味着两者之间的相互依赖。

◎**书架**　方朝晖：《儒家修身九讲》；马克·奥勒留：《沉思录》；钱文忠解读《三字经》《弟子规》和《百家姓》。

〔英〕乔纳森·艾特肯　《撒切尔夫人：权力与魅力》

中国读者知道撒切尔夫人，大都从一个著名的“跟头”开始，在和邓小平会谈之后，她在北京人民大会堂的台阶上重重摔了一下。迷信观点看来，这是英国在香港问题上失败的开始。此前，撒切尔夫人的政治之路则是一帆风顺。

本书的传主是英国第49任首相（1979年—1990年在任）。身为英国第一位女首相，多年来，撒切尔夫人因香港事务，为中国民众所熟知；又因强硬的执政风格，被称为“铁娘子”。置身男权主义的世界里，在政治上占得一席之地的女人，都是张大女权主义的旗帜而产生的。正是一路克服包括大男子主义、出身问题等各种公开或隐蔽的歧视偏见，撒切尔夫人才获得了本书副标题题示的“权力与魅力”。还有什么比孙女在其葬礼上引用《圣经》所作的致辞更为贴切：“我们并不是与属血气的争战，乃是与那些执政的、掌权的、管辖这幽暗世界的，以及天空属灵气的恶魔争战。”

副标题“权力与魅力”倒不如以“权力的魅力”名之贴切。马克斯·韦伯曾赋予权威三种类型，此处不妨将权力分为政治型、经济型和文化（学术）型。

依我看来，在这个官僚化世界里，政治型权力风险最大，也最为迷人。撒切尔夫人性格执拗，一直以来都是一个个性要强、好与人争辩的领袖人物。她的做事风格生硬粗暴，但效率很高，这一切都暗示了她在脱欧化失败时收获的眼泪和倒台，以及在香港问题上不打算放弃主权，却不得不黯然接受失败。

《撒切尔夫人：权力与魅力》印证了如下观点：一个女权力主义者的高调、强硬，也许与内心的孤独和冲突成为一个明显的对照。

◎**书架**　莉斯塔娜：《希拉里：我的抉择时刻》；康多莉扎·赖斯：《非同寻常：赖斯成长回忆录》；罗伯特·布鲁内利：《默克尔传》。

〔美〕斯图尔特·布兰德　《地球的法则：21世纪地球宣言》

作者是一代科技大咖乔布斯、贝佐斯和安德森等人的偶像。这个未来学大师此次探讨的，是我们的生存环境及其解决方案，也就是可持续发展问题。依照我的总结，地球的法则就是环保的法则：保卫生态系统和捍卫我们的文明同等重要。

作者认为，气候变化、城市化和生物科技是21世纪的重要议题。显然，

探讨这些问题，必须把一切组织套话、纯意识形态论调和关于绿色的狂热搁置一边，代之以清晰的思考，把人类文明挽留下来。布兰德指出，一、气候变化是真的，人类文明导致了变暖趋势，而这也将促使我们把地球视为一个整体来管理；二、城市化是绿色的，从农村到城市的迁徙是一种解放，城市的增长固然会带来问题，却可以推动我们去解决，农村不会被遗弃，它将会被大自然统治；三、生物技术当然也是绿色的，它正成为地球上最主要的工程工具，“基因从哪里来的不重要，重要的是基因会做什么”，这一观点，恰恰和对转基因技术的恐惧对比强烈（也许，我们可以以知情权支持崔永元对基因技术质疑）。《地球的法则》一书推崇如下理念：我们就是上帝，我们必须做好这个角色。引申开来，角色之一把我们自己当作园丁，掌握好星球治理的技艺，包括学会怎么应用技术和学会如何取巧，这样，就需要引入工程学，设计好地球工程方案。

作者在本书的结尾总结到，我们都是一种生命。这意味着平衡生态不仅需要情感，还有科技的介入，而消极的行动则不能保证天然基础设施的健康。

◎**书架**　气候变化与人类发展译丛。威廉·恩道尔：《粮食战争》《石油战争》。

〔美〕维克托·迈尔–舍恩伯格等　《大数据时代：生活、工作与思维的大变革》

如今谈论大数据已经成为一种标签和时髦。事实上，人们可能没有读过相关著作，更不了解大数据为何物，这一切都拜互联网所赐，互联网将人们变成空洞的、获取即时信息的人。

内人王珊珊买的这册《大数据时代：生活、工作与思维的大变革》恰好是目前出现的最好的读本。

哲学意义上，大数据让人变成一个新的物种、一种新的信息，而本书则提供了这个物种的前景和自身的操作手册。在概念层面，大数据是指无法在可承受的时间范围内用常规软件工具进行捕捉、管理和处理的数据集合。作为一种信息资产，这一概念最早由维克托·迈尔–舍恩伯格和肯尼斯·库克耶提出，其主要特点是告别随机分析法（抽样调查）而采用所有数据进行分析。

大数据的4V特点Volume（大量）、Velocity（高速）、Variety（多样）、Value（价值）表明，其战略意义不在于掌握庞大的数据信息，而在于对这些含有意义的数据进行专业化处理。本书序言指出，发掘数据价值、征服数据海洋的动力是云计算，在PB为单位的结构与非结

构数据信息的时代，通过对海量数据进行分布式数据挖掘，会使云计算对大数据进行的分析、预测更加准确，并释放出潜在的价值。

作者认为，大数据的核心就是预测，这个核心代表着分析信息时的三个转变。一、不再依赖于随机采样。二、不再热衷于追求精确度。三、不再热衷于寻找因果关系。

不过，大数据也是一个伦理问题。因为，其深刻地影响着人类的价值体系、知识结构和生活方式。所以，大数据一方面会引起新型的数据殖民，另一面也会衍生著作和隐私权利的问题。

◎**书架**　托马斯・弗里德曼：《世界是平的》；凯文・凯利：《失控》。

杜维明　《道・学・政：儒家公共知识分子的三个面向》

尽管作者声称收入集子中的论文彼此关联，目的在于阐发儒家知识分子的显著特征，使儒家传统丰富的象征资源承担相当困窘的现代中国“文化人”观念。但如果一个读者置身其中，试图寻找出目标清晰的理论主线，还是非常困难的。

作者在《道・学・政》中指出，儒家知识分子不会主动寻求官位，以求将他们的理念付诸实践，但总是通过诗歌的感受、社会责任感、历史意识及形而上学见解干预政治。孔子，作为儒家的第一个知识分子，“是我们托身其中的世界的共同创造者，是自然进程的守护者，是天地创造性转化的参与者”。他以反思人的问题为路径，试图重新找回人类文明的深层意义，这基本奠定了儒家知识分子的行为本色：关心现世而非彼岸。先秦时期，儒家知识分子虽然远离权力中枢，但他们却控制了文化系统。由是，通过对教育的垄断实现了在汉代的崛起，而成为社会中意义的提供者、体制中权威合法性的辩护者。

儒家知识分子坚信德性可以学到（为己之学），和释家成佛、道家成仙的终极追求相较，儒家知识分子把成仁（圣）作为典范：圣是仁的表征，孔子则是具有典范意义的圣人，而这，是人人可以实现的理想。作者表示，儒家知识分子的为己之学是痛苦的、漫长的，比如孔子强调经验知识是我们学做人的凭依，但这远非顿悟的结果，而是终身致力于“集义”，故而弘毅之路“任重而道远”，以至于孟子感叹“天将降大任于斯人”。这种痛苦和担当怎么解释儒家知识分子的进和退，尤其是儒家隐逸主义呢？作者以元代刘因为例指出，儒家知识分子还有一种对神圣的使命感、对洁身自好的终极关怀，以及在由尊崇儒家之道产生的尊严感的促使下，选择超越政治的不朽和文化。

也就是说，在时代不允许出仕的情况下，孟子独承大道的形象也一直激励着一些儒家知识分子另辟蹊径的儒家实践。

◎**书架**　波斯纳：《公共知识分子：衰落之研究》；徐贲：《知识分子和公共政治》；余英时：《士与中国文化》；鱼宏亮：《知识与救世》；左东岭：《王学与中晚明士人心态》。

杜维明 《中庸：论儒学的宗教性》

《中庸》是四书中最重要的儒家经典，它的逻辑和语言是诗性的和先验的，即在日常学用中讲究内向的品悟。同时，提出的观点只教而不论，某种意义上有把儒家导向神秘主义的一面。

作者在书中，借助《中庸》探讨儒学的宗教性问题，指出，所谓儒学的宗教性是一个成为宗教的人的儒学取向问题，是作为具有独立人格的儒家的人何以实现终极的“自我转化”问题。按照本书译者的解释，儒家特别强调人的宗教性同人的主体性和人的社会性的同一，强调“人道”同“天道”、“入世”同“出世”、“内在性”同“超越性”的同一，强调“中”与“庸”的同一。

正是基于如上，作者放弃了从与西方宗教对比角度来论证儒学的宗教性。而这，恰恰是17世纪、18世纪中国礼仪之争、晚清民初儒教运动和近来以李申为代表的儒教定性论的理路。也就是说，作者从存有论的角度，认为儒学的宗教性表现在儒学的存有的终极性或儒学的宗教性的终极存在，是儒者对最高本体的宗教式的肃穆态度和敬畏情感，及其同最高本位融为一体的宗教式企盼。

因此，杜维明从《中庸》中提炼出君子、

信赖社群和道德形而上学，构建了儒学宗教性的逻辑体系。

◎**书架** 马克斯·韦伯：《中国的宗教：儒教与道教》；余英时：《论天人合一》；李申：《儒教简史》；郑培凯：《儒教政治哲学》；周赟：《张载天人关系新说》；朱俊艺：《孔子天命鬼神思想研究》。

〔意〕安伯托·艾柯 《带着鲑鱼去旅行》

当了八个多小时“坐家”，又读了两本学术性著作，觉得有些疲倦。这本《带着鲑鱼去旅行》搁置家中数月，得有个了结了。内人王珊珊买的，我算捡了个漏儿。作者是意大利的安伯托·艾柯，一个享誉世界的名家。本书算是随笔，内容光怪陆离，如怎样提防寡妇，怎样走后门——意大利也吃这一套？怎样辨别情色电影，可以说，作为一本厕中读物，是很称职的。当然，如果只是把它当作休闲之品，未免暴殄天物。作者的本意，还是通过生活中的“小记事”或者说疯言疯语，检讨令人捧腹和荒诞无比的现代生活。不再评价了，否则有违作品的轻松和诙谐，不如摘录其中一些桥段。

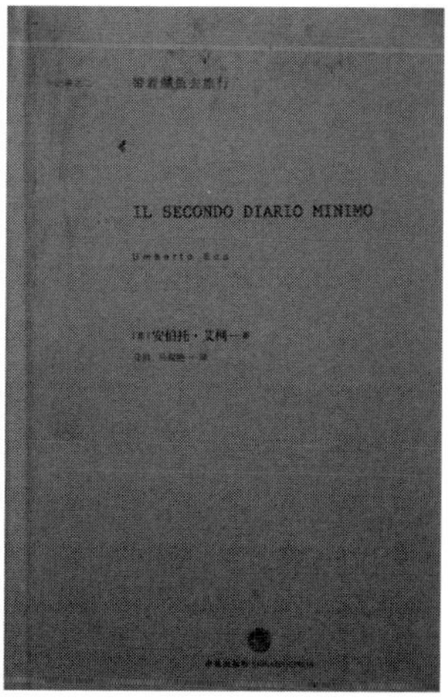

一、这已经是个烂规矩，每当暑假将至，每个政治或者文学刊物就要不约而同地为大家推荐10本以上“有意义”的书，以此来帮助大

家睿智地过一个“有意义”的假期。

二、掌声来自和普通人一样的观众，而非来自假惺惺的演员，这就确保了他们对真实生活的依赖。

三、真正有权力的人不需要每一个电话都接，正相反，他永远如你听到的那样——在开会。

四、这么说吧，有一个判断电影是否色情的标准，就是根据浪费掉的时间来计算……不知道我们对作者的作品如我所摘录的是否有会心之处，如果没有，那也没什么，我们已经成为荒诞生活的一部分，而失去了自我辨识度。

◎**书架**　安伯托·艾柯：《误读》《开放的作品》；东野圭吾：《怪笑小说》。推荐一本怪异的百科全书，弗朗西斯·古德：《鱼为什么放屁》。

杜维明　《新加坡的挑战：新儒家伦理与企业精神》

1982年2月，新加坡宣布，将儒家伦理和其他五门宗教课程作为中学三、四年级的选修课，其目的是以道德教育抵御工业化、现代化对文化和伦理价值的侵蚀。杜维明、唐德刚、余英时、许倬云等八位儒学学者作为顾问，为学校课程草拟了一个提纲。这似乎印证了一个想当然的印象，亚洲四小龙的经济腾飞得益于儒学价值观的复兴。

本书是作者演讲和讨论的集合，可以看成一个儒家学者千载难逢的现实实践和观察的记录。在作者看来，儒学与其说是一种竞争的模式，倒不如说是一种和谐的模式，因为其重视个人的自我修养和自我约束。针对亚洲四小龙这四个儒家伦理表现突出的地区，杜维明认为不能轻率地把它们称为后儒学地区。不仅如此，他还认定和新教伦理与资本主义精神之间没有真正的因果关系一样，因果关系也不是理解儒家伦理和东亚企业精神相互关系的唯一方法。杜维明的主张恰恰相反：如果一个人信奉最高类型的儒家伦理，他就要培养正义感而不是牟利的欲望。

作者指出，儒家思想有两个维度，一个是政治化的儒家，国家高于社会、政治高于经济、官僚政治高于个人的创造性；一个是伦理化的儒家，注重自我约束，超越自我中心，积极参与集体的福利、教育等。这些固然对新加坡的成功至为重要，却不可理解为单一的因果解释。这些观念的基础是，作者把儒家思想定义为一种哲学人类学或是一种宗教哲学，亦即焦点是做人。因此，作者对新加坡开设中学儒家伦理课程的建议是进行整体的道德教育，以提高人类的自我理解以及对于公有的观念和价值的群体参与的水平。

◎**书架**　余英时：《儒家伦理与商人精神》；邓晓芒：《儒家伦理新批判》；熊波特：《经济发展理论》；陈来：《东亚儒学九论》；冈本隆司：《属国与自主之间》。

杜维明 《儒学第三期发展的前景问题》

本书是作者在大陆讲学的雪泥鸿爪，主题聚焦在旧学新命。作者指出，儒学的基本方向是以人为主的，这和西方反自然、反神学的人文主义不同，是入世的，其力图通过道德理想来转化政治现实。也就是说，圣王思想才是儒学的真血脉。正因为此，知识分子群体批判的自我意识的出现，将决定儒学的命运。

晚近以来，对儒学发展的分期问题成为一门显学，这一问题其实是谈儒学面对挑战的创造性回应问题。作者尤其晓言，儒学对人性的阴暗面的理解比较肤浅，完全从修齐治平的通道观察人性似乎行不通。这一点，西方的各种哲学流派、心理学派，远比儒学深入和透彻得多。在作者眼里，晚清民初，知识分子对儒学的反动是针对那种利用儒学来维持旧秩序的企图的，这种完全西化、一面倒的视野，使知识分子没有意识到传统思想还可能是拯救中国的源头活水。在这里，作者显然使用了倒推法。

那么，儒学的新命在哪里呢？一方面，在于继承五四精神，以儒学为本体进行形而上学的重建；另一方面，儒学关于做人的价值取向，适用于全人类，具体落实到现实世界的修养功夫上。归结到一点，就是作者提出的，借助于儒学资源，建立哲学的人学。

◎**书架** 李泽厚：《说儒学四期》；干春松：《康有为与儒学的新世——从儒学分期看儒学的未来发展路径》；石永之：《中国文化的再展开：儒学三期之回顾与展望》。

杜维明 《儒家思想：以创造转化为自我认同》

个人认为《儒家思想：以创造转化为自我认同》是杜维明最有理论张力的著作，读个三五遍方可不负其文字功夫。本书主题是回应罗伯特·贝拉“什么是儒家的自我”这一问题。在回答过程中，杜维明的一个观点给我启发最大。他指出，儒家人文主义和道家自然主义并不冲突，两者对自我修养的共同关注以及道家批评儒家的礼仪、儒家批评道家的避世，都体现出一种对话式的交互作用，并存在着更深沉的一致：它们存在分歧，却属于同一个符号世界。

杜维明的回答只说出了一个肤浅的层面，我认为，在对世界的关注和干涉以及“成”人问题上，儒道两家无限的、普遍的和超历史的自我实现并没有区别，区别在“道”和“术”（方法）上。借用冯友兰的分疏，道和术同样是形而下的，它们都深嵌在俗世中，并试图实现自

我超越的潜能。儒学的本性是为己之学，其以生活在此时此地的具体的人为出发点。不过，“与天地万物为一体”的境界又是天人合一的。如此，怎么理解以下说法：儒家不仅将自我视为种种关系的中心，而且视之为一种精神发展的动态过程？这和资本主义的个人又有什么区别呢？

杜维明给出了一种答案。他说，按照儒家的看法，生命的终极意义绝不会在一个“全然的他者”中找到，因为它与我们的日常生活是不可分割的。也就是说，在作者看来，由于把单个人的修身不仅视为人的自我认识之本，而且视为知天之本，自我的终极转化不是个人对其内在精神性的孤往追求，而是一项群体的行动。这显然意味着，个人通过社会关系完成学习做人的任务。

◎**书架** 林毓生：《中国传统的创造性转化》；安东尼·吉登斯：《现代性与自我认同：晚期现代中的自我与社会》；查尔斯·泰勒：《自我的根源：现代认同的形成》。

杜维明 《青年王阳明：行动中的儒家思想》

此为杜维明为数不多的专著之一，研究涵盖王阳明1472年至1509年的活动，主题是为1508年龙场大悟后“知行合一”观的形成，寻找心理学和社会学依据。

作者指出，仅把王阳明看作那个时代的儒学大师和历史上最卓越的思想家之一，容易掩盖他真实的人生。是的，这是一个饱受磨难的人，曾一度沉湎于佛道而不可拔。故而，刘宗周评价他“人或以为近于禅”并不是空穴来风。个人以为，王阳明被尊为“内圣外王”的榜样人物，学说风行一时并扩散至邻邦，这与他的事功分不开。正是事功，奠定了其宗教性地位。假如把军事上的成功归结为儒的，显然是片面的。

青年时代的王阳明曾痴迷军事，甚至以马援为心灵的导师。面对这样一个复杂的、人生充满波折的人物，如何界定他的儒的成分？作者指出，王阳明作为一个行动的儒家，力图补救朱子学的弊病，确立格物的头脑在内心的命题，从而把格物和诚意、正心等同。这就意味着，在立志做圣贤的抉择结构中，知和行形成一个统一体，并以道德主体的意向为核心，直接论述人的内部资源的问题。也就是说，知的真本性是见之于行动，行的真本性是助长自我知识。

本书是杜维明的博士论文，其重要之处不是探讨了王阳明如何将朱子的格物转为自己的知行合一，而是直接证明了一个伟大的思想家复杂的面相，以及其思想主流的重重脉络。还是那个问题：当我们评论一个人是儒家时，他的思想和行为有多少是儒的？

◎**书架**　康德：《实践理性批判》；张卫红：《由凡至圣：阳明心学工夫散论》。

中国社会科学院近代史研究所 《辛亥革命与百年中国》

自 1981 年起，辛亥革命每逢 10 周年，学界便有隆重纪念且有集子出版。昨蒙赵庆云兄赠四册《辛亥革命与百年中国》，今晨粗略翻阅，也算功德圆满，毕竟四次盛会出版的东西都浏览过了。

关于辛亥革命的性质，个人一直存疑。学界通常的说法，辛亥革命是一场资产阶级革命，且是失败的。这种定义，曲折地说，是为旧邦新命创造新统。

马克思主义指出，革命的核心问题是政权问题。从政权角度分析，英法资产阶级革命颠覆了封建统治，美国资产阶级革命告别了殖民地，作为世界资产阶级革命体系中的一环，辛亥革命所谓的反帝反封建的资产阶级革命性质无可置疑。那么，在武昌起义打响第一枪的时候，革命的领导者是资产阶级吗？南北议和是革命力量主导的吗？自北洋政府至南京政府，我们创造出宪政前提下的英法美式的票决制了吗？对这些问题的分疏，既要追溯经济基础，又要权衡领导力量，还要分析政治现实。

至少在我看来，所谓的辛亥革命是不完整、不彻底的，这种失败有别于传统的资产阶级软弱妥协说，也许，在辛亥革命研究陷入瓶颈期时，重新解释是唯一的出路。

◎**书架** 虞和平：《资产阶级与中国近代社会转型》；杨天石：《从帝制走向共和》《帝制的终结》；高全喜：《立宪时刻》；张朋园：《立宪派与辛亥革命》；黎澍：《辛亥革命与袁世凯》；唐德刚：《袁氏当国》；冯自由：《革命逸史》；马勇：《晚清四书》。

〔美〕阿里夫·德里克 《后革命时代的中国》

据说，出生于土耳其的美国学者阿里夫·德里克是第一个将全球化概念引入到中国的人。读本书，我最关注的是这位左翼前沿理论家如何以马克思主义的姿态，将批判的矛头对准晚近的后殖民主义浪潮。

作者指出，关于民族国家概念的纷争以及相应的民族主义方案，一直鼓动着中国史学的发展，1949年以后在政治上成为史学领域正统的马克思主义史学，代表了历史思维中现代的胜利。作者显然并不认同一些学者去革命化和去马克思主义的观点，认为马克思主义在现代语境下受到指责，不是因为它不够现代或反现代而是因为太现代了。在作者看来，马克思主义关于国家发展的叙事，比起更“肤浅”的朝代和意识形态更替，更加深入地植根于社会发展之上。也就是说，它提供的社会发展规律内在于不同社会当中，并为社会发展提

供了内在一致性的努力，为中国学者使用通史全面地描述中国历史，从而锚定新的国家自我形象提供了全新的时空观念和理论工具。

尤其值得指出的是，如梁启超说的，马克思主义将历史的重心转向了人民。而且，马克思主义更加强调社会因素对于政治和意识形态的决定作用，这使得理解历史力量的构成成为必要，如此才能更加有效地引导它们（新兴社会力量）走向未来。《后革命时代的中国》一书不是一本专门研究马克思主义的著作，其主要出发点是在一个发展成为“主义”的时代，从现代性和全球性的视角讨论“泛中国模式”，试图从过剩的历史资源中探索“历史复兴”如何才能超越民族国家的边界，而对世界做出更大的贡献。

尽管书中很多观点都有吊诡和悖论之处，但对全球化、中国世界化、儒学化和现代化的反思，特别是围绕后革命的中国思想氛围中对历史和文化的调用的论证，处处有洞天。

◎**书架**　徐刚：《后革命时代的焦虑》；吴重庆：《孙村的路：后革命时代的人鬼神》。

葛兆光等　《殊方未远：古代中国的疆域、民族与认同》

一般而言，学界比较认同“流动的中国”这一概念。但触碰到元清两个少数民族政权时，断裂和冲突就出来了，其核心问题归结为，元和清是中国王朝吗？对这一疑问的追问和回答，表面上看是欧洲中心论和中国中心论在全球化体系中的交流，实质上是文化和地域在现代性价值面前的背离。

也就是说，由从中国看中国转变到从世界（周边或殊方）看中国时，传统的“华夏 / 中国”在地理是存在的，而在文化上却忽然崩溃了。葛兆光的总结是，现代中国的历史学者理性上虽然超越华夷，追慕包容性的天下帝国，但感情上会不自觉地区别内外，以汉族中国为我者来叙述“华夏 / 中国”。这就碰到一个问题，在讨论中国时，要么以当代中国的疆域界定历史空间，要么以历史价值界定现代中国。一旦元清被当作异族统治从华夏中剥离出来时，“中国”就出现了几百年的空白期。在近年来关于中国的属性讨论——什么是中国显然继承自什么是人的关切，新清史张大了华夏的价值焦虑。因为，在其视野中，元和清不再是中华帝国的延续。新清史派认为汉化论是中国现代民族主义的建构，其忧心中国现代民族主义的崛起；而反对者则认为新清史派是一种文化侵略，试图消解华夏的正当性，是以一种敌意看待中国的发展。

抛开这种争论不说，也许症结在这里，中国的历史太丰富，疆域太广阔，这种辉煌、博大和复杂，使任何一种设法解释历史和界定疆域的努力，都困难无比。

◎**书架**　葛兆光：《宅兹中国》《何为中国》；李伯重：《火枪与账簿：早期经济全球化时代的中国与东亚世界》；科大卫：《明清社会和礼仪》；刘禾：《帝国的话语政治》《跨语际实践》；滨下武志：《中国近代经济史研究——清末海关财政与通商口岸市场圈》《近代中国的国际契机》《香港：亚洲的网络城市》《朝贡体系与近代亚洲》《中国、东亚与全球经济》。

赵树理 《三里湾》

1955 年发表的《三里湾》是赵树理最重要的也是中国第一部表现农业合作化运动的长篇小说。其以六位年轻人的结婚与离婚，描写新中国波澜壮阔的农业生产。作者表示，写作这样一部小说是为了配合中国革命“新的历史任务”。

这部小说中，主人公明显缺席。当然，也可以以村庄作为第一主角，即三里湾的秋收、开渠和扩社三件大事主导了日常人际关系的变动、婚姻家庭单位的重构特别是进步力量与落后力量的对比。文学意义上，乡村进入文学视野是与新文化运动同步的，其通常被当作愚昧的标志和启蒙的对象，而建国后，这种叙述范式发生了“革命性”变化，作为被书写的主题，乡村被视为一个新的德性的共同体，而容纳了国家、文化特别是阶级和社会主义的建构过程。

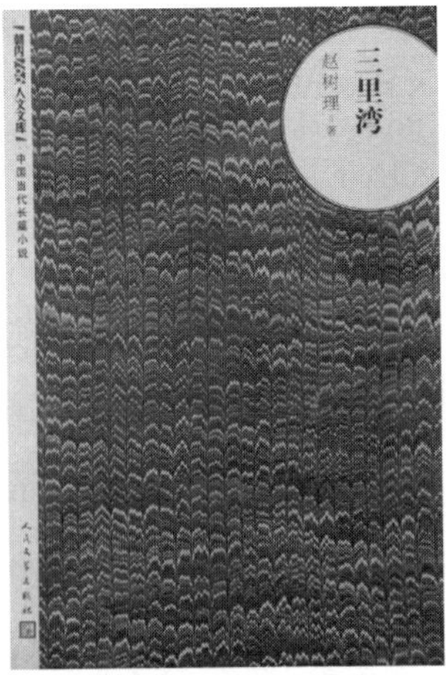

在赵树理的视野中，乡村是边缘的又是中心的，是地域性的又是去地域性的。因为，在村庄这个具体的革命对象被纳入现代国家的可能性中，而呈现出一种概括的、抽象的、形而上的追思。作者试图以一种赞成的态度理解 20 世纪 50 年代的合作过运动，这显然与上层关于合作化运动是小脚老太太的批评相映成趣。毕竟，他亲身参加了 1951 年山西合作化的试点。

《三里湾》作为一部农村题材的小说，回答的是中国农村往何处去的疑问，并通过文学想象构造了一个符合主流叙事的乡村乌托邦。

个人而言，对这部小说的阅读，不仅出于追溯国家往事的企图，某种意义上可以更好地理清文学与政治的关系，同时把既成事实的乡村治理方案作为一个问题进行重新思考。

◎**书架** 赵树理：《小二黑结婚》；周立波：《暴风骤雨》；丁玲：《太阳照在桑干河上》；孙犁：《白洋淀》；浩然：《艳阳天》《金光大道》；李国华：《农民说理的世界：赵树理小说的形式与政治》；贺桂梅：《赵树理文学与乡土中国现代性》。

〔美〕迈克尔·桑德尔 《民主的不满：美国在寻求一种公共哲学》

桑德尔是中国出版界的宠儿，《民主的不满》中译本甫一上市便有些洛阳纸贵的意思。书中，桑德尔将康德·罗尔斯自由主义的价值中立及权利优先于善所塑造的公共生活称作“程序共和国”。

他指出，程序共和国非但不是美国建国之父的本意，即使半个世纪前的美国人对此也很陌生。也就是说，在程序共和国之前共和主义主导了民主，以共享自治为基础，因而对公民德行有所要求，也必然有特定的价值取向而非服膺价值中立。随着自由主义侵蚀了共和主义，义务让位于权利，中立取代了德行，道德与宗教信念淡出了公共领域。桑德尔认为，程序共和国正是当代美国对民

主不满的源头，唯有重塑共和传统，再造公共生活，才能消弭民主的不满。

桑德尔还特别反思了自由主义的宪政观。目前，主流话语对美国宪法的解释是悬置价值判断，保护公民权利。事实上，宪法的本意也并非如此。比如，当前对宗教自由的理解是宗教信仰为个人选择的事情，政府应保持中立。而传统上，信仰自由是保护宗教践行的自由而非不信宗教的自由；比如当前认为对言论自由的保护应不考虑价值判断，而传统上会对言论的内在价值进行分析。桑德尔认为，自由主义的主张会导致原本应予保护的言论缺乏足够的根据来保护，却会保护原本应予限制的言论；比如主流的看法是把隐私权视为不受政府或他人限制从事某些行为的权利，而传统上隐私权是保护个人“避免把个人事务暴露给公众”。

桑德尔赋予本书的副标题“美国在寻求一种公共哲学”，其隐含的意旨恰好是批评和反思当前的公共问题。个人认为，这是一段时间以来分析美国政治现状最为透彻的作品。

◎**书架**　迈克尔·桑德尔：《公正》《金钱不能买什么》；李泽厚：《回应桑德尔及其他》；约翰·基恩：《生死民主》；汉娜·阿伦特：《政治的应许》。

〔美〕理查德·亨利·托尼 《宗教与资本主义的兴起》

理查德·亨利·托尼(1880—1962)出版于1926年的《宗教与资本主义的兴起》和马克斯·韦伯的《新教伦理与资本主义精神》，是探索现代资本主义世界起源的两大理论高峰。与后者更为强调此岸世界、根据拯救来证明整个人生和日常生活的指向的核心命题不同，托尼兼有一个道德学家的品质，他也认可如下观点，即在基督教思想范畴内，经济活动都不过是服务于道德目标的手段，随着宗教改革成为一个分水岭，经济活动日益成为目的本身和终极目标。由是，也导致了个人主义信条的出现。不过，托尼在接受这一事实的同时，论调里充满了批判和反思。

本书的基本思想是研究中世纪社会秩序的观念如何分崩离析的。托尼认为，把以道德自主、享有权利、拥有财产的个人作为一切社会秩序观念的源泉，是一种把社会当作股份公司而不是有机组织，加入这个公司是为了确保永恒的自然法已经赋予他们的权利的观念。他觉得这种思想在道德上是可耻的，这就决定了本书以伦理探讨为归宿。尽管托尼不认同马克思主义，认为其把物质考虑当作人的生活、希望和潜力的基本内容是贬低人的，但他们在承认资本主

义并提出批评性建设上还是有相通之处的。比如，托尼指出：经济需求的满足当然非常重要，但人的本性也需要满足许多其他需求。因此，唯有清楚理解了这些需求的相对重要性，才能够根据一种合理的体系组织自己的行动。

托尼悲哀地看到，经济利益仍然被广泛地看成一个王国，似乎时代精神对它根本产生不了任何影响。这何尝不是我们这个时代的悲哀呢？

◎**书架** 马克斯·韦伯：《新教伦理与资本主义精神》；埃伦·米克辛斯·伍德：《资本主义的起源：学术史视域下的长篇综述》；厉以宁：《资本主义的起源：比较经济史研究》。

〔英〕艾伦·麦克法兰 《现代世界的诞生》

马克斯·韦伯、埃里克·琼斯和贡德·弗兰克，以及加州学派代表人物彭慕兰、王国斌都在思考这样一个问题，即现代世界的起源过程中的大分流——西方兴起时为何和其他地区走上了不同的道路。

对这个问题的回答，前者认为资本主义只能出现在西方，而后者则认为东西方的差距虽然巨大却是一种暂时的分离。其中，关于中国问题的讨论又区隔为欧洲中心论和中国中心论。本书作者，英国历史学家艾伦·麦克法兰认同第一种观点。他以英国为样板回答两个问题，一个是现代世界在哪里起源，一个是现代性是什么。

和主流观点中现代性起源于16世纪或17世纪不同，作者提出，英国从12世纪起就和其他地区分道扬镳，具备了经济和法律上的个人主义这一现代社会的核心特征。在探讨现代性特征时，作者认为现代性意味着经济、社会、政治、意识形态（宗教）的彻底分离与组合，这显示作者反对融合论，也反对某某决定论。同时，他还提出，现代性与其说是一些理想原则，倒不如说是复杂的社会现实。在本书中，麦克法兰现代世界的兴起框定在英国而不是西欧，明显是一种英国中心论。

如今，无论怎样检讨资本主义体系对现代世界的侵蚀和控制，都不可否认上述事实——我们所批判的，恰恰是生活的事实。在强烈的“英国”自豪感的前提下，麦克法兰给中国读者提出了如下可以探讨的理论空间：一、中国如何在吸收西方文明养分的同时保持自己的文化和个性的独特性；二、中国如何应对西方走向现代世界过程中所出现的社会纽带断裂问题。

◎**书架**　伊恩·布鲁玛：《零年：1945现代世界诞生的时刻》；丹尼尔·汉南：《自由的基因：我们现代世界的由来》。

〔英〕彼得·伯克　《文化杂交》

如果感觉亨廷顿的文明冲突论过于刺耳，英国文化史学家彼得·伯克的文化杂交论则温和得多。只是，因作者过于面面俱到地讨论文化杂交的对象、

情势、反应和结果，其对文化全球化时代的碰撞和担忧就流于表层化。

众所周知，在西方国家挟经济、科技优势向世界各国推销商品化价值观的过程中，中心的与边缘的、主流的与支流的、官方的与民间的、统一的与多元的对立，背后潜存着文化杂交过程中的文化权力之争。这也就是我们日常看到的，麦当劳、好莱坞、摇滚所带来的不是物质的、视觉的或听觉的东西，而是美元的响声。这是一个前所未有的冲突和紧张的时刻，因为，在全球资源再分配的过程中，作为调适乃至反拨，为拒绝文化杂交带来的污染，纯洁性文化掩盖下的宗教原教旨主义和民族主义正不断演变成地缘政治的冲突，如果把造成冲突的原因仅仅看作是石油或粮食，就过于肤浅了。在价值层面上，正是文化这种记忆之链把过去的和现在的“我”勾连起来，一旦文化丧失主体性，“我”也就丢失了。按照拉康的镜像理论，自我意识是在他者的观照下形成的，也就是说，任何民族文化中都存在一定的“他者性”，哪怕是中国的二里头和龙山文化时代，种种考古迹象印证了上述论点。

那么，在“他者性”潜移默化地进入日常生活时，民族文化记忆的主体构成如何维持？伯克并没有给出答案，现实也没有。答案在风中，或者说，答案正在不断修改自己的过程中。

◎**书架**　文化与政治译丛。松浦章：《明清时代东亚海域的文化交流》；爱德华·霍尔：《无声的语言》；霍夫斯坦德：《文化之重：价值、行为、体制和组织的跨国比较》；宿白：《考古发现与中西文化交流》。

王湘穗、乔良　《割裂世纪的战争》

《割裂世纪的战争》只是取了一个好题目，这部由《超限战》作者撰写的作品重复讲了关于朝鲜战争的一个历史鸡汤的故事。不如搁置不论。

布热津斯基在《大棋局》中说，地缘政治支轴国家的重要性不是来自它们的力量和动机，而是来自它们所处的敏感地理位置以及它们潜在的脆弱状态对地缘战略棋手行为造成的影响。在历史上，朝鲜半岛经常沦为周边国家角力的区域，这符合斯皮克曼的边缘地带理论：边缘地带是控制世界的关键，是世界的要害所在。

对朝鲜战争的评估，要考虑时间和空间这两个纵横的轴线。时间线上，朝鲜战争爆发的原因可以追溯到朝贡体系下的战略冲突乃至唐代以来日本对东亚霸权的觊觎，其后果不仅改变了地缘政治格局，还深刻地塑造了相关国家的政治角色和性格；空间线上，则是以中俄（苏）为代表的陆权大国和以日本为代表的海权大国的利益分歧，而这种冲突的背后，则是两方六国即中俄（苏）朝和美日韩的政治格式。一定意义上，朝鲜战争爆发引起中国参战，有朝贡体系的余波和“维稳”心理的思维在起作用。

◎**书架**　工湘穗、乔良：《超限战》；

王树增：《朝鲜战争》及其他战争系列；约瑟夫·古尔登：《朝鲜战争：未透露的真相》；约翰·托兰：《漫长的战斗》；沈志华：《毛泽东、斯大林与朝鲜战争》。

杨　渡　《一百年漂泊：台湾的故事》

“时间是唯一的救赎。”杨渡在书中第444页娓娓写道。此句文字，距离《一百年漂泊：台湾的故事》结尾不足80页。救赎就是死亡，以病痛开头，以坏灭收尾，一个家族的流浪史终将要画上一个涅槃的结局，才算符合时代的要义。

显然，总结这部传记体小说的内核是简单的，它无非是描写了一个移民的后代摸爬滚打的经历。那么，合上书本，一腔淡淡的忧伤又是从何而来？这些年来，台湾的故事已从音乐、电影转向回忆录式的文字，但“不要问我从哪里来”的拒绝式投入，始终张开渴望理解和拥抱的手臂，《巨流河》如是，《太平轮》如是，杨渡的这部作品也如是。

作者描写的父亲，更像一面镜子，其中折射出来的是熟悉而又陌生的自己。我们可以说，台湾文学中的忧伤是成熟的，它比我们更早地流浪，更深刻地品尝到了工业化甜蜜的伤痛。所以，我们接受这些文字，未尝不是一次精神之旅：从似曾相识的陌生中，寻找快感和慰藉。谁都能意识到，海峡对岸隐隐的风雷就在我们脚底下滚过，置身其上，人们一次次在心灵上撕裂又在肉体上重组。

在这个老祖母所说的“像一场眠梦”的世界里，我们都是外省人，正如我现在身处的地铁，名称、身份和籍贯都失去意义，轰隆隆的旅途上，都怀揣着各自的忧伤和熟悉的故事。

◎**书架**　杨渡：《暗夜传灯人》；齐邦媛：《洄澜》；龙应台：《大江大海》；廖信忠：《我们台湾这些年》；许倬云：《台湾四百年》；林桶法：《1949大撤退》。

〔英〕贝利　《现代世界的诞生：1780—1914》

《现代世界的诞生：1780—1914》是一部讲述中古社会向现代社会的演变史，起于英法革命资本主义体系扩张时期，终于第一次世界大战帝国主义体系终成时期。其基本写作基调是全球史观的和现代化观的，即以当代通行的历史解释范式回望这充满变化的140年。

众所周知，全球史观告别欧洲中心论和国家中心论，以社会空间、大历史观和反对“从历史反推现实”的逻辑思维看待和解释历史；而现代化观则把单一、宏伟的社会发展诠释模式作为批评对象。在作者看来，19世纪在国家、宗教、政治意识形态和经济生活方面有全球一致性的起源，正是它们的互动而非单一因素（如唯物主义经济决定论）促进了现代社会的建立。这一过程中，全球力

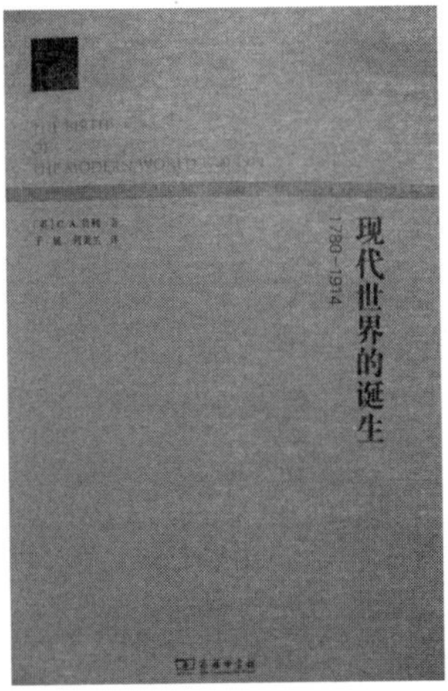

量与地方力量的相互厮杀和彼此依靠，使得“车同轨、书同文”式的表达成为可能。

作者借助后现代主义观点，批评宏观的比较史和“元叙事”，因为这是一种把人类经验同质化和抹杀弱势群体的倾向。他赞同人们以不同的方式理解现代化，并试图把政治、经济和文化结合在一起，揭示其间的相互影响却不把一端置乎其他诸端之上。正是由于作者把“19世纪的世界作为一个网络重叠的全球复合体来描写”，强调一个复杂的统一体下的矛盾和复杂图景，注重历史细节的丰满和广博。所以这本书表现出强烈的碎片化和人类学倾向，故而无法提供一种新的世界史标准，此诚为憾事。

◎**书架**　威廉·麦克尼尔：《西方的兴起：人类共同体史》；道格拉斯·诺斯、罗伯斯·托马斯：《西方世界的兴起》；弗兰克：《白银资本》。

〔美〕哈罗德·J. 伯尔曼　《法律与革命：西方法律传统的形成》

梅特兰曾指出，12世纪是一个法律的世纪。

《法律与革命：西方法律传统的形成》这部世界名著的作者伯尔曼也将西方法律传统形成的背景放在11世纪末到12世纪末。他强调，该时期专职法院、立法机构、法律职业、法律著作和法律科学纷纷出现，是 1075 年教皇格里高利七世发起的革命导致教俗两界分离的结果。这一判断，和泰勒等学者将西方法律传统形成的作用集中在资产阶级兴起身上的观点，迥然相异。

必须指出，伯尔曼写作本书的目的，是基于如下认识：西方社会共同体的传统象征是宗教和法律。他认为，今天的法律已经沦为特定的国家的规则体，这势必将法律剥离出公共教育的总体视域。也就是说，伯尔曼探讨法律的出发点，是否认法律是一种规则，而是作为一个过程和一种事业，只有在制度、程序、价值和思想方式的具体关系中才具有意义。

正源于此，他批判了各种法律哲学派别的解释，认为“它们并不是解释历史，而是历史解释它们”。通过这种解释，伯尔曼将法律引向了传统，认为传统是最深层信仰和情感的根源，在最高政治权威的法律之外存在一个被称作神授法（自然法）的法律体系，“一个社会每当发现自己处于危机之中，就会本能地转眼回顾它的起源并从那里寻找症结”。这样，伯尔曼就将法律视为人类生活的目的和终极意义而非规则体系，而现在的法律则表现出对神圣信仰的普遍消失，变成“一大堆只有由共同的技术联结起来的支离破碎的特殊判例和彼此冲突的规则”。

现在，我们就可以明白伯尔曼的意图，他相信上帝是一位公正的法官，是突出宗教因教会法而具有社会性，法律因基督教而获得神圣性。这种把法律尊为信仰的理路，显然是深具洞见且有现实意义的。

◎**书架**　富勒:《法律的道德性》；罗斯科·庞德:《法律与道德》；约翰·莫

里斯·凯利：《西方法律思想简史》；哈　特：《法律的概念》；理查德·邓恩：《现代欧洲史02：宗教战争的年代（1559—1715）》；西蒙·蒙蒂菲奥里：《耶路撒冷三千年》。

〔美〕查尔斯·默里　《文明的解析：人类的艺术与科学成就》

我阅读本书时，最初被其厚度和表格吓住。其实，这是一本很薄的作品，正文不多，至于数据则来源于历史计量学。

拿起《文明的解析：人类的艺术与科学成就》，了解三个基本维度即可：一、这是一份人类履历表，即在成绩显著的公元前800年后特别是近几百年来，人类干了些什么，当然如果我们考虑战争和暴力，人类文明在崇高中堕落；二、通过对4002名艺术家和科学家的比较，而不是集中在经济和商业领域，探讨人类文明在哪些时代和地区上取得了非凡的成就；三、本书的范式是全球史和比较史的，一定意义上也验证了区域和民族“智识结构”的差异。

作者查尔斯·默里指出：数据显示，17世纪后半叶，视觉艺术开始衰落；18世纪到19世纪初，音乐艺术一直徘徊在谷底；19世纪后半叶，文学艺术开始衰落。在作品中，作者借用的一个重要工具是洛特卡曲线，通过它排列

出重大事件和重要人物的贡献值。另外，其很多比较比如对中国文学的分析，很容易让我们联想起福布斯排行榜。这也难怪，作者对名气和影响的排列组合，显然有福布斯范式的倾向。

个人认为，这种全球视野的数据比较，是一种大胆的尝试，比起纯理论性描述要有说服力。可惜，论证没有深入下去，只停留在数据的表征，也算一大缺点。

◎**书架** 费尔南·布罗代尔：《文明史》；尤瓦尔·赫拉利：《人类简史》；伊恩·莫里斯：《文明的度量》；杰里·本特利：《新全球史》。

〔匈〕卡尔·波兰尼 《巨变：当代政治与经济的起源》

《巨变：当代政治与经济的起源》是匈牙利学者卡尔·波兰尼的划时代著作，这本书如果今天还有意义，在于其对市场经济深刻而清醒的反思。

波兰尼写作本书时，正值第二次世界大战爆发，人类文明处于崩溃的边缘。与一些学者将法西斯主义盛行归结于自由市场这个唯一之道没有得到彻底贯彻不同，波兰尼指出，危机的根源在于完全放任的自由市场：纯粹的自律性市场不过是一个乌托邦。他将出现不过两百年的自由市场视为一场巨变，正是它的出现导致其统治了人类社会生活，从而使社会成为市场的附庸。

无论是波兰尼本人在著作中还是斯蒂格利茨在序言中都无意否认工业文明和市场经济，他内心一直奉自由和民主为圭臬，其批判的核心是市场违反了人

性且主宰了社会。在作者的笔下，苏俄产生社会主义不是马克思学说的伟大，而是市场经济无法为各国提供一条正确的道路，苏俄的自立自足，实际上建立于资本主义的国际体制之失败上。波兰尼指出，人类不必为此感到悲观，因为发生巨变的同时，社会启动了自我保护，这是一个双重运动。在波兰尼看来，一个理想的社会制度是市场、国家与一个自我管理的社会各负其责，保持自己固有的边界。

这部作品还对贫困问题进行了分析，认为经济增长对于包括贫民在内的全民有利实在没有根据，这与约翰·穆法兰的观点一致：最大多数的穷人并不在贫穷或野蛮的国家，而是出现在那些最富庶与最文明的国家。

这一现象，实在是市场经济的天然之癌。

◎**书架** 卡尔·波兰尼：《市场的限度》《大转型》；王绍光：《波兰尼〈大转型〉与中国的大转型》。

〔美〕塞缪尔·亨廷顿 《文明的冲突与世界秩序的重建》

个人认为，《文明的冲突与世界秩序的重建》是新华出版社推出的最重要

的学术作品，自2002年购买以来，不知读了几遍。鉴于文明的冲突已是一门显学，今日复读，不打算全面介绍，只想重复几点收获。

一、本书是亨廷顿以美国国内文化冲突投射到国家冲突的产物，其对几大文化的分类和评估虽有失恰当，但文明的冲突在国际社会确实存在，且一定程度上成为国内矛盾转移、区域经济冲突等的外衣。更需要指出的是，其所说的文明断层线容易引起冲突实属洞见并被事实反复证明；二、亨廷顿在本书中有一种文化怀旧主义的基调，语词中充满了追忆往事般的深深感伤。他深刻地认识到多元代替一元是不可阻挡的潮流，现代化也已不是西方化，西方价值不再是普世价值——这实际上源于对西方没落的体察。同时，亨廷顿内心有一种“非我族类，其心必异”的意识。也就是说，他是以文明冲突论的文化正确掩盖自己种族主义的政治不正确；三、他把中国（儒家）文明视为西方文明的第一敌手的观点正确与否姑且搁置，不如先读读他1997年在中文版序言里的话：

> 如果中国经济在未来的10年或20年中仍以现在的速度发展，那么中国将有能力重建其在1842年以前在东亚的霸权地位。另一方面，美国一贯反对由另一个强国来主宰欧洲或东亚，为了防止这样的情况发生，美国在本世纪参加了两次世界大战和一次冷战……而（中美之间）这些紧张状态和对抗将不可避免地存在。

以此镜观现实，不会再有这么准确的序言了。

◎**书架**　塞缪尔·亨廷顿：《变化社会中的政治秩序》《谁是美国人：美国国民特性面临的挑战》；《文化的重要作用：价值观如何影响人类进步》；兹比格纽·布热津斯基：《大棋局》。

〔美〕列奥·施特劳斯　《自然权利与历史》

列奥·施特劳斯是当今世界最深刻的思想家之一，《自然权利与历史》是其代表之作。读这本书前，我们须明白，施特劳斯的学术思路是古典的而非保守的，是此世的而非彼世的。某种意义上，他是孔子和朱子的结合体，即在古今之争中，通过诠释古典学批判现代性。不过，他阐述的是周道，而并非回到西周。

鉴于本书所说的自然权利比较驳杂，姑且以古典自然权利和现代自然权利区隔之，前者指自然正义，后者指天赋人权，这种区分是必要的。因为，本书的主题就是论证17世纪以来的西方天赋人权说的兴起，导致了古典自然正义说的衰亡。这样，便诞生了时代最大的问题——西方文明或现代性的危机，而危机的核心或要义是以进步或倒退（权利或程序）代替了好或坏（德或善）的标准，而这一切都是现代性不断革命或反叛、不断以“父权”为挑战对象的虚无主义历史观的结果。

施特劳斯之所以追寻古典主义，是因为古

典政治哲学使政治服从于道德德性，更服从于理论德性。但从马基雅维利开始，德性服从于政治，并将哲学变为服从于人类现实需要的手段。也就是说，当马基雅维利把好公民的问题视为第一位的问题，好人的问题就成为私人领域的事情，内在的善让位于外在的权利和正义。由是，导出了霍布斯心目中的国家，它并非创造或促进一种有德性的生活，而是要保护每个人的权利，这被当作是自由主义的开端。自由主义为什么是错的和不善的呢？因为它产生了极端的个人主义和虚无主义，而这种晦暗恰恰是自由主义的症结，也是施特劳斯批判的基点。

施特劳斯回顾古典主义的自然权利，无非是为了实现这样一个最佳制度的理念：合于善（自然法）的生活才是人类最好的生活。经典是令人挠头的，也是很有收获的，其魅力正在于此。

◎**书架**　列奥·施特劳斯：《霍布斯的政治哲学》《迫害与写作艺术》《政治哲学史》。

〔美〕弗朗西斯·福山　《政治秩序的起源》

本书是塞缪尔·亨廷顿弟子、第三代日裔美人福山的著述。这是一部失败的作品，其试图提供一种宏观政治史解释框架的野心因为琐碎的材料学而失之虚妄。但是，失败不代表一无是处，福山毕竟是当代政治学大师。在本书中，他的努力清晰可见，即师事其师尊亨氏，盼想提供一种宏大的解释学框架。

纵览思想史或政治史学，大体有两个进路，古典的或现代的。福山缺少一

颗古典的心灵，其采用经验的和历史的方法倒推过去：概括地说，政治秩序的核心是国家，而国家化约为两种方式（特征），专制的和责任的，前者以中国为代表，后者则以欧美现代国家为征象。这种表达方式显然是《历史的终结及其最后之人》思想的余脉。在福山看来，中国产生了第一个现代式（韦伯式）国家，而至法国大革命前夕才产生了第一个责任制（民主制）国家。本书的最前一部分，福山列举了民主国家的低潮，认为时人对自由民主的前景无比担忧。但又明确指出，民主政府的消亡使发展中国家深受其害；不过，自由民主作为一种价值预设，已成为21世纪初期普遍接受的政治景观。

在我看来，福山缺少基本的历史素养，其在证举国家的源变时，采取了记流水账的方式。也就是说，涉猎面太广是一个“作家”的优点，也是明显的缺点。

◎**书架**　理想国译丛。

〔美〕弗朗西斯·福山　《大断裂：人类本性与社会秩序的重建》

某年，到访乔治·梅森大学公共管理学院，听到的只是关于福山的轶事，可惜不见其人。在我眼中，此君从不悲观，本书名为《大断裂》，实际讨论的是重建问题，不是唱衰，而是唱红。

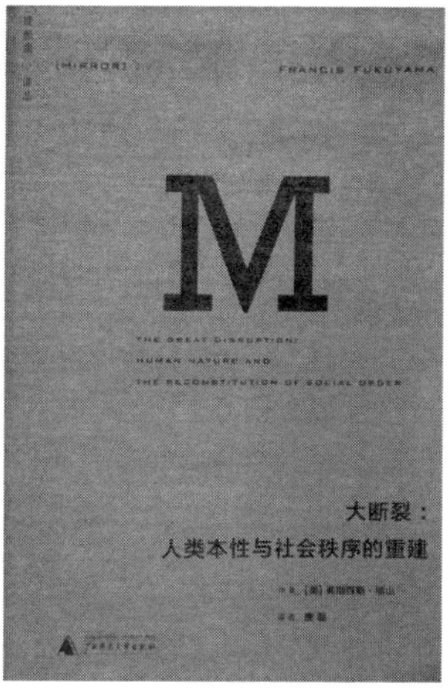

在阅读本书以前，有必要厘清个人主义是什么。坦率地说，某学者在导读中将个人主义定义为人本主义而非自我主义，确实比较容易理解和接受，但却偷换概念，意有所指，违背本书基调。福山讨论的是个人主义的本义也就是资本主义视角下的极端自我中心主义。他指出，随着以信息技术为核心的后工业化时代的到来，资本主义国家普遍表现出犯罪率、离婚率、未婚生育率的大幅上升和社会信任的明显下降，这种社会资本相关指标的恶化现象是一种“大断裂”。我将福山的意思切换为个人主义与社会秩序的断裂。社会资本是理解本书的一个关键名词，导读中将其简要描述为人与人之间社会交往的密度和黏性。

经过分析，福山指出，不必要对这种大断裂报以悲观，凭直觉想当然地认为“资本主义有害于道德生活”是错误的，合作是具有生物学意义的也就是人的本性，而且政府也会提供增加社会资本的方案。一句话，社会自组织亦即基于个体理性的协作是产生社会资本的关键。特别是新技术的兴起，扁平化的、在线的新型结社或协作方式，将促进社会资本当然也是社会秩序的重建。

◎**书架**　理想国译丛。卜正民：《秩序的沦陷》；亨廷顿：《变化社会中的政治秩序》；道格拉斯·C.诺思：《暴力与社会秩序》；刘禾：《世界秩序与文明等级》；格尔哈德·帕普克：《知识、自由与秩序》；赫德利·布尔：《无政府社会》；季卫东：《法治秩序的建构》。

〔美〕弗朗西斯·福山 《历史的终结与最后的人》

在地铁上，一个人看了看书名，说，这是反马克思主义的，因为马克思说人类社会的终点是共产主义，福山说终点是资本主义。我说，那意味着，生活在资本主义社会的人是最后之人。作为一本复读书，这样的对话是准确的吗？

本书核心思想的提出是 1989 年，其矛头指向自然不言而喻。福山在这部让其名满天下的著述中，向世人讲了这样一个重要观点：历史将终结于自由民主制。他还特别说明，“我们所见的胜利与其说是自由主义实践，不如说是自由主义理念”。亦即，福山强调的是意识形态，而不只是社会制度。时至今日，福山仍认为他的观点是正确的。这种自信缘何而来？要回答这个问题，就涉及“承认”这个关键概念。

福山指出，追求承认是人和动物在本质属性上的区别。历史或理想中，所有社会制度在满足承认时是有缺陷的，只有自由民主制在平等的、相互的和有意义的基础上满足了人类对承认的需要，从而导致了一种相对均衡的社会形态：终结油然而生。显然，福山并不满足于将现代之人定义为理性人，认为其是在逐利的同时追求荣耀即承认的自由人。

书中，福山并没断然指出历史终结于何时。

他甚至说，自由民主的实现会出现不同程度的反复。但他依旧认为，自由民主制是唯一的终点，一切反复都不是否认而是调适。在我看来，最后之人倒不如译为报废之人更富有内涵。也就是说，孜孜追求的民主自由如果是终点，人类岂不是成了废物？因为，它无法解决自由和民主的冲突，而且，它越来越被形式上的枷锁所围困。这也是施特劳斯向古典追问的意义。

总体而言，检讨这本书的价值，需借用黄仁宇之言，“要放宽历史的视界”。

◎**书架**　理想国译丛。托克维尔：《论美国的民主》；戴蒙德：《民主的精神》；夏皮罗：《民主的边界》；赫尔德：《民主的模式》；塞拉·本哈比：《民主与差异》；罗纳德·德沃金：《民主是可能的吗》；达尔：《民主及其批评者》；巴林顿·摩尔：《专制与民主的起源》；熊彼特：《资本主义、社会主义与民主》。

〔美〕汉娜·阿伦特　《极权主义的起源》

《极权主义的起源》的作者汉娜·阿伦特是20世纪原创性思想家中的代表人物，她的自我流放的犹太人学者身份注定要走一条和其师雅期贝尔斯不同的学术道路。阿伦特以研究绝对（极端）的恶和平庸的恶而著称，前者指极权主义统治者的恶，后者指意识形态机器下无意识、无责任的，亦即被统治者或参与者的恶。

本书是阿伦特三本书的合集，以三个章节阐述反犹主义、帝国主义和极权主义。

在我看来，作者首先在意识形态上将三者有差别地等同起来，阿伦特甚至指出，一切意识形态都包含了极权主义成分。不仅如此，她还认为极权主义的政治根源存在于一切制度之中。阿伦特笔下的极权主义政权只严格限定在希特勒德国和斯大林苏联，她甚至一度认为，后斯大林苏联有去极权主义倾向。极权主义为什么和反犹主义、帝国主义并列呢？总结阿伦特的叙述，一方面，反犹主义和帝国主义都是恶的；另一方面，极权主义以统治全世界为目标，最终必然导向殖民性的帝国主义。极权主义虽然起源于大众——我推论，这可能暗含平庸的恶催生了绝对的恶，甚至反之亦然，但其只是西方文明内部产生的现象，就是说，极权主义是西方文明的一个过程性产物。

某种意义上，阿伦特的自我流放导致了一种无政府主义思考，她明确指出，我们从冷战时期继承而来的官方“意识形态”、反共产主义，也是一种全球性野心，引导我们虚构自己的故事。这暗示，不能只把反犹主义、种族主义、帝国主义、共产主义冠以极权主义，极权主义一有机会就会露出头来，甚至统治者或被统治者日用而不知。

◎**书架**　切斯瓦夫·米沃什：《被禁锢的头脑》；奥威尔：《动物庄园》；安妮·阿普尔鲍姆：《古格拉：一部历史》；刘擎：《权威的理由》；塔尔蒙：《极权主义民主的起源》。

〔德〕马克斯·克鲁泽 《人类文明史》

假如马可·波罗穿越到古代，并沿着时间的长廊来到今天，他如何记述人类的文明？答案就是这本《人类文明史》。

这是一本小说，我见过的唯一一本以游记方式描绘人类文明史的小说，作者——《苏菲的世界》的主人，德国文学家马克斯·克鲁泽，虚构了三个年轻人贝蕾妮克、罗曼和斯蒂芬，一个偶然机会，在神秘的向导塞内克斯的带领下，以穿越的方式游历人类文明史的故事。本书显然是写给年轻人的普及性读物，他借十二个日日夜夜，用对话体方式和西方视角（唯西方主义的）——游记和薄伽丘《十日谈》的混合体，介绍了从原始大爆炸到古罗马、从基督教帝国到伽利略、从莎士比亚到启蒙运动、从法国大革命到今天大约5000年的文明史。

囿于文体限制，作者虽然没法通过系统性的新见解来讲述文明史，但其基调是启蒙主义和人文主义的。正如罗曼所说，我绝对不想没有任何信念地生活，但这不会是对一个白胡子上帝的信仰了。天堂沉默了，但我们对价值、内容的需要没有沉默，只有它才能使我们在这个地球上生活并且和睦相处。而且，作者还借贝蕾妮克之口，表达了人类中心主义，“我们人类是宇宙中唯一能感受爱和传达爱的”，这一说辞，具有典型的人文学指向，是对启蒙时代资本主义核心价值观的回归。

书中表达的有关文明的论点，和普通的同类书籍并无二致。

◎**书架**　马克斯·克鲁泽：《十二夜》《苏菲的世界》。

〔美〕哈耶克　《通往奴役之路》

《通往奴役之路》是使哈耶克获得国际声誉的划时代巨著，而其本人，经过时代的磨砺已成为自由的代言人。在书中，哈耶克将社会主义、集体主义、极权主义、法西斯主义和计划等同起来。这一观点，是他基于对时代现象亦即希特勒的法西斯主义和斯大林的社会主义的分析。

他认为，追求计划经济，其结果必然是导致极权主义即走上通往奴役之路，而最渴望对社会进行计划的人，则会成为最危险的人。这位古典自由主义的旗手指出，私有制是自由的最重要的保障，如果所有生产资料落在一个人手里，不管名义上属于谁的，谁行使这个管理权，谁就有全权控制我们，而社会主义是自由的敌人。

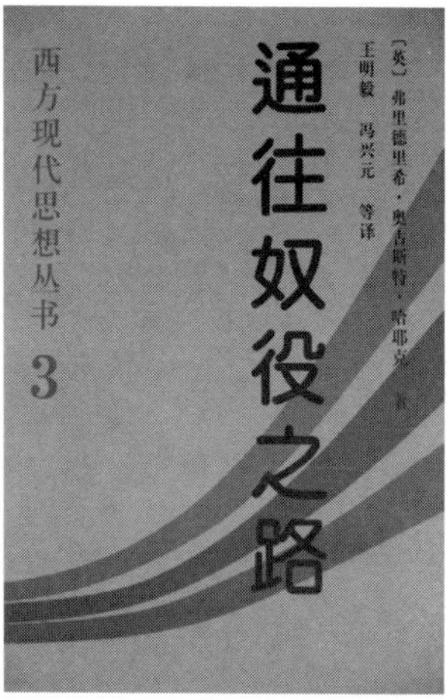

他告诉我们，社会主义日益允诺一种新自由，而自由是权力或财富的代名词，一旦我们通往自由的道路被证实为一种通往奴役的大路，悲剧将会更加凄惨。那么，在哈耶克眼里，自

由是什么呢？他认为，自由也好，保护自由的秩序也罢，应该是人的自发行动的结果，而不是人为设计的。

◎**书架** 西方现代思想丛书。哈耶克：《致命的自负》《自由宪章》《哈耶克文选》；格尔哈德·帕普克：《知识自由与秩序：哈耶克思想论集》。

〔德〕马克斯·韦伯 《学术与政治》

这是一本为学术，严格说来是为超越性价值招魂的著作。《学术与政治》包括以学术为业和以政治为业两部分。1919年，韦伯在慕尼黑发表这两篇演讲的时候，没有意识到自己中年的生命已经进入终点，他依旧在寻找生的意义。显然，和同时代的东方古国里的学人一样，韦伯也陷入了“现代性”所制造的痛苦的泥淖中。

鉴于以学术为业涉及对时代价值的批判，我的阅读重点暂且搁置于此。韦伯的时代，是一个撕裂的时代。其时，国家主义与帝国主义在这个地球上畅通无阻，工具理性是社会的通则，“人类的计算能力得到了相当的培养，有了很大的发展，但人类深刻的力量却被这种社会关系吞噬了”。韦伯注意到，价值分裂不只是发生在当代，而是一直伴随着人类的历史命运。也就是说，专业化、理智化和物质化已经把启蒙运动以来建立起的统一的价值世界撕成了文明的碎片。韦伯的工作，就是试图填补价值的真空。

他首先指出，一个文明人，置身于被各种知识、思想和问题不断丰富，进步永无止境的文明之中，只会感到活得累，他不可能有尽享天年之感。于是，

人的生死都被剥夺了意义，文明也就失去了价值。由此，他的填补不是拯救信仰，而是试图理解它，即要年轻人本着“科学的诚实”坦然接受这个矛盾的价值世界，这也是韦伯警告教师不要做精神领袖而要把做到“知识上的诚实”作为准则的缘故。

在一个古典主义趋于衰落的年代，韦伯悲观且有些怀旧。因为，他的学术重点向政治倾斜，试图通过对权力的研究，理解并重建一个官僚化的世界便成为题中之义。这，也是他所处的时代民族主义和斗争哲学盛行的根源。

◎**书架**　马克斯·韦伯：《支配社会学》《社会科学方法论》；赵园：《家人父子：由人伦探访明清之际士大夫的生活世界》《明清之际士大夫研究》《明清之际士大夫研究：作为一种现象的遗民》《明清之际士大夫研究：士风与士论》；阎步克：《士大夫政治演生史稿》。

〔英〕伊曼纽尔·沃勒斯坦　《现代世界体系》

《现代世界体系》（四卷本）是社会科学文献出版社奉献的精品佳作。五折拿到这套书已经两年，因过于厚重，断断续续读了两年。正是由于这本书，伊曼纽尔·沃勒斯坦成为“世界体系”这一国际性学派的灵魂人物。

现代世界体系亦即资本主义世界经济体系，显然是资本主义性质的。作者否定政治学、经济学、社会学、历史学这种19世纪以来就框定我们知识体系的分类，而且，他也批判支配世界社会科学的发展论和现代化理论等单线模式。沃勒斯坦在众多学者的基础上，建立了一种统一学科的历史社会学，作为一种认识论方法，其强调两点：一是分析的单位，世界体系不是涵盖整个世界而是大于任何法律意义上的政治单位，其本身是一种经济上的自足体，可以跨越作为文化和政治单元的社会与国家。二是抛弃所谓的强固和划分所有现代社会科学。沃勒斯坦认为，新的劳动分工首先在欧洲形成了中心、半边缘、边缘结构，这种不平等性是世界体系运行的基础。在其运行和变动过程中，国家的形成和多个国家构成的国家体系的出现是世界体系的重要标志。由是，中心、强国、霸权和边缘、弱国、反帝反体系运动交织在一起。

在沃勒斯坦看来，资本主义体系本来是一种特殊的文明，随着全球性扩张，通过社会科学和意识形态两种机制实现了普世化。无论弱国愿不愿意，都被这个体系裹挟进去。作者虽然宣称放弃欧洲中心论和各种偏见，但他的野心，即以世界体系统合社会科学的方式，来自于16世纪资本主义经济世界的观察又是欧洲的，显然是一种放大了的欧洲中心论。

◎**书架** 伊曼纽尔·沃勒斯坦：《变化中的世界体系：论后美国时期的地缘政治与地缘文化》《转型时代：世界体系的发展轨迹1945—2025》。

〔英〕伊曼纽尔·沃勒斯坦 《自由主义的终结》

我2002年拿到的这本书其实是本内部样书，扉页还题有“可装印”的签字，彼时，现在通行的“沃勒斯坦”还被译为“华勒斯坦”。

沃勒斯坦和福山关于终结的理论是有重大区分的，前者认为资本主义作为一种历史体系即将崩溃，后者则认为人类意识形态的发展史将终于自由民主的资本主义。鉴于此，很多人将沃勒斯坦誉为新马克思主义代表人物，其实是一种误解，沃勒斯坦所说的终结，即他喋喋不休地鼓吹资本主义即将灭亡，其实是终结于他自己提出的现代世界体系。

本书是沃勒斯坦《自由主义》《反体系运动》及其和他人所写的《有托之乡——21世纪之历史抉择》三本书的合集。书中，沃勒斯坦认为，1989年是一个政治—文化时代（一个技术取得惊人成就的时代）的终结。也就是说，柏林墙倒塌，苏联解体，貌似是共产主义消亡了，马列主义这股意识形态力量式微了，其实，这是大错特错，而是自由主义更加衰微了，且在这一年终结了。这是什么逻辑呢？

沃勒斯坦解释道，社会主义运动的失败对世界资本主义来说是个灾难，因为50年来对列宁主义的信仰至少起到了对世界体系中危险阶级进行控制的主要作用。现行世界体系的主导

阶层如今失去了列宁主义的保护服，危险阶级现在又再次成了真正的危险阶级，世界体系在政治上不可靠了。

书中，沃勒斯坦不断重复这一观点：1989年标志着一个时代的令人痛苦的终结。反现行世界体系的力量所谓的失败其实是一次大解放，揭穿了自由社会主义者们为资本主义世界经济体系所作的辩护。在（前）世界体系经过“黑暗时期”之后，时代将进入沃勒斯坦所设想的新的更公平、合理的世界体系。

◎**书架** 伊曼纽尔·沃勒斯坦：《资本主义还有未来吗？》。

〔英〕伊曼纽尔·沃勒斯坦 《否思社会科学——19世纪范式的局限》

沃勒斯坦在《否思社会科学》中直言指出，否思不是再思、反思，而是一种否定性批判的思考。在作者看来，建构于19世纪的社会科学体系一直将自身视为一种认识世界的普遍真理，而现在，其已成为我们分析和认识世界的心理性障碍——传统的假说一直操纵着我们。

作为一种为达到特定目的而集体创造的产物，社会科学从法国大革命起就作为一种世界观被普遍接受。这意味着，社会科学是作为自由主义意识形态的学术搭档而诞生的。而学科间表现出人文与科学及学科内部的分野，这种专业化分工直接导致了过去和现在、文明（西方）和野蛮（西方之外）、国家市场和社会的一体化。沃勒斯坦指出，当今的任务，就是解构传统学科，整合各学科，建构历史社会科学。这种野心显然是其世界体系在社会科学领域的投射。

沃勒斯坦还谈到了重新审视马克思的问题。从其整个学术活动来看，沃勒斯坦虽然不是马克思主义经典作家，但他的世界体系的一个重要理论源头是马克思的世界市场理论。不过，要说其和马克思在精神上具有一致性，恐怕过于轻率。此外，沃勒斯坦还专章论述了发展问题，在他看来，发展在本质上是一种神话和一种历史哲学。

◎**书架**　托马斯·库恩、伊安·哈金：《科学革命的结构》。

〔印〕阿马蒂亚·森　《身份与暴力——命运的幻象》

在一般人眼里，“9·11”事件似乎印证了亨廷顿“文明冲突论”的正确性，而根据森在《身份与暴力》中的观点，则恰恰相反。亨廷顿认为，依据文明或宗教作出的单一化划分或者说对人的身份的标签化，是当今世界政治冲突的根源。

必须要交代，因为森，印度的当代学术在世界范围内有了较为尊崇的地位，这位横跨东西兼受宗教、文化割裂影响的学者，显然更懂得文化多元化对于塑造民主自由社会的要义。本书的主题，一反文明冲突论，二反社群主义，尤其

以前者为重。这两种学说，在森眼中，是以身份的幻象囚拘我们生活的世界。森认为，一旦世界上的种种区别被整合简化为某一单维度的、具有支配性的分类体系，我们所共享的人性便受到了粗暴的挑战：这样一个单一的世界比我们所实际生活其中的多重而有差异的世界更具有分裂性。

森倾向于颠覆或反对西方中心论的话语体系，甚至论证了科学、民主等价值是人类共有而不只是西方世界的东西。森指出，单一身份的幻象符合冲突对抗策划者的暴力目的，它是由残暴行径的指挥者精心培养和塑造的。可以推论，从这个意义上说，亨廷顿和拉登似乎没有本质的区别。针对上述问题，森给出了简单的解决方案：我们应当更为清晰地理解人类自由，并成为全球公民社会中富有建设性的表达者。言下之意，尊重多元文化，才能保证我们的心灵不被某种视界撕裂。

这，是一件多么理想主义的事情。

◎**书架**　阿马蒂亚·森：《正义的理念》；斯图亚特·霍尔：《文化身份问题研究》；阿里亚娜·舍贝尔·达波洛尼亚：《种族主义的边界：身份认同、族群性与公民权》；扬·阿斯曼：《文化记忆：早期高级文化中的文字、回忆和政治身份》；T·H. 马歇尔：《公民身份与社会阶级》。

陈启云 《中国古代思想文化的历史论析》

余英时和陈启云并为钱穆两大高足，一个治学大开大合，一个治学严谨细腻，可惜二人观点不同，竟致陌路，诚为憾事。陈启云在国内学术圈并不闻名，本书是他在大陆出版的第一部作品，时为2001年。陈启云以治汉代思想见长，以愚目观之，似乎无有出其右者。

近代以来，在杜威实证主义的影响下，疑古、去古之思想大行其道，传统文化被涂上了种种颜色而欲弃之而后快。陈启云以汉代思想为抓手，试图拨正这一误解。他认为，胡适之在科学实证主义基础上写中国哲学史，即以狭义的实证主义代替广义的知识论作为论析中国哲学的基准，是他后来遇到困局的主因。而冯友兰则开宗明义排斥了知识论，将哲学史写成了思想史，导致近代中国对哲学及哲学史研究的基本观念和态度发生了严重分歧。陈启云此论的前提是，中国和西方一样有哲学也有历史。这一点是不证自明的，必须指出，以西方哲学梳理中国传统文化是一大异端，此处不表。

在谈到历史分期问题时，陈启云指出，马克思要辨证的不是宇宙的终极是物还是心的问题，而是论证人类文明发展和人类历史的推进，主要的动力和决定因素在于人在组织世界的生产活动（经济），这种唯物史观深刻而巨大地

影响了西方人文及社会科学。陈启云分析了轴心时代中华古代神话的理念和心态，认为中国古代宇宙元始和终极神话所蕴含的关于道、天、天·人基本观念和心态与先秦诸子的是一致的，而且，从历史考证的立场看，这些神话传说大多见于晚出的文献，所代表的可能是受到过诸子哲学思想整理过的观念。

本书对儒家、道家诸问题的辨正是重头戏，有兴趣的，不妨一观。

◎**书架**　陈启云：《陈启云文集》。王力：《中国古代文化常识》；孙机：《中国古代物质文化》《从历史中醒来》《华夏衣冠》；史华兹：《古代中国的思想世界》；侯外庐：《中国思想通史》；王中江：《简帛文明与古代思想世界》。

〔美〕汉娜·阿伦特　《反抗“平庸之恶”》

《反抗“平庸之恶”》的导读者是时为台湾“中研院”研究员的蔡英文，现在是台湾地区领导人。同为女性知识分子，阿伦特检点二战大屠杀中的道德和责任，蔡英文则试图斩断二战产生的民族牵连和情感。

面对二战遗产，民族分裂和民主自由纠缠在一起，何为善恶，还真不是一个道德问题。阿伦特指出，20世纪的大崩溃，不是由于人的无知或邪恶，未能辨别道德真相，而是由于道德真相不足以作为标准。评判人们当下可能做出的事情。当我们观察作为台湾地区领导人的蔡英文时，她的“恶”已有了集体的名义而逃脱了（被指摘的）责任，并退化为执政能力的高下和个人的政治

居心。

关于平庸的恶和绝对的恶，经由阿伦特的剖析已耳熟能详，这里不必细说。需要延伸的是，阿伦特探讨的平庸之恶，意在确立责任以及决定罪行的范围。因为，行政谋杀或组织罪行会借助齿轮理论为自己提供一种道德的合理化说辞，亦即，集体罪恶往往试图卸除个人的责任。本书中，阿伦特驳斥的就是上述理念。在她看来，罪行与法律的责任都是以个人身份承担的，无法借由集体性概念辩解个人的罪行。

阿伦特特别指出，在极权主义政体中，一个人固然可以从政治领域中撤退到内在的自我反思的维度，而获得道德良知的完整并免于法律与道德责任的冲突，但却会牺牲作为一个政治共同体成员所应承担的政治责任。而这种政治责任，恰恰是不能借助道德准则可以开脱的。对抗平庸之恶的工具，就是理性思维或说思想，阿伦特说，“思想风暴的表征不是知识，而是分别善恶、辨识美丑的那种能力”，并且确实能够在危机时刻“阻止灾难”。

◎**书架**　汉娜·阿伦特：《艾希曼在耶路撒冷：一份关于平庸的恶的报告》《精神生活·思维》；韦恩·克里斯多德：《力、爱与恶：剖析我们如何相互摧残的哲学》。

〔德〕哈拉尔德·韦尔策 《社会记忆：历史、回忆、传承》

这是一本研究社会记忆问题的论文集。序言中，韦尔策将社会记忆定义为一个大我群体的全体成员的社会经验的总和，互动、文字记载、图片和空间是社会记忆的四个媒介，其传承历史，在社会应用中构成过去。

阅读本书，我更关注这些学者对历史的定义和认知。詹姆斯认为，史学是考察了发生了什么事情以及所发生的事情是如何传递给我们的学问。在这个意义上，史学是一种反救世说的叙述，它把叙述理解为过程，而从不理解为既成结果；阿斯曼则指出，古代东方世界是被像神话和礼仪仪式这样的反历史形式所统治的，他借用黑格尔的理论，认为历史同时是一种发生和对这种发生的叙述，只有进入回忆的东西才是历史。他反对将认为历史是统一的，而且可以统一一般地量之等同于国家的形成。他借用相关学者的话说，撰写历史时，只有拜托对一件规范的真实事件的预先意义规定，才能看到所发生的事件的偶然性，才能看到历史的本意。吕森则通过研究纳粹大屠杀，得出这样的结论：大屠杀成了用来构建德国人自我认同的根本事件，成了历史的反事件。

◎**书架**　阿莱达·阿斯曼：《回忆空间：文化记忆的形式和变迁》；扬·阿斯曼：《文化记忆：早期高级文化中的文字、回忆和政治身份》；阿维夏伊·玛格利特：《记忆的伦理》；M. 莱恩·布鲁纳《记忆的战略：国家认同建构中的修辞维度》；景　军：《神堂记忆：一个中国乡村的历史、权力与道德》；周海燕：《记忆的政治》；莫里斯·哈布瓦赫：《论集体记忆》。

〔德〕卜劳恩　《父与子》

这本书能留下来，有一个小插曲。2008 年，一个朋友在某部委挂职，妻子携已上小学的儿子前来探亲。出于礼貌，我在什刹海设宴接待，除采购了些零食，还专程跑到书店买了这本《父与子》，准备赠给小朋友。在我看来，这本书隐藏着父子关系的全部密码。点菜时，小朋友一拍桌子：爸爸，你请客还是叔叔请客。我说：爸爸请客怎么样？小朋友站起来就要走：爸爸请客我不吃，得你请。朋友忙说：叔叔请，叔叔请。小朋友坐了下来：这还差不多。

其时，我还没有结婚，不懂得父子关系该怎么处理。只是这两人的表现，让我大跌眼镜。也怪年轻气盛，修养不够，装在包里的零食掏出来了，几百大洋的单也买了，这本 28 元的书却没舍得拿出。我想当然地认为，给这个孩子看，显然是一种浪费。此处，我必须为自己的狭隘和任性表示歉意。

但这一欠妥当的行为，让我保留下来《父与子》印刷最精美的全集。

2012 年 9 月 6 日，孩子降生。在产房外，我流下来喜悦的泪水。就是这一刻，让我感觉到自己的生命在另外一个身体上慢慢扩散、延续。之后，我开始练习怎样做父亲。诸如男孩的安全感来自于妈妈，方向感来自于爸爸；你不蹲下，孩子永远长不大；父母的状态，就是孩子未来的模样……这样的鸡汤文，可以背诵很多条。但关于父亲的角色，一直在摸索。

鲁迅在谈到怎么做父亲时曾说：

> 总而言之，觉醒的父母，完全应该是义务的，利他的，牺牲的，很不易做；而在中国尤不易做。中国觉醒的人，为想随顺长者解放幼者，便须一面清结旧账，一面开辟新路。就是开首所说的“自己背着因袭的重担，肩住了黑暗的闸门，放他们到宽阔光明的地方去；此后幸福的度日，合理的做人”。这是一件极伟大的要紧的事，也是一件极困苦艰难的事。

鲁迅阐述这个观点时，反思的是时代问题。彼时，“本位应在幼者，却反在长者”，父权还接管一切，孝道统治着人性。鲁迅所要做的，就是解放孩子，“所以觉醒的人，此后应将这天性的爱，更加扩张，更加醇化；用无我的爱，自己牺牲于后起新人”。他尤其提倡爱，认为给孩子提供肥美的猪肉，在人伦道德上，丝毫没有价值，“所以我现在心以为然的，便只是‘爱’”。

在我眼里，最好的爱就是陪伴，就是卜劳恩在《父与子》中展现的一切。《父与子》以漫画的形式表现生活的日常。生活中，这对父子是同体异身的、自然的、和谐的，他们既不以长者为本位，也不以幼者为中心，两者关系是可以随时置换和颠倒的。漫画中，父与子几乎没有语言交流，游戏和身体的接触是爱的最佳方式。特别值得肯定的是，父亲在生活中已放弃了智商、说教和指导，而是以同龄人的身份参与到儿子的生活中。以我的总结，这如果算是教育，应该称为“童心教育”，即放弃父亲高高在上的样子，和孩子一起，

〔德〕卜劳恩　《父与子》

追寻天真和烂漫。

这也就是鲁迅所说的：

> 子女是即我非我的人，但既已分立，也便是人类中的人，因为即我，所以更应该尽教育的义务，教给他们自立的能力；因为非我，所以也应同时解放，全部为他们自己所有，成一个独立的人。

我不能说自己做得好，因为没有评价标准，也无法以结果验证。不过，我有一个还算好的习惯，就是尽量推开一切应酬，陪伴他。我一直认为，父母和孩子相互陪伴的时间是有限的，黄金时期就是孩子的童年。除此之外，我经常做父子（家人）对话录的笔记，以便留下相互陪伴的痕迹。这里不妨摘录一篇。这一篇记于乙亥年（2016年）的腊月二十三，按照传统规矩，要在厨房内贴灶王，摆祭品，送灶王“上天言好事，下界保平安”。

> 一、孩子：我要吃柿饼。我：这是祭品，给灶王爷吃的。宝少：好几个啊，不得分享吗？
>
> 二、我：给灶王爷磕个头，许个愿吧。孩子：灶王爷，保佑我能看ipad。
>
> 三、孩子跑到厨房，又回来了：灶王爷咋还没上天啊？我：走了啊。孩子：还在那啊。我：那是画像，灶王爷是神仙，早飞上天了。孩子：柿饼没少啊。我：灶王爷吃得很少。宝孩子：太好了，我可以吃了。
>
> 四、外公：灶王爷呢？孩子：上天了，也没带块柿饼走。

偶尔，也会写写诗，记录孩子的成长，这在个人诗集《孤岛》中有很多表达。和孩子的相处是一门艺术，只是，懂得的人太少了。也许只有失败了，才明白我们是多么的错误。

◎**书架**　张乐平：《三毛流浪记》。不再列举，相信一个有四五岁孩子的家庭，至少储存几百本漫画书。

〔美〕杨庆堃　《中国社会中的宗教》

《想象的共同体》被人借走一去不复返。趁入手刘涛兄《通三统：一种文学史实验》之际，一并买了，顺便进了《中国社会中的宗教》。查阅订单时，吐血。2014 年，我急于阅读，在孔夫子旧书网花两百大洋淘得杨庆堃这本 2007 年世纪出版集团版的经典名著，之后，向某编辑推动购版权重出，其人兴高，却不了了之。不料，汉唐阳光借四川人民出版社近日推出了修订版，好东西。

杨庆堃在国内名不显，不过，提起 community 这个词儿，就有杨氏的贡献，是他和费孝通一起将之翻译为社区的。而且，这两个人还“同居”过，是燕京大学社会学系的室友。一般的看法，中国社会没有宗教。随着把宗教和文明挂钩，一些人心虚起来，开始到处找依据，说中国也存在一个宗教社会，甚至把儒学也列为宗教。表面上，中国社会确实不存在宗教，如此，又怎么解释处处存在的庙寺和祭祀呢？杨庆堃认为，中国无宗教论是以基督宗教作为宗教定义标准的，由此，“中国社会制度框架下缺乏一个结构显著的、正式的、组织化的宗教系统”就被解读为“中国无宗教”。他从结构功能论的视角指出，“把超自然因素作为中国宗教的中心内容、传统中国社会组织的关键因素来对待”，认为低估宗教在中国社会中的地位是不符合事实的。也就是说，中国社会存在“宗教事实”，而不是韦伯所说的“功能性神灵的大杂烩”。由此，他提出了宗教的类型学概念——制度性宗教（institutional religion）和弥漫性宗教（diffused religion）。前者指“有独立于世俗组织之外的独立的神学体系、仪式和组织”，宗教具有“一种独立的社会制度的属性”。而后者的神学、仪式和组织则与世俗组织制度交织在一起，“成为世俗制度的观念、仪式和结构的一部分”，没有独立于世俗组织之外的独立性。杨庆堃进一步指出，中国的制度性宗教主要有佛道教，弥漫性宗教则依附、渗透于各种世俗组织之中，它们“相互依赖、互为表里”。

正是这种区分，帮助我们重新认识了中国社会。这种概念假说虽不完备，但目前尚没有可替代者。

◎**书架**　李申：《宗教简史》《儒教简史》《道教简史》；马克斯·韦伯：《中国宗教：儒教与道教》；武雅士：《中国社会中的宗教与仪式》；王治心：《中国宗教思想史大纲》；王斯福：《帝国的隐喻：中国民间宗教》。

石玉昆　《三侠五义》

半夜听《白眉大侠》，忽想起读过的《三侠五义》。《三侠五义》的作者是嘉庆道光年间著名的子弟书说唱人，人称石先生或石三爷，被誉为单弦之祖。国学大师俞樾曾改编过，据说，该书是中国第一部武侠小说。关于俞樾，章太炎的老师，就不用介绍了，个人感觉，俞氏可能是近现代第一家族。鲁迅《中国小说史略》中认为《三侠五义》“为市井细民写心”：

> 《三侠五义》及其续书，绘声状物，甚有平话习气……是侠义小说之在清，正接宋人话本正脉，固平民文学之历七百余年而再兴者也。

关于第一篇武侠小说，有人说是《虬髯客传》，有人说是《聂隐娘》，前者高中课本有收录，杜光庭撰于唐末，后者是裴铏所撰《传奇》小说中的一篇。总而言之，后人把武侠小说追溯到唐传奇。虬髯客和李靖、红拂女并称为“风尘三侠”，其中，最有名的就是李靖，这人在传说中是侠客，在历史上则是开唐第一等功臣，有兵书行世。《封神演义》中逼迫儿子哪吒自杀的，《西游记》中收了老鼠精当干女儿的，貌似便是此人。李靖字药师，金庸杜撰黄药师这一角色，也许受此启发。因为太有名，李靖反而成不了新派武侠小说的主角，不神秘了嘛。新派武侠小说第一人梁羽生以聂隐娘为原型，写过《大唐游侠传》《慧剑心魔》等三部武侠小说。在新派武侠小说三巨头之一古龙眼里，近代武侠小说，也就是旧派的第一人是平江不肖生，这个原名向恺然的人，写了《江湖奇侠传》，我小学时读过一本，这一册中，女主人公被奸污了，不喜。

此书行文类似《儒林外史》。话说，吴敬梓在书中写过侠客，不过，是假的。《江湖奇侠传》新版本一套四册，我买了，至今没读完，不是不好看，说白了，是文笔不符合我的习惯，而且环保纸，不利于收藏。旧派武侠小说代表性作者有很多，其中最有名的就是王度庐了，至于原因，搜下网络就可以了。说起《三侠五义》，内心很矛盾，原因很简单，三侠和五义都被招安了，脱离了江湖，这个倒是符合宋代“风俗”。那时候，要想进入体制内，当老爷，就杀人放火受招安，有本钱了，便可以和皇帝老子谈个判。话说，除了窦尔墩，单田芳嘴里的绿林英雄都被官府纳了二房，不是公务员编就是事业编。最著名的叛徒是黄天霸，此人的故事于20世纪80年代被李连杰的大师兄叫王群的，拍成了《金镖黄天霸》。黄天霸为了投靠官府，杀了结拜兄弟当作投名状。说起来，大家都喜欢端官家饭，没端上的，哼哼唧唧，其实，高尚不到哪里去。王群要不是英年早逝，电影成绩不会比李连杰差。

单田芳版《三侠五义》影响了几代人，是“短打书之王”。

◎**书架**　石玉昆：《包公案》；金庸：《金庸全集》；古龙：《古龙全集》；梁羽生：《梁羽生全集》；贪梦道人：《彭公案》；佚名：《施公案》；连阔如：《江湖丛谈》。

李伯重　《火枪与账簿》

李伯重也写通俗读物了。其作品的销量和普及，是任何一个象牙塔里的学者不可承受之轻。火枪代表新式暴力，账簿代表新式商业，李伯重认为，15世纪末至17世纪，在追逐利益的商人的推动下，经由贸易打造出一个新的世界。这个世界是商人创造的，他不仅带来了贸易，还带来了冲突，正是贸易和冲突相互交织，促使各国引进新式武器，并不同程度地走上了军事革新的道路，最终导致地区强权的出现。

恶的动力，是早期经济全球化的全部奥秘。

李伯重将阐释的范围限定在中国与东亚世界，目的是想绘就一幅该地区的秩序变迁图，即，通过全球史的解释方法，找出东亚大变局的关键因素。在这部讲稿式作品中，作者着重论述了贸易、军事（战争）和宗教（文化）这三驾马车如何拖着东亚世界进入了大洗牌的格局。这部书的观点并不新颖，如果有精彩之处，对军事变革也就是恶的动力的论述算是亮点。这意味着，作者只是拼贴了一些观点而已，决然没有彭慕兰《大分流》和王国斌《转变的中国》的学术力量。因为，无论这两个作者的观点差异多大，他们都清楚地分析了中国在全球史中的坐标以及和西欧道路不同面向的根源。李伯重这部书，我认为是失败之作，他没有分析出中国在早期全球化时是如何一步步沦为挨打的对象的，也就是说，他没有找出中国落后的全部或根本秘密。而且，在论述贸易世界时，对中国的经济内卷化不置一语，完全放弃了其以往的研究成果和路数。尽管如此，对一般读者而言，本书仍是一部非常好的普及性区域史读物。

◎**书架**　韩毓海：《天下》《五百年来谁著史——1500 年以来的中国与世界》；李伯重：《理论、方法、发展、趋势：中国经济史研究新探》；弗兰克：《白银资本》；斯蒂格利茨：《全球化及其不满》。

〔美〕韩森　《变迁之神：南宋时期的民间信仰》

一般人会对中国人的宗教信仰倍感疑惑，一个在菩萨面前念念有词的，转身会拜倒在一块石头面前；在家里，他可以不孝敬老人，但不妨碍其逢年过节在先人的墓前祭酒、烧纸。美国学者韩森将这种现象总结为“唯灵是信”，他进一步指出，这种实用理性是中国民间宗教最主要的文化特征。

作为西方第一部系统研究宋代民间宗教的著作，《变迁之神：南宋时期的民间信仰》以唐宋变革为切入视域，指出，商业革命对南宋的民间信仰产生了两大戏剧性影响，一是开始出现商业型神力，二是区域性神祇崇拜兴起。自古以来，祭不越望，也就是一地之民祭祀一地之神。而在商业革命的推动下，某些极为灵验的神祇走出了其起源地。

就南宋而言，民间宗教有两个十分有意思的现象：一、除龙王外，民众几乎不再崇拜其他动物神，所有神祇生前都被认为是人身；二、与前代民间宗教诸神生前无一例外均为帝王将相的现象不同，南宋平民出身的神祇明显增多。前者意味着文明的进步，后者则显示，家世的重要性逐渐削弱了。神祇人身化和平民化对应的是神祇的人格化，神的世界被赋予了人类世界相同的特点。

在宋人看来，神祇灵验与否，与其塑像、庙宇和供奉所体现的重视程度成正比，而且，官府可以对神祇赐以封号，越是灵验的，品阶越高。对神祇进行封赏虽非起源于宋，却在宋代开始普遍化，这是另一种人格化和世俗化的反映。需要注意的是，本书与第一版不同，作者在前言中指出，宗教变迁有可能先于经济发展而产生。

◎**书架**　邵育欣：《宋代妇女的佛教信仰与生活空间》；李遵勖、朱俊红：《天圣广灯录》；柳立言：《宋代的家庭和法律》；沟口雄三：《中国思想史：宋代至近代》。另推荐韩森：《丝绸之路新史》《开放的帝国》。

柯小刚　《古典文教的现代新命》

本书是杂文集，我挑了其中若干篇什阅读的。作者又是名又是字又是号的，甚是饶舌，不过，学问大略能通中西，水平是有的。

《论语·述而》载夫子为卫君乎之论，作者指出，春秋大义，论语微言，孔子显然既不为辄，也不为聩，而是赞同伯夷叔齐，当卫国争政之际，结束内乱的最佳可能是父子相让。作者进而指出，《春秋》何为而作的意义在于，在对周礼旧文的重温和正名性的使用中，隐含着面向未来新时代的立法。就孔子而言，其虽为鲁人，却是宋人之后，一周一殷，一文一质，故《春秋》之作，目的是黜周之文，复殷之质。

《春秋》具有经学式宪法性质。因此，它作为史的一面，既不是如实写照，也不是虚拟历史，而是取义、书法、微言，通过借事明义，承三统，张三世。

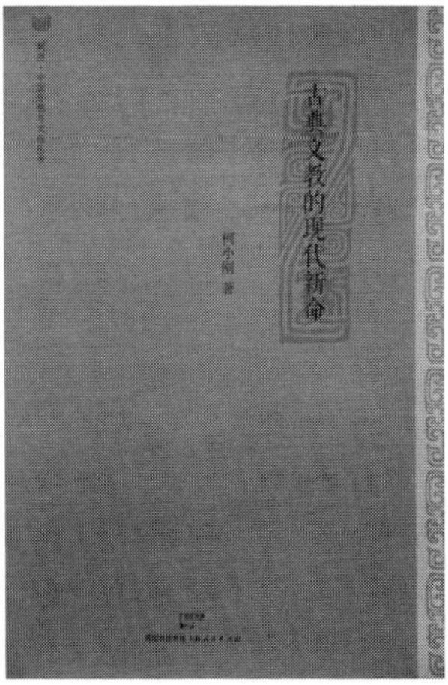

作者认为，《论语》二十篇，前十篇文而质，先礼后仁；后十篇先进而后进，质而文也。其中，《乡党》一篇记载了一个人的衣食住行，却多数没有主语，一开始是孔子这个称呼统摄了接下来十数章这个人在乡党的礼仪生活，这样一个立法者就不是乡党的孔子，而是无名之子也就是素王。

关于经学宪法问题，作者指出，这不是一代人的约法，而是历代祖先、圣贤、历史、文化的积累，它超越了各种矛盾和对立，是常经大道。而孔子削删先王之典，本身就是一种革命和改制。《礼记》云：礼，时为大。这意味着革命、禅让、继承没有本质的区别，只不过是时势不同而已。

坦白说，作者一些说法，集猜想、歪曲和己意揣度之大全，却也别开生面，具有启示意义。

◎**书架** 柯小刚：《心术与笔法》《诗经、诗教与中西古典诗学：古今通变文集》；陆胤：《政教存续与文教转型：近代学术史上的张之洞学人圈》；金耀基：《中国文明的现代转型》。

钱新祖 《中国思想史讲义》

维根特斯坦曾说，语言的意义在于应用。钱新祖借用此语分析中国思想史的典籍，认为我们的老祖宗不是用下定义的方式去谈问题的，而是需要从实际用法中去体会。在他看来，用对话方式讨论哲学问题，古今中外概莫能外，《对话录》和《吠陀经》就是例子。不过，就《论语》而言，并不具辩证性和系统性（笔者按，而是以启发为首要，这一点，被朱子和王子忠实地继承）。就“仁”而言，在《论语》第二十章、四九九则中，一共出现一百零五次，可分为广义的仁和狭义的仁，前者是一种全德，后者是德的一个方面。仁的最终实践，要靠忠和恕两个具体的德。忠是指我们每个人对自我内在道德性的一种真诚，恕是指自我对他人的一种关怀，这两者是仁这个“完德”的内在标准。作者指出，仁注重的是行，是实践，其是在日用中产生的，又能够在日用中践行，其媒介就是礼。仁为礼提供一种内在的道德标准，而礼是仁的实践的外在道德呈现。故而，《论语》所暗示的无为而治，是基于一个人人都讲礼的社会。因为在一个有礼的社会里，一切文明的活动都像文明本身一样自发自动。但是，行礼的时候，要顾及当前的实际情况而有一定的伸缩性，使其具有伸缩性观念的是义，义和利相对。虽然《论语》很少言利，其并不否定利，而是否定私欲。自孟子开始，就明白提出“无恒产，无恒心”。义者，宜也。礼不是一成不变的，如果情况不许可，可以根据我们义的意识去改礼，甚至放弃礼。有一点需要特别指出，孔子也好，孟子也罢，似乎在语言观上都有一种默，即使孟子好辩也是因为不得已。这种默不是不说话，而是指超越于语言的行。也就是说，在孔孟心目中，名实之间是有差距的，语言是外在于实的。到了荀子，似乎处处和孟子对着干，认为君子好辩。

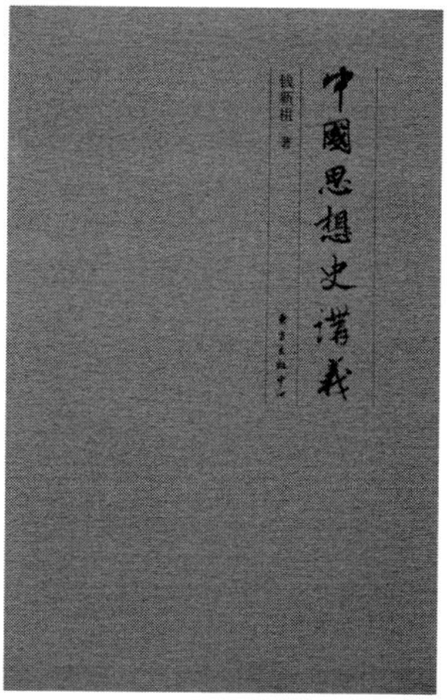

◎**书架** 钱穆：《中国思想史》；胡适：《中国思想史》；张岂之：《中国思想史》；本杰明·艾尔曼：《经学·科举·文化史》；刘家和：《史学、经学与思想》《昨日之我与今日之我》；金观涛、刘青峰：《中国思想史十讲》《观念史研究：中国现代重要政治术语的形成》《中国现代思想的起源》《兴盛与危机：论中国社会超稳定结构》《开放中的变迁：再论中国社会超稳定结构》。

李娟婷 《商会与商业行政：北洋政府时期的政商关系》

经济史学大师虞和平提出，商会既非官方、半官方机构，亦非“官督商办”性社团，而是一种商办的法人社团。他说：“商会依照政府的法定程序经由政府的批准而设立，有自己固定的组级机构和职能部门，有广大的会员，有自己能独立支配的经费和财产，有法定的权利、义务和活动范围，又由自己自愿发起，自定章程，自选领袖，自筹经费。因此，商会基本上是一种商办法人社团。”

接续这一定性和思路，李娟婷此书的立论基点是政治和社会变迁，其归纳如下：以商会为核心的现代经济社团，在国家与社会力量之间的互动和对抗、协商与斗争中，创造了很多新的结构性因素和制度，一定程度上“改造”了传统的政治结构和权威形态，并某种意义上确立了以民主政治为终极目标的“民间社会·国家政权”的逻辑框架。

概而括之，这是一部值得注意的好书，就资料利用而言，目前商会史研究著作尚无出其右者。自1981年章开沅提出商会是从整体上考察资产阶级不可缺少的重要课题外，经过几代学人的努力，商会史研究成为一个独立的学科和领域。

我个人的总结是，商会史研究存在一个一门两档三地四人五骨干的格局：一门是章门。目前，在学界掌舵商会史研究的是章门弟子；两档是《天津商会档案汇编》和《苏州商会档案丛编》；三地是北京、上海和武汉，尤以华中师范大学成就最为卓著；四人是章开沅及弟子虞和平、马敏、朱英；五骨干是郑成林、魏文享、冯筱才、宋美云、李娟婷。

本书是对近代中国商会与国家商政关系进行整体性研究的第一部著作，虽以商会与商业行政为主题，聚焦点具体而微为商事立法、商事司法、商业金融、商业赋税、商业秩序等，但主题宏大。因为，作者的分析视角指向了政府与商会的协商对话和国家与社会的合作对立，借此解剖以商会为核心的现代经济社团是如何改造传统的政治结构和权威形态，并如何确立以民主政治为终极目标的“民间·社会·国家政权”的逻辑框架的。

作者的努力再一次证明，北洋时期不仅是经济同时是政治的黄金时代，以往我们对北洋时期的观察，有待修正。

我曾旁听过这部博士论文的答辩，其时，参加答辩的老师名家云集，王奇生、蔡乐苏、萧国亮、赵晓阳等给予了高度评价。论文曾在全国百家优秀博士论文候选之列。

◎**书架** 虞和平：《中国现代化的历程》《商会与中国现代化》《商会史话》；马敏：《中国近代商会通史》《过渡形态：中国早期资产阶级构成之谜》；朱英：《商民运动研究》；天津、苏州和厦门商会档案资料汇编；徐秀丽：《中国近代民间组织与国家》。

冯　象《创世纪：传说与译注》

80年代，我说的是20世纪的事情了，晚上，守着春蕾牌收音机听山东台播送的评书《杨家将》，开关稍微一扭，便是境外台的《圣经》节目，一个女声缓慢轻柔，讲述着耶和华的故事。那时，我尚不知道《圣经》以及诸神的起源，遑论教派与教义。不过，同村的李彦江听了，便石猴一般，云游四方，等再回村里，就是一方教主了。我不得不承认，教首先是一种缘分。此处按下。

常在三联书店泡，喜欢上了冯象的文字，他的书都买来看了。这本《创世纪：传说与译注》最早入手，如今再读，已是十二载。把具立法性质的文本唤作经，中西没有分别。此处，经指希伯来语《圣经》，基督教称旧约，其最初的含《创世纪》在内的五篇，又称摩西五经，是上帝之法。

本书包括两个部分，第二部分是《创世纪》五十章译文，译文内收有短注，标在文内。第一部分是廿篇故事，以传说方式解读正文。《圣经》上说，上帝以言创世：上帝说，光，就有了光。而这言，便是在天之言，是上帝之法，太初便是言或智慧的别名。此处，和宋代新儒学的宇宙观并无二致。就上帝创造的第一个人亚当来说，他首先是上帝的爱人，才是我们。上帝接连五日创造世间万物，目的是为了第六日创造亚当——那是上帝自己的形象，其在世间的所作所为，是上帝内心冲突的投射。

《创世纪》中，亚当屡次犯错，都获得了上帝的原谅，这就强调了忏悔的重要性，只要能够悔罪，就能回到上帝的怀抱。这个怀抱，在世间就是教堂，就是内心。其实，任何一种宗教，包括非教之儒学，都关注世俗，而媒介甚至终极便是内心。

读《创世纪》，我每每不解，上帝为何制造、纵容恶人，又一次次试图毁灭他，却不得不允许罪和恶的存在？一个比较可靠的解释是，上帝是善恶一体，上帝不死，恶便不灭，他可以毁掉自己在俗世的影子，却不得不允许自己内心的恶一次次脱离善的枷锁。没有恶，怎么会有善？没有人，怎么会有耶和华？

◎**书架**　冯象：《智慧书》《摩西五经》《琉璃岛》《信与忘》《宽宽信箱与出埃及记》；蒙提费欧里：《耶路撒冷三千年》；阿里·沙维特：《我的应许之地：以色列的荣耀与悲情》。另，推荐部分佛学、宗教史和相关研究书籍：《佛教十三经》；释净空佛教常识系列读本；葛兆光：《增订本中国禅思想史》；吕澂：《中国佛学源流略讲》；约翰斯通：《社会中的宗教》。

王树增　《抗日战争》

我是王树增的铁杆粉丝，他的作品和古龙的小说一样都是必不可缺的按摩性读物。王树增曾称，文学分为虚构类和非虚构类，这个说法算是有些意思。不过，人民文学出版社社长说王树增开创了非虚构类文学的典范，此说不敢苟同。不论中国青年报记者张建伟五卷本晚清历史报告，以及《中国抗日战争纪实丛书》，其中含有后来以《北方城郭》《突出重围》驰名文坛的柳建伟的《红

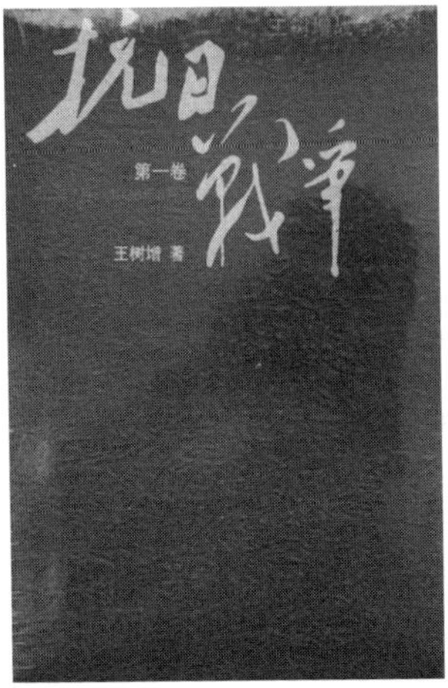

太阳白太阳》，那如何界定史景迁、黄仁宇以及张正隆（《血红雪白》）和谭伯牛（《战天京》）等人的范式地位？王树增的纪实系列和何建明的报告文学是两个不同的路数，后者可以适当虚构，而前者虽然可以在字里行间讲究点墨渲染，时间、地点、人物诸要素特别是对话部分却必须有出处。个人不想对王树增作品进行过多评价，只想强调一点，即他能创作出这样的作品，一是资料要充足，不需要原始资料，只要占有够多，且能裁剪自如便可；二是文笔必须老到、流畅又富于文采，行于所当行，止于不可不止，否则读起来会累死人。说白了，王树增的作品首先是一种资料功夫。需要补充的是，王树增在弘扬主旋律时靠的是事实，这一点显然高于金一南。金师傅喜欢标语和口号，有时候甚至出现事实和版权错误，这一点，杨奎松有专文论述，好事者可以网载而入。

◎**书架**　文内所提作者代表作及王树增纪实文学系列；余戈：《1944：松山战役笔记》《1944：腾冲之围》；刘统：《跨海之战》；钱理群：《1948：天玄地黄》

冯友兰　《新理学》

曾有友人问我对冯友兰的评价，我戏称，其前半生君子儒，后半生小人儒。

冯友兰以三史六书闻世，《新理学》是六书中的第一部，六书读了半年多，想念叨点什么，一时又不知从何说起。站在刻下回溯，中国现代哲学在学理上有价值的，新理学是最显著一脉。冯友兰的新理学是接着宋明理学讲的，讲的目的，是依照西方哲学标准，纳入中国思想传统，解决当今时代变革，此所谓贞下起元。应该说，冯友兰的宇宙建构与价值体系既古且新，新就新在包容了多元文明与客观理性。而讲的方法，是以概念统领个人的哲学体系。一定意义上，哲学是概念学或范畴学，概念是构建哲学逻辑、框架最基础的一环。冯友兰从理学中捻出一些基础性概念，一一赋予新义，接着宋明理学标注出自己的哲学向度。

《新理学》一书，可以分为三部分，绪论界定个人的研究兴趣和目标，一至四章诠释理学中最重要的四对（组）概念，五至十章以六对（组）边缘概念别开新统。总而言之，冯友兰的思想渊源源自程朱理学，理论基础是以E·B·霍尔特和W·P·蒙太格为代表的新实在论哲学。就我的看法，《贞元六书》价值并不大，新理学讲理，新知言明法，新世训别德，新原人开性，新原道释学，新事论言事，虽脉络清晰，却不过一个大杂烩，新意并不多。就《新理学》来说，不过是讲了一句话，事事物物都有一个理而已。

◎**书架**　《贞元六书》；艾尔曼：《从理学到朴学》；吾淳：《中国哲学的起源》；萧功秦：《儒家文化的困境》；彭国翔：《儒家传统的诠释与思辨》。

林　达　《总统是靠不住的》

林达其实是一对同龄人，又是一对夫妻，跑到美国去，主业搞得怎么样不知道，但书写得风生水起，三联书店出了套装，连我都买了两包。写这本书时，恰值克林顿上台不久，无论靠得住靠不住，都指向一个问题：总统是个什么东西。

回答这个问题之前，我们可以搞一下穿越，看看当今民主的“标杆”美国和日本。大家都知道，奥巴马和川普撕得很厉害，川普甚至依靠女儿和隐私把自己搞成了网红，动不动就在朋友圈戳一下奥巴马的屁股。再往前几年，日本首相频繁更换。不过，无论美日政坛怎么折腾，企业还是企业，汽车还是汽车，老百姓一边看热闹，一边晒日头，丝毫没有影响生活的质量。上述拉拉杂杂半天，其实只是为了说明一个问题，总统是无关痛痒的，而无关痛痒的根源回到了本书的题目：总统是靠不住的。正是这种不信任，或者说对恶的恐惧、对权的警惕，造就了今天已谈不出新意思的三权分立，也就是对总统的限制。

总统是很牛，那是在美国大片或战时，当然，总统这个位子也有自生长的机能。林达的观察是，属于美国立法分支的国会更具有主人的味道。一句话，总统再牛，一本小书或一张纸能管住他，这就是宪法：美国的民主秘密就在这里。

在制衡的制度和理念前，捉对儿厮打的奥巴马和川普是一个硬币的两面。用林达的话说，这两个政党之间不存在生死存亡的斗争，它们都认同宪法，都崇尚这个国家最根本的自由理念。所以，奥巴马今天给川普打了个电话，两人又开始穿一条裤子了。而这条裤子无论怎么穿，都只不过是百姓日常的谈资。不是总统靠不住，而是选你的百姓不需要靠你。

本书主题和书写都很简单，不过以通信的方式炒了炒冷饭而已。

◎**书架**　三联书店版林达系列作品；游天龙等：《总统是怎么选出来的》；阿希尔·阿玛尔：《美国〈权利法案〉公民指南》；何帆：《大法官说了算》；乔治·沃克·布什：《抉择时刻》；巴拉克 ·奥巴马：《光荣与梦想》；丘吉尔：《丘吉尔第二次世界大战回忆录》（12 册）；赫鲁晓夫：《赫鲁晓夫回忆录》。

何建明　《南京大屠杀全纪实》

我的阅读视野里，何建明先生是当今报告文学第一人。难能可贵的是，他身上有士的自觉和史的自省两种意识。那日聊天，何建明先生十分激动，他对中国人对南京大屠杀的遗忘，特别是对国人骨子里的俗和精神不正确，痛心疾首。何建明先生是一代人的偶像，能得其着人送来的数本签名本，个人的激动之情可以想象。

2012 年岁末，我在吉林因公小住月余，时大雪扑面，偶有鹿鸣。与吉林档案馆长聊天，其言，该馆档案记录日军暴行令人发指，单杀人方法就有十几万种。

馆内，几个整理材料的大学生都患有严重心理疾病，组织不得不派医生干预。目前，为了确保研究人员的心理健康，只得实行轮岗制度。随后，馆长将公开出版的相关作品寄到北京敝处。

2010年左右，朋友委托我以城市为坐标写几个城市的近现代史，我写了西安、拉萨、大庆、温州和南京，完稿之后，项目搁浅。不过，我却有了十万字的稿子。特别是一套咬牙买来的一整套《南京大屠杀史料集》及相关研究书籍，让我对这个问题有了些积淀。当时，系统浏览，惶恐不已，深痛人心之恶，竟至于斯。

何建明先生这本书，最大的成就就是从我们的立场，挖掘人性的恶，即中国人为什么汉奸多，为什么民族少血性，为什么习惯于内耗，我们的军队可以吗？我们应该汲取什么教训？这一个个矛头，直指当下的国民性或民族性，其现实意义是，被商品大潮和虚无主义冲垮的精神坝堤，如何抵抗地球村时代一波波或明或暗的内忧与外患？

因此，对本书及其主题的忽视，不只是一个阅读问题，而是一个精神和文化事件。

◎**书架**　何建明：《国家》《忠诚与背叛》《落泪是金》《中国高考报告》《奠基者》《国家行动》；张纯如：《南京大屠杀》；徐志耕：《南京大屠杀》；张宪文：《南京大屠杀史料集》；经盛鸿：《南京沦陷八年史》。

王明珂　《华夏边缘：历史记忆与族群认同》

按照王明珂的某一篇自序，他曾是一个太保，早年间打打杀杀的，一朝金盆洗手，遂成为华人历史圈的著名学者。这种身份切换，令人瞠目，是大陆制度（文化）体系不能理解和认同的。王明珂的《华夏边缘》之所以出名，根本原因不在内容而在路径。自通史线性叙事取代王朝更替叙事以来，中国历史解释模式不仅过度依赖世界史解释范式，而且沦为意识形态的婢女，任人打扮，离本体渐行渐远。作为修正或替代，便有了全球史和区域史解释范式。

王明珂的研究本质上是一种区域史立场，他从崩塌的传统意义上对中国历史的整体理解入手，以杨念群所说的边缘研究代替内涵研究，通过边缘（民族）地区政治文化的角度而不是汉人本位的角度诠释中国（历史）的形成。这种研究范式说白了，就一句话：找到了边缘，中心便不证自明。以上，是理解王明珂所有工作包括后来以《反思史学与史学反思》试图做新派教主的全部秘密。

王明珂深受挪威人类学家巴斯族群理论的影响：造成族群特征的是它的边界，而非包括语言、文化、血统等内涵。因此，他试图采用历史心性的方法，将民族等同于族群的情感认同，而证明如下问题：一、民族是共同拥有荣耀的历史记忆，也因此是希望共享现在与未来

的一群人；二、中国人是一个历史上的延续与变迁的人类生态体系；三、华夏边缘是维持华夏内部民族认同的最重要的力量；四、中华民族这一概念的产生是少数民族进入和脱离统一的民族认同体系的过程。由此，王明珂断定，民族溯源既不可能，也无意义，而且，还有主观错误叠加导致真相失确的可能。需要交代一句，作者将文献资料视为一种历史记忆，这就意味着，翻阅文献资料不是认定事实，而是探求书写者的处境以及个人情感和特定意图。

◎**书架**　王明珂：《父亲那场永不止息的战争》《反思史学与史学反思》《羌在汉藏之间：一个华夏边缘的历史人类学研究》《英雄祖先与弟兄民族》《中国近代思想与学术的系谱》；杨念群：《“感觉主义”的谱系》；李怀印：《重构近代中国：中国历史写作中的想象与真实》；董玥：《走出区域研究》；彭钢：《后现代史学理论读本》；内藤湖南：《中国史学史》；魏根深：《中国历史研究手册》；杜赞奇：《从民族国家拯救历史》；内藤湖南：《中国史学史》；董玥：《走出区域研究：西方中国近代史论集萃》；《〈历史研究〉五十年论文选》；伊佩霞：《当代西方汉学研究集萃》。

李　俭　《博览会史话》

博览会是现代性的产物。恩格斯便说，它给英伦岛国的闭塞性敲响了警钟。《博览会史话》对博览会的定位是：它是科技发展的综合标致，也是经济发展的实验性样板。因研究机缘，我阅读过大量博览会的原始档案，甚至专题探讨过以商人和商会为主题的博览外交。在审读和校对这本即出的书稿时，我和编辑说，要特别强调如下几点：一、现代博览会与中国近现代史同步，是伴随着船舰利炮被动输入的；二、回溯历史，中国作为世界上三个农业起源中心之一的亚洲的轴心，中国可能是世界上最早举办博览会的国家，隋大业三年和唐天宝二年，均有政府行为的旧式展览；三、与华夏文明几乎同样久远的集市、墟、场、庙会和后来边境上的互市、关市和榷场是博览会的前身和雏形；四、自晚清政府、北洋政府至南京政府，博览会在启蒙与救亡的双重变奏中，始终伴随着国货运动与民族振兴运动。也就是说，国家在借助博览会发展经济过程中，逐渐形成了一种自觉和自为意识；五、从解放区和新中国博览会发展状况看，其始终是资源整合和国家动员的一个符号和工具，即使今日，博览会呈现出巨大的世俗化和商业化倾向，但其政治性始终不容小觑。我觉得，编辑的介绍文字是中肯的，即作为一部将博览会放在东西方视野中介绍其来龙去脉的小册子，本书一定程度上打开了博览会专业而又神秘的窗口。

◎**书架**　鲍永安：《南洋劝业会文存》《南洋劝业会报告》；陈占彪：《清末民初万国博览会亲历记》；林芳：《中国近代博览会之第一人——陈琪传》；马敏：《博览会与近代中国》；乔兆红：《百年演绎：中国博览会事业的嬗变》；赵福莲：《西湖博览会》；周秀琴等：《文明的辉煌——走进世界博览会历史》；俞力：《历史的回眸——中国参加世博会的故事（1851—2008）》。

另，推荐商务印书馆和社会科学文献出版社史话系列，以及北京出版社大家小书系列。

黄开国　《公羊学发展史》

公羊学是经今文学中最重要的一个学派。一定意义上，是古代的宪法学。公羊学以《公羊传》解释《春秋》。《公羊传》传说是齐人公羊高的作品，其专门为《春秋作解》，简略释史，问答解经，注重阐论《春秋》之微言大义。初为汉代定制，汉武帝和董仲舒算是握了握手，经过诸代学者发扬，成为中国古代的政治哲学。公羊学核心的理论是通三统、张三世和夷夏说。而且，在外面还套上了一层谶纬之衣。胡毋生、董仲舒和何休是汉代三位公羊大师，他们与公羊学的兴衰紧紧绑在一起。因经古文学崛起，公羊学在东汉开始没落。到了 18 世纪中晚期，因为常州学派的出现，公羊学才重新抬头，与经世、救亡和图存纠葛在一起，被康梁拿了，成了变法维新的一个理论工具。公羊学的兴衰与政治有关。按公羊学的说法，孔子对周并不感兴趣，他老人家作《春秋》，是以春秋当新王，为后王立法。故而谶纬曰：（孔子）知汉当继大乱之后，故作拨乱之法以授之。这种素王制宪的精神，当然为真王不喜，里面类似汤武革命的一套，毕竟有可能启乱臣贼子心。蒋庆等天天拿公羊学说事儿，属于痴人说梦，也就是在民间热闹热闹。历朝历代，王权也罢，君权也好，都是有“高贵血统”的，谁允许你一个布衣之士搞搞新意思？在秦始皇眼里，公羊学还是妖孽呢！

◎**书架** 陈其泰：《清代公羊学》；刘逢禄：《春秋公羊经何氏释例 春秋公羊释例后录》；阮芝生：《从公羊学论春秋的性质》；陈柱：《公羊家哲学》；庄存与、孔广森：《春秋正辞·春秋公羊经传通义》；陈祖武：《清代学术源流》。

刘　禾　《帝国的话语政治：从近代中西冲突看现代世界秩序的形成》

购买记录及阅读笔记显示，本书是2009年一版买来后的二读。学界关于此书的讨论可谓盈室了，2010年的《读书》甚至还组织过专门的辩说。我在这里不打算面面俱到，而是借助于书中的一个主题词“夷”，来镜观作者的旨趣。

夷，在东西相遇之前，经过《春秋》的经学阐释，其话语是中国的古典主权理论。也就是说，夷是区分我者与他者、开化与野蛮的一个想象的工具，含有正闰之辩、（大一）统分之别和族群之分。在政治意义上，是对主权的自我界定，借用刘禾的话说，是命名主权统辖的文化政治边界。而且，某种意义上，虽然夷夏可以切换，但在历史语境中，夷是华夏中心主义的一个标志。最初，夷被翻译为陌生人，自1832年被传教士兼翻译官郭实腊译为野蛮人，关于夷的争端成为中英乃至中西外交的一个大麻烦，以至于1858年《南京条约》谈

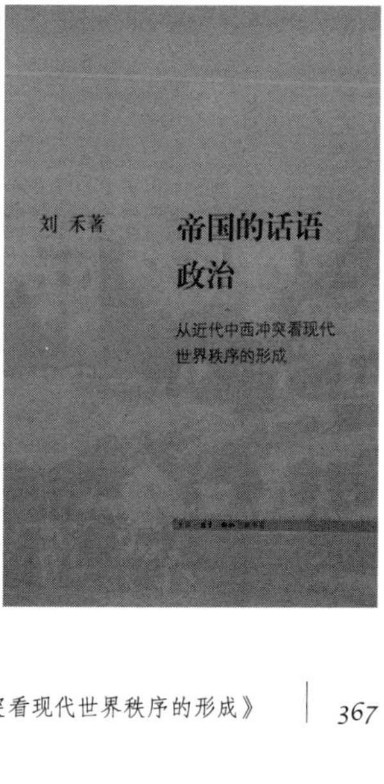

判时规定这是个被禁止使用的符号。如此，在中西之间就存在一个谁是野蛮人的问题。清代人把西人目为夷，而西人把清代人目为野蛮人。现在，夷与野蛮人挂钩，已不再是语义争端，而是刘禾所说的，清、英如何对中国主权提出各自的诉求的问题，由是，外交谈判同时也变成了彻头彻尾的符号事件。

我们阅读这本书时，需要注意一点，刘禾是借助跨语际（文化）的话语方法，检讨中国近代历史与整体世界秩序变化的关系的。虽然有过度解读之嫌，但不可否认，中国是被近代史的。在这一过程中，中国作为一个文明古国是一步步被帝国的政治话语塑造成为现代民族国家的。

◎**书架**　刘禾：《跨语际实践：文学，民族文化与被译介的现代性（中国，1900—1937）》《世界秩序与文明等级：全球史研究的新路径》；哈贝马斯：《现代性的哲学话语》；索绪尔：《普通语言学教程》；罗兰·巴尔特：《符号学原理》；埃德加：《哈贝马斯：关键概念》；黄金麟：《历史、身体、国家：近代中国的身体形成（1895—1937）》；岛田虔次：《中国近代思维的挫折》。

〔加〕卜正民、施恩德　《民族的构建》

卜正民是我最喜欢的加拿大汉学家。目前，已读过他所有的中译作品，以至于他编的这本论文集子都没有放过。卜正民开篇就指出，在20世纪，民族国家主导了各种政体和民族的组织方式和身份认同，目前，民族国家成功地证明了它组织世界的能力，将社会团体限制在其疆域内，屏蔽了所有可能质疑事物当前状态的观念。一句话，民族国家这个概念主宰了一切。那么，随着全球化的爆炸和资本对国家界限的突破，是否意味着民族国家正在衰退呢？答案是否定的：亚洲民族的现代史与帝国主义的历史是分不开的，而且还远未结束。

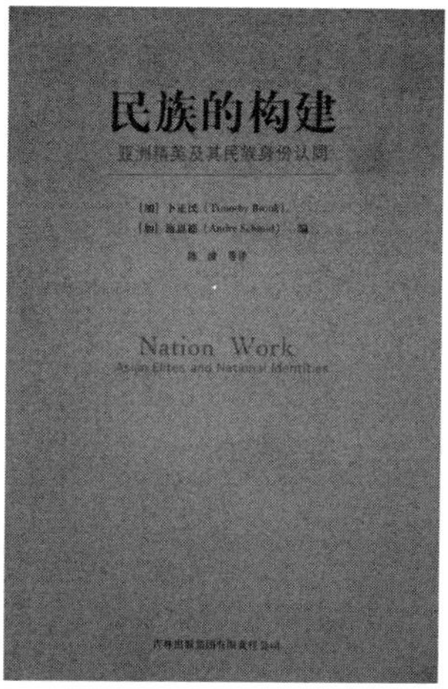

本书八篇论文的核心思想是，在亚洲国家，不同的精英团体往往使用不同的策略来修饰他们的民族自我意识，西方的影响仅仅处于次要地位，而东西方分化只是个背景。这就与我们传统的认知和解释不同，以往，我们把民族解放运动概括为广大人民反帝反封建的运动。卜正民这本册子试图说明，亚洲国家构建民族国家的运动是由精英率先发起的话语实践，其次大众才参与其中。也就是导论里说的，对民族国家的探讨几乎是男士精英的“垄断企业”，通过对知识生产途径的控制，以及有时候他们在政府系统里的官位，这些精英男士可以垄断对民族国家的解释权；而且，民族国家的起源基于邻国之间的压力，其次才波及到远方强大的殖民者。卜正民进一步指出，在刚刚进入以西方为中心的世界体系时，亚洲精英还在专注他们的邻国特征，以便弄清楚究竟是什么使他们的民族区别于邻国从而应该成为一个国家。不妨对照一下如今民族主义的社会结构。大众普遍狂热地支持民族主义，甚至是狭隘民族主义；另一方面，根据全球化和普世性原则，部分的精英知识分子开始反思民族主义的危害性。这是从亚洲民族主义兴盛之初彻底反转过来的结构，精英知识分子极力鼓吹身份认同与民族概念，而大众只是这种话语的被动者。在话语体系里，构建民族国家的工程经常主观地叙述过去的历史，以迎合民族主义者现在的目标。也就是说，将历史打扮成一个小姑娘，不仅证明了民族和身份的可能性，还点明了历史阐释是如何隐藏这种过程的。而这种阐释，恰恰是通过掌握旧的语言来申明新的权利。

论文集中，除了中国中心论代表人物，以《转轨的中国》闻名的王国斌的文章外，卜正民的《中国日占区的事仇民族主义》显然是去年以来大热的《秩序的沦陷》的序文。这篇论文富有洞见地指出：民族主义是亲善派也就是所谓的汉奸在解释自己为什么在日本人的羽翼下工作时采用的最大胆的理论主张。也就是说，汉奸和抗日者，都宣称是民族主义的代表。

◎**书架** 卜正民：《明代的社会与国家》《中国与历史资本主义》《秩序的沦陷：抗战初期的江南五城》《杀千刀：中西视野下的凌迟处死》《国家与社会》《维梅尔的帽子》；本尼迪克特·安德森：《想象的共同体》；埃里克·霍布斯鲍姆：《民族与民族主义》。

木 心 《文学回忆录》

“木心现象”稍稍过去之后，我才读了他的书。读书，我从不跟风。这是一门灵魂沉寂的学问，一旦热闹了，便不再是读书了，而是一种表演和行为艺术。书其实和木心形容的红楼梦的诗一样：“如水草，取出来，即不好。放在水中，好看。”“木心现象”的缔造者是陈丹青，正是他将老师木心从自己耿介孤独的形象里打捞出来。这个意义上，陈丹青和木心是一个人。道是一代代传的，木心的幸运在于他有一个好学生。

好学生不须多，一个就可以，孩子也是。

目前，对木心的评价是两极的。陈丹青说，老师具有“唯一性”。

我不知道从五四一代直到我们，可曾出现过类似的篇章？即便是周作人、周树人兄弟所建构的文学领域和写作境界，也被木心先生大幅度超越。木心先生可能是我们这个时代唯一一位完整衔接古典汉语传统与五四传统的写作者。

有人还说：

很多人都把重新发现木心的文字，和20世纪80年代末期，我们重新发现了张爱玲、周作人、沈从文等人相比。诚然，他们都是白话文的高手与典范，在意蕴上，都脱胎于传统。木心正式的写作，虽比他们要晚很多，却更有“五四”文风，如凤凰浴火般，带着古典的含蓄悠远之美，用现代白话，娓娓道来；他历经坎坷，但不惊不怒，超脱于表象之外，把点滴琐事，用诗歌般的语言，轻叹慢说，些微感悟，字字珠玑。

这种评价，把木心抬高为第一人了。

对木心文字的评价，我大体认同，但说其有五四文风则是瞎扯。贬之者，网上比比皆是，这里就不再征引。

2015年10月12日，我在去上海大众汽车公司访问的高铁上读了《哥伦比亚的倒影》。这是木心的代表作，并在手机上随便写了如下文字：

一觉醒来，已是济南西站。可惜，此行沪上公干，与老家（临沂）的秋叶，又在西风中擦肩了。我读书，素有主张，不喜跟风闻味儿，但这几年，木心因了一个被目为名士的学生陈丹青，竟洛阳纸贵了。在一些微信群里，不谈谈木心，捻出一两句语录，直接就白丁得不行。我暗自羞愧，早先从朋友处顺了一套《文学回忆录》，内容虽零散玄远了些，倒也有些真知灼见。那天，犹豫了半日，不敢买全集，他的诗歌经一个媚俗的节目，一下子路人皆知了，但翻来看去，也就《从前慢》等寥寥几首可以珍玩。下单了一本《哥伦比亚的倒影》，今日扔进行李箱，系统阅读，竟然大喜，多亏没买全集，算是省了一笔银子。今人尤其陈丹青推重木心的散文是民国味儿，何谓？可琢磨而不可说。余研究现当代文学累累数年，后入手一套现代名家散文，皇皇几十本，读了，就会知道，民国味儿是郁达夫、李广田，是梁实秋、废名，甚至还可以包括后来写吃写玩的唐鲁孙，名字太多，列举无益。民国味儿有自己的范儿，语言和逻辑一望便知，不多读，不比较，是下不得断言的。木心不是民国味儿，他是江南味儿，他的文字是散淡的，是萧索的，既不轻佻刻薄，也不华瞻精致，总之，不是热闹的。你可以想象这样一幅画，傍晚时分，烟雨中，桐叶尽，一个中年人临窗一灯一茶一管笔，正举目沉思。木心的散文是出世的，如果硬用品评，不过中流，当不得大称谓。如果生拔，也是一种羞辱。请木心迷们宽宥，现在大师多了，不是少了。

不过，后来还是没有忍住，买了大陆目前所能见到的木心出版物——藏书癖害死人。话说，电子时代，藏现代出版物何用、何为？对于“木心现象”，真不好概括，里面有怀旧，甚至还有对现实的一种不满和情绪，进而回到淡淡的文字寻找慰藉的意思。也就是说，民国、木心和陈丹青三位一体，成为一个时代中的蓦然回首的反向道路。

这本《文学回忆录》内容过于庞杂，需要读者自己阅读，个人甄别。此次属于二读。上部大体聊 18 世纪以前的世界文学，下部则从是 19 世纪开始漫谈。坦白说，里面错误或者说不靠谱的东西太多，但洞见也不少。这一点，梁文道在前言中稍微遮掩了一下：“全书很难找出一贯而清晰的方法。因此，我们不能把它当成今日学院式的文学史来看。”这本书呈现的是一个私人阅读史，阅读它，不是增长知识，而是为了提高见识。

梁文道还说：“好在，读者不傻。”

是的，只有读者不傻，才能真正发现一本书和一个作者的价值。

录一首木心的诗歌《从前慢》：

记得早先少年时
大家诚诚恳恳
说一句　是一句

清早上火车站
长街黑暗无行人
卖豆浆的小店冒着热气

从前的日色变得慢
车，马，邮件都慢
一生只够爱一个人

从前的锁也好看
钥匙精美有样子
你锁了　人家就懂了

◎**书架**　木心：《木心作品一辑》（八种）、《木心作品二辑》（五种）、《木心谈木心》；鲁迅：《中国小说史略》；夏志清：《中国现代小说史》；陈丹青：《退步集》《退步集续编》《草草集》《荒废集》《陌生的经验》《无知的游历》；胡兰成：《胡兰成经典作品系列》（7 册）；张爱玲：《张爱玲全集》（10 册）。

虞和平　《近代史所藏清代名人稿本抄本》

个人有个癖好，喜欢翻原始材料，总觉得一些解读性书籍是二手货，浪费时间不说，速成鸡鸭鹅一样，饲料里不知掺了些什么东西。当然原始材料不是读的，一是用来查阅的，二是拿来把玩的。编辑原始材料不容易。我的博士生导师虞和平先生以一人之力编辑《近代史所藏清代名人稿本抄本》影印本，成书 457 册、32 万页，耗时 6 年，真不是一般人玩得起的。

这部书我没参与编辑，但作为旁观者，不止知道治学之艰辛，近水楼台，也和导师探讨了一些学术问题。

比如张之洞和他的“密探”。

在编辑张之洞卷时，虞和平先生发现，张之洞屡屡收到来自上海落款“坦”的电文，内容为政治、经济和官场秘闻，不一而足。经他检索，发现此人是近代史上的著名人物赵凤昌。据《民国人物小传》：光绪十年（1884），张之洞任两广总督，凤昌夤缘充督署文巡捕（侍从）。日久受之洞赏识，升充文案，参与机要。光绪十五年（1889），之洞移督两湖，遂随赴武昌，益见信任，升充总文案。凤昌读书虽少，而记忆力强，且富忍耐性，工于迎合揣摩。与之洞朝夕相处，久而久之，极能了解之洞心性，悉其癖好，居然能代拟公牍，符合旨意，摹仿其书法，几可乱真。不只在戊戌变法、《苏报》案中活跃着赵凤昌的影子，东南互保就是他一手策划的。有人说他是“中山宰相式人物”“民国产婆”“民国诸葛”，这些不论，但“湖广总督张之洞，一品夫人赵凤昌”的戏语，则就比较可靠了。

可惜，虞和平先生因公务繁忙，不能专文研究，而是嘱我阅读茅海建的成果，并微信告诉我，上海、北京、天津等地都有张氏的密探。

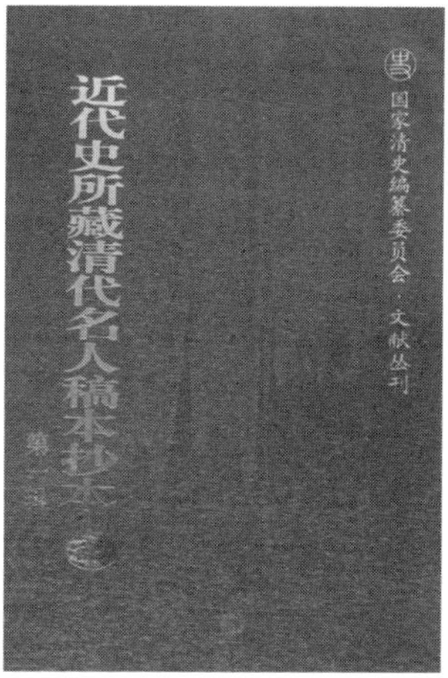

统治者往全国各地派密探，最有名的是明代的锦衣卫，而官员派密探刺探各地情报，最有名的则是清代。有意思的是，这些密探不是职业间谍，而多为候补官员。密探中，层次高的或者说派驻地大的成为“坐省”“坐京”。按照李宗侗——李鸿藻孙子的说法，坐京者，等于民国初年之各省驻京办事处，不过后者为公开挂牌之办事处，而前者极为秘密，各省督抚皆有之。“坐省”为府县派驻省城的人，见于雍正朱批谕旨，则“坐京”一名称亦必甚早。“坐省”“坐京”皆指其人而言，并无机关，其职务以向省中报告京中政府的动态为主。

张之洞身为封疆大吏，麾下密探自然少不了。最著名的，就是戊戌六君子之一的杨锐。第一个公开揭露杨锐密探身份的是梁启超。他在《杨锐传》中称：

> 杨锐字叔峤，又字钝叔，四川绵竹县人。性笃谨，不妄言邪视，好词章。张公之洞督学四川，君时尚少，为张所拔识，因受业为弟子。张爱其谨密，甚相亲信。光绪十五年，以举人授内阁中书。张出任封疆将二十年，而君供职京僚，张有子在京师，而京师事不托之子而托之君。张于京师消息，一切藉君，有所考察，皆托之于君，书电络绎，盖为张第一亲厚之弟子，而举其经济特科，而君之旅费，亦张所供养也。

这段话，清楚地记载了张杨二人的关系。关于张之洞和杨锐的往来，不必多讲，茅海建已有专文研究。这里只简单说一下六君子出事后张之洞的营救行动。

杨锐被捕第二天，也就是张之洞获悉消息后，立即就密电京中的密探，询问事情缘由："急。京。立。叔峤奇灾骇绝，究因何故？尚有复文否，念甚。必已见明发，速摘要告。凡各处函电，务即付丙。即刻复。迂。佳。"

查《近代史所藏清代名人稿本抄本》，张之洞接连发电十数通，试图营救杨锐，可惜，变法一节，兹事体大，老佛爷不高兴，张之计划不幸流产。事后，康有为还污说"张之洞本为新党，自恐不免，乃请杀谭、杨等六人"。

查看原始材料的好处是，可以直接自字缝中一窥当时的隐秘自私个人世界和风云变幻的社会局势。当然，定的功夫——坐冷板凳——是一个一流学者必须具备的基本素质。

◎**书架**　《曾文正公全集》《曾国荃全集》《左宗棠全集》《李鸿章全集》《张之洞全集》；《义和团运动文献资料汇编》；中国近代史资料丛刊（《筹办夷务始末》《中法战争》《洋务运动》《捻军》《太平天国》）；中国近代史资料丛刊续编（《近代史资料文库》）；中国近代期刊汇刊（《民报》《强学报·时务报》《新民丛报》《庸言》《湘报》）。茅海建：《戊戌变法的另面》《戊戌变法史事考》《戊戌变法史事考二集》；黄彰健：《戊戌变法史研究》。

后　记

今日已是雨水。《月令七十二候集解》：“正月中，天一生水。春始属木，然生木者必水也，故立春后继之雨水。且东风既解冻，则散而为雨矣。”古人有诗意，他们将雨水一分为三，“一候獭祭鱼，二候鸿雁来，三候草木萌动”，花信与之相对应，“一候菜花，二候棠棣，三候李花”。

我们不记得，也不懂，这就是差异。

这样的日子，照例要酸腐一番。以往，是写一首诗。不料，搜了一下，2016年的2月20日雨水，已有了一首节气诗，依旧是左右对齐的地铁体，便犯懒抄了来。如下：

春天来信　说见阴云如晤　我迟迟
不肯落笔　面对山冈　总会有几棵
大树斜着身子看人
雨水置身物外　它握着年轻的麦子
和人间一起上山　下山　并替桃花
追回一些落叶
关于我的生活　写满了某年和某日
其中一些章节　被美好的夜晚搁浅
春风是这个世界唯一的错误
每次淋在我身上　神情都略微悲伤

我不说话

我用饱满的雨水　喂养自己的心事

2016年12月31日，我整理完地铁读书笔记，遂于次日扯了篇“说明”，转在只有少数人才能看得见的朋友圈里。这些笔记都是读完一本本书后随性发布的，毫无逻辑，不论措辞。年底了，我一篇篇扒出来，略微整理了一下，加个说明，原为汇编个册子，打印出来，算是一年的“工作量”。个人看来，这个册子只是“杂耍”而已，既没有见识，又没有啥亮点，有的甚至还是摘抄、编纂，加深记忆罢了，顶多算作一个私人阅读史。没准方家看了，又“笑人齿缺”。几个朋友浏览了“说明”，留言戏称：“出版了吧。”文人无行，大约都有名山情结。本没此意，孰料朋友一语却正中了下怀，不由野欲膨胀。回头再翻笔记，又发现问题多多。如一开始打算出版，一是会选择一些更为经典的书目，二是不会集中在几个作者身上，三是至少注意下言语表达。当初读书的目的，是想业余时间对儒学进行一番知识考古，因此，涉猎主题多集中在诸子、历史、考古等领域，为扩张视野，兼及其他。心下颇为犹豫。一个朋友聊天时说，读书是一门遗憾的艺术，而笔记贵在自然，如有目的性，反而拘谨了。我以此安慰自己，随将“说明”转朋友圈“求婚”，请大家引荐出版社。

浸淫书肆多年，我也有自己的小品味。个人陋识，偏于生活·读书·新知三联书店、山东画报出版社、广西师范大学出版社和新星出版社等几家出版社的调调儿。求助消息发布后，社会科学文献出版社副社长梁艳玲、人民文学出版社编辑廉萍、社会科学文献出版社人文分社副总编辑李建廷等几个出版界的朋友迅速响应。其中，即将就任当代中国出版社总编室主任的王敏女士古道热肠，第一时间给了反馈。正月十二日，接到山东数字出版传媒有限公司总编辑赵发国先生信息，遂回电。赵发国先生不以小子驽钝，尽心勉励，还说了句，山东画报出版社的书漂亮。“漂亮”二字，实属知音之论。正月十五日上午，我已在沂南，正和四弟向前、七弟振邦在库沟赶集，以置办晚上聚会菜肴，接到山东画报出版社总编辑傅光中先生电话。傅光中先生十分热情而又客气，谈了出版事宜，赞赏了几句。一席话，让我顿生豪意，晚上和父亲、二叔、四叔、五叔及二弟文廷、三弟升廷、五弟宝廷等饮酒时，不由得多喝了好几杯。

傅光中先生和赵发国先生是资深出版人，两位如此抬爱，让我感动莫名。此处，对隔三岔五浏览我朋友圈中的读书笔记并“勉为其难”予以鼓励的刘金锋、赵凤启、琚宜太、王永光、李纯、梁艳玲、马鸿瀚、赵庆云、李志鹏、刘涛、唐梦潇、纪长青、茹文松、张瑜锋、杜之礼、徐婉婉、陈云望等诸好友和诸书友，表示衷心感谢。正是有了他们，书才成其为书。同时，青年书法名家、中国书法家协会会员刘春雨兄题写了书名，为小册子增辉甚巨，借文末一角，聊表谢忱。

十五后回京，我便在工作之余对书稿进行简单调整，至今日，大体完成。“说明”一字不易，维持原貌，而为序言。下午，四岁五个月的孩子李俊言跑到我面前说，你怎么周六还工作，没完没了啊。是啊，怎么能没完没了呢？书总有结尾的时候，万事万物也一样，只是少留点儿遗憾便好。

谨以此书献给远在沂蒙山区的父亲李彦祥、母亲高凤臻和这片土地上日日“带月荷锄归”的亲人们。

2017年2月18日于京西金顶北街

图书在版编目（CIP）数据

纸别裁 / 李瑾著. —济南：山东画报出版社，2017.8
ISBN 978-7-5474-2377-6

Ⅰ.①纸… Ⅱ.①李… Ⅲ.①读书笔记－中国－现代
Ⅳ.①G792

中国版本图书馆CIP数据核字（2017）第093266号

责任编辑 刘 从
装帧设计 王 钧
主管部门 山东出版传媒股份有限公司
出版发行 山东画报出版社
社 址 济南市经九路胜利大街39号 邮编 250001
电 话 总编室（0531）82098470
市场部（0531）82098479 82098476（传真）
网 址 http://www.hbcbs.com.cn
电子信箱 hbcb@sdpress.com.cn
印 刷 泰安市恒彩印务有限公司
规 格 160毫米×230毫米
25印张 253幅图 320千字
版 次 2017年8月第1版
印 次 2017年8月第1次印刷
定 价 39.00元